社会福祉
学習双書
2024

第 15 巻

介護概論

『社会福祉学習双書』編集委員会　編
社会福祉法人 全国社会福祉協議会

刊行にあたって

　現代社会にあって、地域住民が直面する多様な課題や個々人・家族が抱える生活のしづらさを解決するためには、従来の縦割り施策や専門領域に閉じこもった支援では効果的な結果を得にくい。このことは、社会福祉領域だけではなく、関連領域でも共有されてきたところである。平成29（2017）年の社会福祉法改正では、「地域共生社会」の実現を現実的な施策として展開するシステムの礎を構築することとなった。社会福祉に携わる者は支援すべき人びとが直面する課題を「他人事」にせず、また「分野ごと」に分断せず、「複合課題丸ごと」「世帯丸ごと」の課題として把握し、解決していくことが求められている。また、支援利用を躊躇、拒否する人びとへのアプローチも試みていく必要がある。

　第二次世界大戦後、社会福祉分野での支援は混合から分化、そして統合へと展開してきた。年齢や生活課題によって対応を「専門分化」させる時期が長く続くなかで出現し固着化した縦割り施策では、共通の課題が見逃される傾向が強く、制度の谷間に潜在する課題を生み出すことになった。この流れのなかで、包括的な対応の必要性が認識されるに至っている。令和5（2023）年度からは、こども家庭庁が創設され、子ども・子育て支援を一体的に担うこととなった。加えて、分断隔離から、地域を基盤とした支援の構築も実現されてきている。地域から隔絶された場所に隔離・収容する対応は、在宅福祉の重要性を訴える当事者や関係者の活動のなかで大幅な方向転換を行うことになった。

　措置制度から利用制度への転換は、主体的な選択を可能とする一方で、利用者支援や権利擁護も重要な課題とした。社会資源と地域住民との結び付け、継続的利用に関する支援や苦情解決などが具体的内容である。地域や家族、個人が当事者として参加することを担保しながら、ともに考える関係となるような支援が求められている。利用者を支援に合わせるのではなく、支援を利用者のニーズに適合させることが求められている。

　「働き方改革」は働く者全体の課題である。仲間や他分野で働く人々との協働があってこそ実現できる。共通の「言語」を有し、相互理解を前提とした協

働こそ、利用者やその家族、地域社会への貢献を可能とする。ソーシャルワーカーやその関連職種は、法令遵守（コンプライアンス）の徹底と、提供した支援や選択されなかった支援について、専門職としてどのような判断のもとに当該支援を実施したのか、しなかったのかを説明すること（アカウンタビリティ）も同時に求められるようになってきている。

　本双書は、このような社会的要請と期待に応えるための知識やデータを網羅していると自負している。

　いまだに終息をみせたとはいえない、新型コロナウイルス（COVID-19）禍は引き続き我われの生活に大きな影響を与えている。また、世界各地で自然災害や紛争・戦争が頻発している。これらは個人・家族間の分断を進行させるとともに、新たな支援ニーズも顕在化させてきている。このような時代であるからこそ、代弁者（アドボケーター）として、地域住民や生活課題に直面している人々の「声なき声」を聴き、社会福祉領域のみならず、さまざまな関連領域の施策を俯瞰し、地域住民の絆を強め、特定の家族や個人が地域のなかで課題解決に取り組める体制づくりが必要である。人と諸制度をつなぎ、地域社会をすべての人々にとって暮らしやすい場とすることが社会福祉領域の社会的役割である。関係機関・団体、施設と連携して支援するコーディネーターとなることができる社会福祉士、社会福祉主事をはじめとする社会福祉専門職への期待はさらに大きくなっている。社会福祉領域で働く者も、エッセンシャルワーカーであるという自覚と矜持をもつべきである。

　本双書は各巻とも、令和元（2019）年度改正の社会福祉士養成カリキュラムにも対応し、大幅な改訂を行った。また、学習する人が制度や政策を理解するとともに、多職種との連携・協働を可能とする幅広い知識を獲得し、対人援助や地域支援の実践方法を学ぶことができる内容となっている。特に、学習する人の立場に立って、章ごとに学習のねらいを明らかにするとともに、多くの工夫を行った。

社会福祉制度は、かつてないスピードで変革を遂げてきている。その潮流が利用者視点から点検され、新たな改革がなされていくことは重要である。その基本的視点や、基盤となる情報を本双書は提供できていると考える。本双書を通じて学ばれる方々が、この改革の担い手として、将来的にはリーダーとして、多様な現場で活躍されることを願っている。担い手があってこその制度・政策であり、改革も現場が起点となる。利用者自身やその家族からの信頼を得ることは、社会福祉職が地域社会から信頼されることに直結している。社会福祉人材の育成にかかわる方々にも本双書をお薦めしたい。

　最後に、各巻の担当編集委員や執筆者には、改訂にあたって新しいデータ収集とそれに基づく最新情報について執筆をいただくなど、一方ならぬご尽力をいただいたこともあらためて読者の方々にご紹介し、総括編集委員長としてお礼を申し述べたい。

令和5年12月

『社会福祉学習双書』総括編集委員長
松　原　康　雄

目　次

＊本双書においては、テキストとしての性格上、歴史的事実等の表現については当時のまま、また医学的表現等についてはあくまで学術用語として使用しております。

表紙デザイン：株式会社ビー・ツー・ベアーズ

第1章

介護の目的

学習のねらい

　障害や加齢、疾病による諸機能の低下に加え、家族介護や地域の介護機能の低下等から介護福祉士やホームヘルパー等の専門職の支援を必要とする人が急増している。他人の援助を受けることをよしとせず、生きる意味を見失って苦悩する高齢者や障害児・者、さらに家族も多い。

　介護はこれらの人々がそれぞれの能力を発揮しながら主体的に尊厳をもって生きられるように、QOL（Quality of Life：生命・生活・人生の質）の向上を図ることを目的としている。この章では、介護の目的について理解を深めることをねらいとしている。

　第1節「介護の原則と職業倫理」では、介護の理念・目的・原則・職業倫理等の介護福祉職に求められるものを学ぶ。

　第2節「尊厳と自立を支える介護」では、自立の概念について自律の考え方も含めその本質とその意義、重要性について学ぶ。

　第3節「介護の歴史と介護の場」では、私的扶助から社会的介護へ、また介護の場の変遷を理解し、今日の介護の専門性、課題を学ぶ。

第1節　介護の原則と職業倫理

1　介護とは

＊1
『広辞苑 第7版』岩波書店。

　介護とは、辞書によると「高齢者・病人などを介抱し、日常生活を助けること」とある。

　漢字の語源から解釈すると、「介」は介入、介在という間に入ることを意味しており、また「介」には助けるという意味もある。次に、「護」は守る、かばうという意味とともに、助けるという意味ももつ。これらのことから、介護とは「間に入り、守り、助ける」というようにとらえることができる。

　では誰の間に入るのかというと、それは介護の対象であり、高齢や障害、心身の変化に起因する疾病等により、それまでに獲得してきた（あるいは獲得しようとしている）自分なりの生活を営んでいくことに支障のある人たちである。したがってそのような介護を必要としている人の間に入り、その人の「生活」を守る活動のことを「介護」という。

　生活には、生きていくために必要な食事や排泄、入浴（清潔）などの生理的欲求を満たすもの、生活行為全般にかかわる移動、人間関係を築くコミュニケーション、余暇に行う趣味活動など、さまざまなものがあげられる。どの場面においても、その人なりに感じる心地よさや好みを尊重したスタイルがあり、自分らしく生活を送ることを求めている。

　このことから考えると、介護は単にその人ができないことを助けるということにとどまらず、その人なりの生活について理解し、その人らしい生活の実現をめざして行われる必要がある。つまり、介護とは「その人らしい生活を支援していく活動」のことだといえる。

2　介護の目的と介護福祉職の役割

＊2
介護保険法第1条（目的）：この法律は、加齢に伴って生ずる心身の変化に起因する疾病等により要介護状態となり、入浴、排せつ、食事等の介護、機能訓練並びに看護及び療養上の管理その他の医療を要する者等について、これらの者が尊厳を保持し、その有する能力に応じ自立した日常生活を営むことができるよう、必要な保健医療サービス及び福祉サービスに係る給付を行うため、国民の共同連帯の理念に基づき介護保険制度を設け、その行う保険給付等に関して必要な事項を定め、もって国民の保健医療の向上及び福祉の増進を図ることを目的とする。

　では、具体的に介護は何を目的として行われるのであろうか。その手がかりとして、現在わが国における高齢者福祉サービスの中心となっている介護保険制度において、介護の目的がどのように位置付けられているのかを見ておきたい。

　介護保険法第1条（目的）において、介護を必要としている人の「尊厳を保持し、その有する能力に応じ自立した日常生活を営むことができ

るよう」にするということが掲げられている。つまり介護の目的として、「尊厳の保持」と「自立支援」を尊重していくことが求められていることがわかる。ここでいう「自立」には、利用者の自己選択・自己決定に基づく「自律」の意味も含まれていることも忘れてはならない。

　この「尊厳」と「自立」の考え方については後で詳述するが、ここでは、介護の目的は利用者の尊厳を守り、自身の能力を活用しながら自分らしく生きていくことを支援していくということを押さえておきたい。

　そして、人間は常に自分らしく、よりよく生きたいという願いをもっていることを忘れてはならない。その一人ひとりの願いを把握し必要としている支援を通して、その人らしい生活の実現を果たしていくことに努めるのが介護福祉職の役割である。

3 介護の原則

　それでは、介護の目的である「尊厳の保持」と「自立支援」を通して、さらに、よりよく生きる、その人らしい生活の実現に向けて何が求められるのか、介護の基本原理と原則について見ていきたい。

　まず、介護の主人公は利用者であるという普遍的な原理を押さえておく必要があり、「利用者主体」という考えを常に意識しておくことが大切である。人間は本来、公共の福祉や社会規範に反しない限り、誰にも邪魔されることなく自由に自身の思い描いた生活を送っていく権利をもっている。それは、介護が必要になった場合においても同様であり、決して侵されてはならない権利である。

　よく介護では、「してあげる」というのは間違った考えであると指摘される。これは権利をもっている人に対して「してあげる」という発想はあり得ず、その人のもつ当然の権利を介護という活動を通して遂行するという考えに立っている。この利用者の権利を守り抜くために介護福祉職は存在しているということになる。

　それでは、介護福祉職はどのように利用者に向き合っていけばよいのであろうか、それには以下の介護の原則を押さえて支援していくことが大切である。

（1）利用者の生活習慣を尊重する

　人間は生まれ育った環境の中で自分なりの生活習慣を身に付けている。例えば、歯磨きをするタイミングとして、「起床後すぐに行う」「朝食後

＊3
社会資源は、人、モノ、金、制度など当事者の支援に活用できるあらゆるものをいい、福祉的な支援が必要であり、これらの何らかの社会資源を利用している人、活用している人を本書では「利用者」という。そのため、介護保険のサービスや行政のサービスを利用しているといった限られた人ではなく、生活の維持・改善・向上のために広く何らかの社会資源を利用する福祉的支援が必要な人全般を「利用者」とする。

に行う」「起床後、朝食後、ともに行う」といった具合に人それぞれに違いがみられる。それを介護福祉職の都合で変更したり、修正するように促したりした場合、自身の生活スタイルを受け入れられないことに不信感を抱くことになって人間関係の構築に影響を与えることになる。そのため、その人なりの生活習慣を理解し、尊重していくことが大切である。

（2）利用者本位の支援に徹する

　介護における主体は利用者である。そのことから、その人が望む生活を実現できるように利用者本位の支援をしていくことが求められる。

　介護福祉職は、常に利用者を中心として考える姿勢をもち、寄り添いながら、その人の思いやニーズを受け止め、必要とする支援をしていくことが大切である。

（3）利用者の価値観を尊重する

　人間は、自分自身の価値基準で相手のことを判断するという性質をもっている。相手の行動が自分自身の価値基準に合えば問題はないのだが、価値基準からはずれる行動をとられた場合には問題視し、ときには修正しようとはたらきかける場合もある。

　しかし、価値観は人それぞれであり、その人にはその人なりの価値観が存在するということを認識しておくことが大切である。介護福祉職は、利用者の言動等に対して違和感を抱く際にも、自分の価値観でなくその人の立場に立って考え、その人の価値観を尊重する姿勢が求められる。

（4）利用者の自己決定を尊重する

　介護の利用者は主体性をもっており、自分の行動を自分で選択し決定する存在である。そのことから介護福祉職は、利用者の自由な意思を認め、その人自身の意思と判断によって行動することができるよう、生活のあらゆる場面で自己決定を促し、利用者の主体性を尊重する姿勢で支援にあたることが大切である。

　利用者の自己決定を支援していくためには、インフォームド・コンセント（説明に基づく同意）とインフォームド・チョイス（説明に基づく選択）を実施していくことが求められる。そうした情報提供では、介護福祉職は、利用者自身が的確に自己決定することができるよう、利用者が理解できる言葉でわかりやすく説明することが大切である。

　その際、介護福祉職と利用者の関係は対等であることが望まれる。介

護福祉職が利用者よりも情報をもっているという意識で上から説明すると、利用者は自身の意思を自由に表明することができなくなってしまう。そうならないように、介護福祉職は利用者が自由に自身の意思を示すことができるような関係性を築いておくことが大切である。

　自己決定を尊重するというとむずかしく感じてしまいがちであるが、日常の介護場面において、常に利用者に介護行為を説明し同意を得て介護にあたるなど、当たり前のことから実践していくことが求められる。

4 職業倫理

　倫理とは、「人倫のみち。実際道徳の規範となる原理。道徳[*5]」とあり、人として守るべき道を示しているといえる。職業倫理という場合は、その職業上で遵守すべき指針が示されている。では、介護福祉職の職業倫理とはいかなるものか。その倫理判断の基準の一つとして、社会福祉士及び介護福祉士法で定められている義務規定から見てみたい。

＊5
『広辞苑 第7版』岩波書店。

> 第44条の2（誠実義務）
> 　社会福祉士及び介護福祉士は、その担当する者が個人の尊厳を保持し、自立した日常生活を営むことができるよう、常にその者の立場に立って、誠実にその業務を行わなければならない。

　ここでは、個人の尊厳を保持し、自立支援を利用者の立場に立って誠実に業務を行っていくことが示されている。

> 第45条（信用失墜行為の禁止）
> 　社会福祉士又は介護福祉士は、社会福祉士又は介護福祉士の信用を傷つけるような行為をしてはならない。

　ここでは、介護福祉士の信用を傷付けるような行為を禁じており、専門職としての自覚をもって行動することが求められている。

> 第46条（秘密保持義務）
> 　社会福祉士又は介護福祉士は、正当な理由がなく、その業務に関して知り得た人の秘密を漏らしてはならない。社会福祉士又は介護福祉士でなくなった後においても、同様とする。

　ここでは、正当な理由なく、業務に関して知り得た秘密を漏らしてはならないことが示されている。

　介護は利用者のプライベートな部分にまでかかわることになるため、介護福祉職は利用者の秘密を知り得る立場にあるといえる。職務上、関係職種間で必要な情報を共有し連携していくことが求められるが、関係のない第三者に利用者の情報を漏らすことは決してあってはならない。

> 第47条（連携）
> 略
> 2　介護福祉士は、その業務を行うに当たっては、その担当する者に、認知症（介護保険法（平成9年法律第123号）第5条の2第1項に規定する認知症をいう。）であること等の心身の状況その他の状況に応じて、福祉サービス等[*6]が総合的かつ適切に提供されるよう、福祉サービス関係者等[*7]との連携を保たなければならない。

　ここでは、福祉サービス関係者等との連携を保つことが示されている。医師をはじめとした医療関係者だけでなく、さまざまな専門職をはじめとした福祉サービスにかかわるすべての関係者と連携・協働していくことが求められている。

> 第47条の2（資質向上の責務）
> 　社会福祉士又は介護福祉士は、社会福祉及び介護を取り巻く環境の変化による業務の内容の変化に適応するため、相談援助又は介護等に関する知識及び技能の向上に努めなければならない。

　介護を取り巻く社会や利用者の状況の変化とともに、時代の要請に応じて介護福祉職に求められる業務や役割は変わってくる。その流れの中で、介護福祉職は自身の知識及び技能の向上を図りながら利用者のよりよい生活の実現に向けて努めていくことが大切である。
　そのためには、常に自己研鑽を図りつつ、介護という仕事に取り組むことが求められている。[*8]

*6
社会福祉士及び介護福祉士法第47条第1項により、「福祉サービス及びこれに関連する保健医療サービスその他のサービス」をいう。

*7
社会福祉士及び介護福祉士法第2条第1項より、「福祉サービスを提供する者又は医師その他の保健医療サービスを提供する者その他の関係者」をいう。

*8
このほか、（ソーシャルワーク）専門職としての価値・倫理、倫理綱領については本双書第9巻第2章参照。

参考文献
● 介護福祉士養成講座編集委員会『最新・介護福祉士養成講座3　介護の基本Ⅰ』中央法規出版、2019年
● 千葉典子 編著『介護福祉実践ブック 介護概論・基本介護技術』共栄出版、2009年

第2節　尊厳と自立を支える介護

1 尊厳の考え方と介護
（ノーマライゼーション、QOL）

（1）尊厳と介護

　介護の目的は、介護を必要とする人（利用者）が、その人らしく尊厳[*9]をもって生きられるように、生活の質（QOL）[*10]の向上を図ることにある。では、質の高い生活とは何を意味しているのか。人は、その人の価値観や生き方が周りの人から受け入れられ、求めている生活が実現したときに、強い満足感をもつことができる。言い換えれば、介護福祉職には、その人が、その人の人生の主人公としてその生き方を自ら選び、その人らしい生活を実現できるように支援することが求められているのである。

　しかしときとして、介護を必要とする人と介護を提供する人との間にはパターナリズム[*11]が潜んでいるといわれる。つまり、介護する側が意識していなくても、容易に権力関係をつくってしまい、行為一つひとつが押しつけや抑圧につながる危険性をはらんでいることを意味している。

　例えば普通なら、食べたいものを食べたい順に自分で決めて食べる。しかし介護が必要になると、「お食事の時間ですよ」「では食堂まで行きましょう」「今日はサバの煮つけですよ。おいしそうです」「ではお茶から飲んでもらいます」「では口を開けてください」というように、説明はするが特に同意は得ないことが多い。こうした場面では、本来、利用者が主体的に食べていけるような言葉かけ、例えば「いい匂いがしています」「何から食べられますか」などや、五感にはたらきかける言葉かけ[*12]が必要といえる。

　「食べたいものを食べたい順に自分で決めて食べる」ということは普通のことであるが、こうした普通のことであっても、前述のように介護が必要になった人は、ときとして制限されたり抑制されたりすることがある。この制限や抑制によって、普通の人と同じように主体的にふるまえなくなることは、尊厳が脅かされている状態といえる。利用者の尊厳を損なわないケアのためには、利用者一人ひとりを理解し、その人が主体的に意思表示できるようにして、その人らしい生活を実現することが大切であるといえる。

[*9]
本双書第1巻第2部第1章第1節3参照。

[*10]
Quality of Lifeの略。生活の質、生命の質と訳されている。

[*11]
日本語では、家父長主義、父権主義と訳される。つまり強い立場にある者が、相手の利益のためという理由から、相手の意思に反してでもその生活や行動に立ち入って従わせようとすること。

[*12]
本書第8章第3節3（2）参照。

（2）尊厳を保持する介護の視点

❶ノーマライゼーションの視点

＊13
本双書第1巻第2部第
1章第1節4（1）及
び第4巻第1部第2章
第1節参照。

　　ノーマライゼーションは、デンマークのバンク-ミケルセン（Bank-Mikkelsen, N. E.）が提唱し、ニィリエ（Nirje, B.）はスウェーデンで、ヴォルフェンスベルガー（Wolfensberger, W）はアメリカで広めた福祉の理念である。「障害のある人が障害のない人と同等に生活し、ともにいきいきと活動できる社会をめざす」という意味で、障害がある人とともに生活する社会こそノーマル（普通）であるという考え方である。

　　介護の目的は、このような社会の実現に向けてノーマル（普通）な生活が送れなくなっている人を介護を必要とする人として、その人らしく尊厳をもって生きられるように支援すること、そしてQOLの向上を図ることにある。

＊14
介護を必要とする人に
ついては、本書第2章
第1節参照。

❷尊厳を保持する観点

　　介護とは、利用者がその人らしさの実現のために、自分の能力を活用しながら尊厳をもって生きられるように支援することといえる。そうした尊厳を保持する支援には、次の7つの視点が重要である。

　①個別ケアの実践のためのニーズの把握

　　身体的側面、精神的側面、その人の生きてきた歴史、人間関係、社会関係にまで範囲を広げて全人的に利用者を把握し、そこから生じるさまざまな生活障害に対するニーズを理解することが大切である。

　②ライフスタイル、価値観の尊重

　　それまで暮らしてきた環境、生活習慣は、個々の人により違っていることが当たり前であり、そのライフスタイルの個別性を理解し、価値観を認めながら支援していくことが重要である。

　③自己選択・自己決定の尊重

　　利用者の尊厳を保持し主体的な生活を実現するためには、利用者が自分の行動を自分で決めることができるような支援が必要である。そして自己決定を尊重するためには、選択の自由が保障されていなければならない。選択の自由がないところに自己決定権はないからである。

　　介護福祉職は、利用者の選択が可能な環境を整え、本人の意思や希望を確かめ、相談しながら、その人に合った方法を決定できるように支援することが大切である。

　④信頼関係を基盤としたパートナーシップ

　　介護福祉職は、利用者と信頼関係を築きながら、そのパートナーシ

ップのもと利用者とともに利用者のよりよい生活をめざすことが必要である。

⑤安全・安楽な生活支援技術の提供

支援の過程では、転倒などの事故の危険性も含んでいる。そうしたリスクを予防したり、根拠に基づいた適切な生活支援技術を提供できるよう、介護福祉職は常に自己研さんが必要である。

⑥予防

予防のための視点は二つある。一つは、利用者の潜在能力を引き出し、要介護状態にならないようにする視点、もう一つは要介護状態であってもそれ以上悪化しない、もしくは改善できる支援のあり方についての視点が重要である。

⑦家族への支援と社会との交流

社会福祉士及び介護福祉士法では「介護者に対して介護に関する指導を行うこと」も介護福祉士の業として規定されている（同法第２条）。家族は介護者のキーパーソンであるが、家族には家族の生活があることを念頭に、利用者が家族や近隣の人々との交流の中で生きることの喜びを感じられるような支援が重要である。

2 自立の考え方と介護（自立支援、利用者主体）

（1）自立とは

自立とは、本来、利用者がよりよい生活を送る上での基本的条件である。自立には、身体的自立、社会的自立、精神的自立がある。利用者にとって、他者から何らかの指示などを受けるような制約のある日常生活ではなく、したいこと、あるいはしなくてはならないこと、また、したくないことやできないことを自由に選択・判断し、それを何らかの形で他者から邪魔されずに遂行できる状態が自立であり、人としてQOLの高い状態であるといえる。

自分で選択・判断し、その判断を尊重されるのは当たり前のように思われるが、先にも述べたように、介護が必要な状態になると、制限されたり抑圧されたりして、当たり前のようなことが保証されなくなる恐れがある。介護福祉職は、利用者に対して指示するのではなく、自立しようという動機を高める声かけや、自立したいという意欲を引き出すかかわりを行うことが重要といえる。

*15
本双書第１巻第２部第１章第１節4（2）参照。

（2）自立と自立支援、利用者主体

　前述のように、自立したいという意欲を引き出す視点が重要であり、そうしたかかわりが自立支援といえる。自立支援において、介護福祉職のかかわりでむずかしい点は、どこまで支援するのかの判断である。特に、支援を必要としている利用者に対し、すべての生活行為を手伝ってしまうと、体力や身体機能を使う場面ばかりでなく、自立の意識も奪い取ることになる。

　自立支援には、何よりも利用者の主体的な取り組みが不可欠であり、それがなければ十分な効果も期待できない。利用者のできること（能力）やしたいこと（意欲）をしっかりととらえる視点を備えなければ、利用者の生活機能は向上しない。また、それを発見したり引き出したりするためにも、コミュニケーションのとり方をはじめとした意図的なかかわりをもつ必要がある。

　言い換えれば、利用者ができないことを単に補うサービス提供は、かえって利用者の自立の意欲や生活機能の低下を引き起こし、サービスへの依存を生み出す場合があるということである。そうしないために、介護福祉職は、利用者の残存能力を活用し、利用者の自立の可能性を最大限に引き出す支援を行うことを基本として、利用者のできる能力を阻害するような不適切なサービスを提供しないよう配慮することが大切である。

第3節　介護の歴史と介護の場

1 介護の歴史（介護保険制度の導入以降）

（1）介護保険制度の導入と介護

　1990年代に入り、わが国では高齢化の進展に伴い、要介護高齢者の増加、介護期間の長期化など、介護ニーズはますます増大した。一方で、核家族化の進行、介護する家族の高齢化など、要介護高齢者を支えてきた家族をめぐる状況も変化し、従来の老人福祉制度・老人医療制度による対応には限界が生じ、高齢者の介護を社会全体で支え合う仕組みとして介護保険制度が平成12（2000）年4月から開始された。[*16]

　介護保険制度の基本的な支援の考え方は、主に3つある。まず、「自立支援」で、これは単に利用者の身の回りの世話をするということを超えて、高齢者の自立を支援するという考え方である。2つめは、「利用者本位・自己決定」である。利用者の選択により、多様な主体から保健医療サービス、福祉サービスを総合的に受けられる制度で、決定権はあくまで利用者本人にあるとする考え方である。3つめは「生活の継続性」で、今までと同じ生活を継続できるように支援体制をつくることが重要であるとする考え方である。在宅での生活が望ましいが、施設に入所する場合でも、可能な限り家具の持ち込みなどを行うことにより、それまでの生活の継続性を維持するよう支援することが求められる。

　同じく平成12（2000）年には、社会福祉法がスタートし、成年後見制度や、高齢者・障害者・児童等の虐待防止法[*17]などが制定された。また、平成15（2003）年に支援費制度が施行され、平成18（2006）年に障害者自立支援法、そして平成25年（2013）年に障害者総合支援法[*18]へ転換され、対象に難病患者を含むなど拡大が進んだ。

　ホームレス支援法[*19]から生活困窮者自立支援法[*20]へ移行され、社会的に孤立した若者や生活困窮者等への支援が進められ、幼稚園・保育所・認定こども園の整備や無償化等の子ども・子育て支援制度なども実施され、高齢者中心から全世代型社会保障への転換が進められている。

　このような時代の流れの中で、高齢者を対象としたものととらえられがちであった介護は、全世代型社会保障として進めることが求められるようになった。

*16
平成12（2000）年より前の介護の歴史については、本双書第1巻第3部第1章及び第3巻第2章参照。

*17
それぞれの正式名称は、「高齢者虐待の防止、高齢者の養護者に対する支援等に関する法律」（平成18〔2006〕年4月1日施行）、「障害者虐待の防止、障害者の養護者に対する支援等に関する法律」（平成24〔2012〕年10月1日施行）、「児童虐待の防止等に関する法律」（平成12〔2000〕年11月20日施行）。本双書第13巻第2部第2章第4節参照。

*18
正式名称は、「障害者の日常生活及び社会生活を総合的に支援するための法律」（平成25〔2013〕年4月1日施行）。本双書第4巻第2部第2章第1節参照。

*19
正式名称は、「ホームレスの自立の支援等に関する特別措置法」（平成14〔2002〕年8月7日施行）。本双書第7巻第6章参照。

*20
平成27（2015）年4月1日施行。本双書第7巻第4章参照。

＊21
高齢社会の進行による高齢者介護の現状と課題を検討するために設置された、厚生労働省老健局長の私的研究会「高齢者介護研究会」により、戦後のベビーブーム世代（団塊の世代）が65歳以上に到達する平成27（2015）年までに実現すべきことを念頭に置いてまとめられた報告書である。

（2）「2015年の高齢者介護」の提言

　平成15（2003）年６月にまとめられた報告書「2015年の高齢者介護－高齢者の尊厳を支えるケアの確立に向けて」[＊21]の中で、高齢者の尊厳を支えるケアの確立の方策として、以下の４点が提示された。

❶介護予防・リハビリテーションの充実

　高齢者が介護を必要としない、あるいは介護を必要とする期間をできるだけ短くし、地域社会に参加することをめざす。自立度の高い高齢者に対しても、より介護予防、リハビリテーションを重視したサービスの重点化を検討することや、医療のリハビリテーションと介護のリハビリテーションを一体的に提供することなどが提言された。

　この中で介護福祉職には、高齢者自らが健康づくりや介護予防に取り組む姿勢をもてる支援が求められている。

❷生活の継続性を維持するための、新しい介護サービス体系

　施設での生活となったとしても限りなく自宅での生活に近いものになるよう、個別ケアを実現するユニットケアの普及が盛り込まれた。

　介護福祉職には、施設におけるユニットケアや在宅生活を維持するためのさまざまな介護サービスが、切れめなく、適時適切に在宅に届けられるようなサービス体系に対応できる資質と能力が求められている。

❸新しいケアモデルの確立：認知症高齢者ケア

　要介護高齢者や施設入所者の多くに認知症の影響があることから、これからの高齢者介護として認知症高齢者の介護を標準とする新しいケアモデルが示された。このケアモデルは、「尊厳の保持」をケアの基本とし、環境を重視しながら本人主体のアプローチを行っていくもので、住み慣れた地域での生活を継続していくことを重視している。

　また、認知症を早期に発見する体制や地域関係者のネットワークの整備等により、本人や家族の安心感を高めていくことなどが提言された。

❹サービスの質の確保と向上

　利用者自身がサービスを選択・決定し、質の高いサービスを受けられるように「ケアの標準化」をめざし、根拠に基づいたケアが実践できる優秀な人材を確保・育成すること、また介護サービス事業者が行動規範を遵守することなどが提言された。

これに伴い、これまで3年間の実務経験があれば介護福祉士国家試験の受験資格が与えられていたものが、3年間の実務経験とともに、「介護過程」など450時間の研修修了を義務付けることが提言され、平成28（2016）年度より施行となった。[22]

（3）法改正による喀痰吸引等の導入

平成23（2011）年の社会福祉士及び介護福祉士法の改正により、喀痰吸引等が業務として位置付けられた。[23]これは、近年、要介護度の重度化に伴い、喀痰吸引等を必要とする施設入居者が増加しているなかで、多職種連携によらなければ生活支援も成り立たない時代になってきたことが理由としてあげられる。

法改正はこうした時代の社会的要請として行われた。医療に生活が、生活に医療が入り込む時代であっても、介護福祉士はあくまでも生活支援を行う専門職として、多職種と連携しながら利用者の生活支援を行う。

言うまでもなく、安全に行える吸引や経管栄養の技術を身に付けることは必要だが、それと同時に日々の生活の中で、水分量のチェックや排痰ケアを行うことで吸引回数を減らすといった工夫を積極的に行い、常にその人にとってのQOLの向上を考えていくことが介護福祉士の専門性であり、やるべきことだと考える。

吸引や経管栄養を行うことは、最終手段である。その最終手段である吸引や経管栄養を行わなくてよいケアを日頃から考え、実践していくことが、専門職である介護福祉職がめざす介護であるといえる。

（4）多様な人材構成によるチームケア

平成29（2017）年10月に報告書「介護人材に求められる機能の明確化とキャリアパスの実現に向けて」がまとめられた。[24]そこでは、限られた人材で利用者の多様なニーズに対応していくために、介護福祉士から実務者研修修了者、初任者研修修了者、資格をもたない者まで、多様な人材構成でのケアを推進していく必要があることが示された。

これにあわせ、介護福祉士が、尊厳ある自立した日常生活の支援に向けて、本人のエンパワメントを意識した支援や、家族の介護と仕事の両立の視点もふまえて、家族の介護負担の軽減に役立つ支援を行うことも必要であることから、「求められる介護福祉士像」の見直しが行われた。

さらには、図1－1にあるように、外国人介護人材の日本への受け入れが平成20（2008）年のEPA（経済連携協定）から始まった。[25]その後、

*22
介護ニーズの多様化に伴って介護福祉士の資質向上を図るため、一定の教育課程を経て学んだ知識や技術が必要との考えから、450時間の研修が義務付けられた。

*23
本書第3章第3節参照。

*24
社会保障審議会福祉部会福祉人材確保専門委員会。

*25
EPAの目的は、FTA（自由貿易協定）に加えて、人の移動や投資、知的財産保護など広い中身を対象とし、経済関係の強化を図ることである。EPA介護福祉士候補者は、このEPA（経済連携協定）に基づき、インドネシア、フィリピン及びベトナムの3国から看護もしくは介護の有資格者に来日してもらい、日本の介護福祉士資格の取得をめざす制度である。

〈図1－1〉外国人介護人材受け入れの仕組み

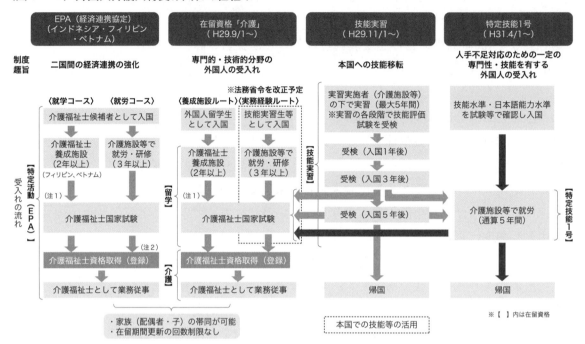

（注1）平成29年度より、養成施設卒業者も国家試験合格が必要となった。ただし、令和8年度までの卒業者には卒業後5年間の経過措置が設けられている。
（注2）4年間にわたりEPA介護福祉士候補者として就労・研修に適切に従事したと認められる者については、「特定技能1号」への移行に当たり、技能試験及び日本語試験等を免除。

（出典）厚生労働省資料

　在留資格「介護」、技能実習、特定技能1号が加わり、4つのルートで外国人介護人材の日本への受け入れが進められている。

　こうした多様な人材構成（チーム）による介護現場では、利用者の尊厳ある自立した日常生活の支援に向けて、チーム内の介護福祉職に対する指導や助言、サービスが適切に提供されているかの管理等を担うチームリーダーが必要である。一定のキャリアを積んだ介護福祉士がその役割を担うべきであるとして、平成31（2019）年4月から、介護福祉士の教育内容の「人間関係とコミュニケーション」の中でチームマネジメント教育が進められている。

2 介護の場

　前述の報告書「2015年の高齢者介護」において新しいケアモデルが示されたこともあって、介護福祉職を取り巻く環境も大きく変化した。それ以前に、措置の時代からサービスを選択する時代になったことは大きな変化であった。これによって質の高いサービスの提供が求められるようになり、自立支援が重視され、個別ケアが基本となった。介護サービ

スの形態も、施設での生活であっても限りなく自宅に近いものになるよう、特別養護老人ホームの個室化やユニットケアが進められた。

　また、在宅生活を維持していくため、365日・24時間安心できる在宅サービスの提供として「小規模・多機能サービス拠点」の整備や、「高齢者向け優良賃貸住宅」等への住み替えが促進された。そして、要介護状態になっても住み慣れた地域での生活が継続できるような小規模多機能型居宅介護、医療ニーズの高い利用者も継続してサービスが受けられるような看護小規模多機能型居宅介護等の「地域密着型サービス拠点」の整備、ひとり暮らしの高齢者や認知症ケア等の新しいケアモデルに対応できるサービスに進化していった。[26]

　また、障害者ケアにおいても、障害者自立支援法（現　障害者総合支援法）の施行により、利用者本位のサービス体系に再編され、地域生活支援や就労支援などの側面をより一層重視したケアが実施されてきた。

　今後はさらに、利用者を制度に当てはめるのではなく、本人のニーズを起点に支援を調整することが重要である。こうした考え方に立って、高齢者・障害者・児童・生活困窮者といった区別にかかわらず、地域に暮らす住民誰もがその人の状況に合った支援が受けられるという、新しい地域包括支援体制を構築していく必要がある。

*26
高齢者の住まいと居住支援については、本双書第3巻第5章第2節参照。

第2章

介護を必要とする人々と地域共生社会

学習のねらい

　地域包括ケアシステムは、高齢者福祉分野で深化・進化を遂げてきた。今、これを障害福祉分野や子ども家庭福祉分野においても応用し、さまざまなサービス・社会資源を巻き込みながら地域で安心して生活し続ける仕組みが構築されようとしている。

　さらに、生活課題・福祉課題の複雑化・多様化等を背景に、地域共生社会の実現に向けて改正社会福祉法が施行されている。これにより、世代や属性（縦割り）によるサービス提供を超え、世帯（家族）を丸ごと支え、さらには制度の狭間を埋める支援をめざす包括的支援体制が構築されようとしている。

　第1節「介護を必要とする人々の現状」では、介護を必要とするさまざまな人々の現状について学ぶ。

　第2節「地域包括ケア」では、介護を必要とする人々の生活の場としての地域という観点から、地域包括ケアの理念と仕組みについて学ぶ。

　第3節「地域共生社会」では、地域共生社会の基本的な理念と仕組み、地域包括ケアとの関係について学ぶ。

第1節　介護を必要とする人々の現状

1　「介護を必要とする人」とは

　「介護を必要とする人」が、介護保険法（本章において単に「法」と記した場合は同法をさすものとする）でどう定義されているかを見てみよう。法第7条では、身体上・精神上の障害により、日常生活における基本的な動作に継続して常時介護を必要とすると見込まれる状態で、厚生労働省令で定める区分（要介護状態区分）に該当するものとされ、法では障害があり生活上の支援を必要としている者を対象としていることがわかる。

　では、障害とは何だろうか。障害とは、「先天的か否かにかかわらず、身体的又は精神的能力の不全のために、通常の個人又は社会生活に必要なことを確保することが、自分自身では完全に又は部分的にできない人のことを意味する」と定義されている[*1]。

　つまり、介護保険法においては、障害という「できなさの程度」について基準を設定し、その基準を満たす対象者を「介護を必要とする人」としている。制度を利用していない人もいるであろうし、高齢者以外の介護を必要とする人も存在するが、おおむねこの基準に該当するのが「介護を必要とする」状態であり、「介護を必要とする人」とは、身体上・精神上の障害を有し、日常生活を営むのに他者の支えを必要とする状態にある人、といってよいだろう。

2　「介護を必要とする人」の推移と生活している場所

（1）高齢者や認知症の人の数と要介護認定者数、介護給付費の推移

　わが国の65歳以上人口は3,624万人、高齢化率は29.0%[*2]（令和4〔2022〕年10月1日現在）で、世界で最も高い水準になっている。認知症の人の数は、平成24（2012）年の462万人（65歳以上の約15%）から令和7（2025）年には約730万人（同約20%）になると推計されている[*3]。こうした認知症の人たちの増加も合わせて、高齢化により介護を必要とする人の数はさらに増え、高齢者介護は社会の重要な課題となっている。

　介護保険制度の利用状況を見てみると、制度が開始した平成12（2000）

＊1
1975年国連総会決議「障害者の権利宣言」による障害者の定義。

＊2
内閣府『令和5年版高齢社会白書』。

＊3
「日本における認知症の高齢者人口の将来推計に関する研究」（平成26年度厚生労働科学研究費補助金特別研究事業〔九州大学　二宮教授〕）。

＊4
厚生労働省「介護保険事業状況報告」月報（令和5〔2023〕年4月暫定版）。

＊5
厚生労働省「令和3年度介護保険事業状況報告」（年報）。
＊6
身近な市町村で提供される認知症対応型共同生活介護や地域密着型介護老人福祉施設入所者生活介護などの少人数型の入所サービス。
＊7
厚生労働省「令和3（2021）年度介護給付費等実態統計の概況」。
＊8
経済産業省「2050年までの経済社会の構造変化と政策課題について」（平成30〔2018〕年。産業構造審議会2050経済社会構造部会資料）。
＊9
内閣府『令和5年版障害者白書（全体版）』。
＊10＊11
厚生労働省・第27回障害福祉サービス等報酬改定検討チーム（令和5〔2023〕年3月）資料。
＊12
「医療的ケア児に対する実態調査と医療・福祉・保健・教育等の連携推進に関する研究」（平成30年度厚生労働科学研究費補助金障害者政策総合研究事業〔田村班報告〕）。
＊13
三菱UFJリサーチ＆コンサルティングが厚生労働省令和元年度障害者総合福祉推進事業として行った医療的ケア児者とその家族の生活実態調査では、医療的ケア児者とその家族への支援に関する課題として、「サービスがない／少ないなどのサービス資源量について」が95.7％と最も多く、具体的な課題についての自由回答として、「入所施設及び医療的ケア児が利用できる事業所の数」「医療型短期入所事業所の他、医療的ケア児者の受入れを行える施設が不足している」との意見が把握されている。

年度に256万人だった要介護認定者数は、団塊の世代が65歳に到達しはじめた平成27（2015）年度には620万人と2.4倍になり、令和5（2023）年4月には696.1万人に達している。[4]介護給付費も、平成12（2000）年度の3兆2,427億円から、令和3（2021）年度は10兆4,317億円[5]と、3倍以上となっている。

　また、「介護を必要とする人」が、自宅以外ではどのような場で生活しているのかを見てみると、高齢者の場合、地域密着型の施設[6]に合計35.7万人、介護老人福祉施設（特別養護老人ホーム）や介護老人保健施設等の入所施設に合計130.8万人が暮らしている。[7]

　このように、介護を必要とする高齢者は極めて速い速度で増加し、介護給付費も大きく伸びている。未来に目を向けると、令和22（2040）年まで高齢者は増え続ける一方で、総人口の減少とともに生産年齢人口も減少し続けるとされ、今後は、より少ない人数で効率的・効果的な介護を提供していかなければ制度の存続は困難になると予想される。[8]

（2）障害児・者数、障害福祉サービス受給者数の推移

　障害者数の概数は、身体障害児・者436万人、知的障害児・者109.4万人、精神障害者614.8万人となっている。[9]障害福祉サービスの利用状況を見てみると、利用者数は平成30（2018）年の117.1万人から令和4（2022）年には145.5万人に、関連予算額は平成19（2007）年度の5,380億円から令和4（2022）年度は1兆8,478億円と予算額は15年間で3倍以上に増加していること[10]がわかる。[11]

　また、障害別に施設入所の人数と割合をみると、身体障害児・者は7.3万人（1.7％）、精神障害者（入院患者の割合）は28.8万人（4.7％）に対して、知的障害児・者は13.2万人（12.1％）と、知的障害児・者の施設入所の割合が高くなっている。[12]

　忘れてはならないのが、周産期医療の進歩により命が助かって退院した後、喀痰の吸引や経管栄養などの医療的ケアを日常的に必要とする「医療的ケア児」である。医療的ケア児は、平成29（2017）年に約1.9万人で、平成18（2006）年からの10年間で約2倍に増えており、[11]親の付き添いなしで通学しほかの子どもとともに学ぶための体制確保など、地域における支援体制の確立が急がれている。医療的ケア児・者とその家族への支援は不十分であるとされ、[13]自宅で過ごす子どものために家族（主に母親）の多くが離職して介護を担い、ケアを一身に担っている実情がある。こうした状況を受け、令和3（2021）年度障害福祉サービス等報酬改定に

おいて、一般的な障害児と同じ報酬区分で扱われていた医療的ケア児の基本報酬の創設など、医療的ケア児への支援も含めた障害児支援の推進が盛り込まれることとなった。

❸ 少子高齢化による家族形態や家族機能の変化と「介護の社会化」

（1）家族機能の変化と「介護の社会化」

　わが国の平均世帯人員は、昭和28（1953）年の5.00人から右肩下がりに減少し、令和元（2019）年には2.39人となっている。世帯構造別では、昭和61（1986）年から令和3（2021）年の間に、「単独世帯」が全世帯の18.2％から29.5％に、「夫婦のみの世帯」が14.4％から24.5％に、いずれも増加している。「65歳以上の者のいる世帯」も、全世帯の26.0％から49.7％に増加し、そのうち「夫婦のみの世帯」が「65歳以上の者のいる世帯」の32.0％、次いで「単独世帯」が28.8％、「親と未婚の子のみの世帯」が20.5％となっている。[*14]

　社会構造や家族形態の変化によって、家族機能にも変化が生じる。第2次世界大戦終戦後しばらくは、職住近接で家族経営の第一次産業が中心で、三世代同居が多く、身内に介護が必要になった場合には自宅での家族介護が一般的であった。

　高度経済成長の時代には、地方から大都市圏へと若い働き手の人口移動が顕著になり、女性の就労も多くなった。家族形態も三世代同居の大家族から、夫婦と未婚の子どもで構成される核家族へと変化していく。

　高齢化の進行により要介護者も増加し、自宅での家族介護だけでなく、入所介護施設が整備されるようになる。同時に、治療の必要がない状態で長期入院を続ける「社会的入院」の問題も指摘され、高齢者や精神障害者の退院後の受け皿や、社会復帰の仕組み、退院支援体制の不備が課題となった。

（2）新たな課題への対応と介護保険制度

　同居家族だけによる介護は困難になり、介護の社会化の必要性が高まり、平成12（2000）年に**介護保険制度**がスタートした。しかし、2000年代には地方の高齢化がさらに進み、高齢夫婦のみ世帯や高齢独居が増加し、高齢者が高齢者を介護する「老老介護」[*15]、認知症高齢者が認知症高齢者を介護する「認認介護」[*16]などの状態が生じてきた。

*14
厚生労働省「2021年国民生活基礎調査の概況」。

*15
介護者（介護する人）と要介護者（介護を受ける人）がともに65歳以上である状態。同居の主な介護者と要介護者の双方が65歳以上の割合は59.7％となっている（厚生労働省「2019年 国民生活基礎調査の概況」。

*16
介護者（介護する人）と要介護者（介護を受ける人）がともに認知症である状態。

平成20（2008）年から人口は減少局面を迎え、都市部での高齢化が進み、要介護者数は大幅に増加し、持続可能な制度のあり方が問われるようになる。在宅介護サービスが拡充され、施設介護も社会から隔絶された大規模入所施設から、より自宅に近い地域での暮らしを志向した小規模施設へと方向が変化した。

要介護者の変化と、家族や地域住民などの支え手の変化、さらに経済状況や政策の変化など、複合的な要因によって介護のあり方も大きく変化し、新たな課題も表面化してきた。例えば、前述の医療的ケア児や、ヤングケアラーとよばれる、家族の世話や介護を日常的に行い、本来大人が担うようなケアの責任を引き受けている18歳未満の子どもをめぐる課題である。また、育児と親などへの介護が同時期に重なるダブルケアなどへの対応も急務である。

新たな介護課題への制度での対応を構築するとともに、これからは制度だけに頼るのではなく、住み慣れた地域での自助[*17]・互助[*18]・共助[*19]も含めた「介護の社会化」が重要になっていく。

*17
介護保険・医療保険の自己負担部分、サービスの自費購入、本人によるセルフケアや家族による対応などから成り、個人が自発的に生活課題を解決しようとする力。

*18
費用負担が制度で裏付けられていない、友人や趣味活動の仲間や近隣との助け合い、ボランティアなどの支援などから成り、生活課題をお互いに自発的に解決し合う力。

*19
介護保険などの被保険者が負担する保険料部分、介護保険・医療保険、年金など制度化され相互に保険料を負担する仕組みから提供されるサービス。

第2節　地域包括ケア

1 地域包括ケアとは何か

❶介護を必要とする人々の生活の場としての地域

現在では、要介護状態になっても住み慣れた自宅や地域に密着した施設で暮らしていく方向性が打ち出されている。介護の必要性にかかわらず、ともに地域で暮らす、要介護者を地域から切り離し囲い込むのではなく、地域生活を続けながら施設や病院がもっている機能を活用できる地域のあり方を模索する必要がある。

❷地域包括ケアの理念

地域包括ケアは、国と地方公共団体の責務とされ、法第5条第3項にはその理念が次のように示されている。

「国及び地方公共団体は、被保険者が、可能な限り、住み慣れた地域でその有する能力に応じ自立した日常生活を営むことができるよう、保険給付に係る保健医療サービス及び福祉サービスに関する施策、要介護状態等となることの予防又は要介護状態等の軽減若しくは悪化の防止のための施策並びに地域における自立した日常生活の支援のための施策を、医療及び居住に関する施策との有機的な連携を図りつつ包括的に推進するよう努めなければならない。」

❸「2015年の高齢者介護」

この報告書は、高齢者の増加を大幅に上回るサービス利用の伸びに警鐘を鳴らし、高齢者が自らの尊厳保持に自助の努力を尽くし、地域における共助の力を可能な限り活用し、その結果、共助のシステムである介護保険制度の負担を合理的に軽減させる必要性を示した。また、フォーマル・インフォーマル、自助・互助・共助・公助のあらゆるシステムをこれまで以上に適切に組み合わせる方向性を示した。

2 地域包括ケアシステム

（1）地域包括ケアシステムの定義

平成20（2008）年の「地域包括ケア研究会報告書」は、地域包括ケア

*20
「2015年の高齢者介護」は、平成15（2003）年に「高齢者介護研究会」（厚生労働省老健局長の私的研究会）が取りまとめたもので、「高齢者の尊厳を支えるケア」の確立に必要な施策について提言している。本書第1章第3節1（2）参照。

*21
「地域包括ケア研究会報告書－今後の検討のための論点整理」厚生労働省（平成20年度老人保健健康増進等事業）。

を「ニーズに応じた住宅が提供されることを基本とした上で、生活上の安全・安心・健康を確保するために、医療や介護のみならず、福祉サービスを含めた様々な生活支援サービスが日常生活の場（日常生活圏域）[*22]で適切に提供できるような地域での体制」と定義している。

　平成24（2012）年の法改正では、前述したように法第5条第3項に地域包括ケアの規定が盛り込まれた。平成25（2013）年制定の「社会保障制度改革プログラム法」[*23]第4条第4項及び平成26（2014）年改正の「医療介護総合確保促進法」[*24]第2条第1項において、地域包括ケアシステムについて「地域の実情に応じて、高齢者が、可能な限り、住み慣れた地域でその有する能力に応じ自立した日常生活を営むことができるよう、医療、介護、介護予防（中略）、住まい及び自立した日常生活の支援が包括的に確保される体制をいう」と、それぞれ同じ文言で定義されている。

　以下に、地域包括ケアシステムの全体像を描いた図（**図2－1**）を示す。

＊22
「おおむね30分以内に駆けつけられる圏域」を理想的な圏域として定義し、具体的には、中学校区を基本とすることとされている。

＊23
正式名称は「持続可能な社会保障制度の確立を図るための改革の推進に関する法律」。

＊24
正式名称は「地域における医療及び介護の総合的な確保の促進に関する法律」。

〈図2－1〉地域包括ケアシステムの姿

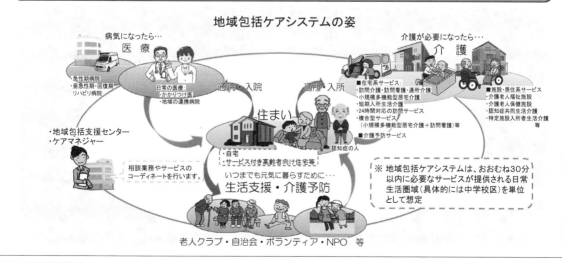

（出典）厚生労働省資料

（2）地域包括ケアシステムのめざすところ

❶地域包括ケアシステムの構成要素

　図2－2の「植木鉢」は、一人の人を支える地域包括ケアシステムの構成要素を表現しており、地域にはさまざまな大きさや形、茂り具合の植木鉢が住民の数だけ存在していることになる。

　3枚の葉は、「医療・看護」「介護・リハビリテーション」「保健・福祉」の専門職が連携して提供する専門的サービスを表現している。これらが十分に機能する前提には豊かな土壌がある。その土に例えられているのは、生活を成り立たせるセルフケアや健康を保とうとする介護予防、住民同士によるさまざまな支援といった、地域の多様な主体によって支えられる「介護予防・生活支援」である。

　土がこぼれないように受け止める器は、生活を保持する「すまい」と、どこで誰とどのように住むかという「すまい方」を表現している。一番下の皿の部分は、すべての要素の根本である、自ら選びとることや心構えをもつことの重要性を示した「本人の選択と本人・家族の心構え」を意味している。

❷自助・互助・共助・公助

　地域包括ケアシステムにおいては、「4つの助：自助・互助・共助・公助」[*25]を確立し、一体的にアクセスできることが重要である。「4つの助」は相互に影響し合いながら成立する。

＊25
介護保険・医療保険の公費部分、行政による福祉施策など、自助・互助・共助では解決しにくい事柄（例：貧困・難病・虐待など）への対応等に対して税負担により提供される社会保障の仕組み。
公助以外は前節の＊17・＊18・＊19を参照。

〈図2－2〉地域包括ケアシステムの構成要素を示す「植木鉢」

（出典）地域包括ケア研究会「地域包括ケアシステムと地域マネジメント」（平成27年度厚生労働省老人保健健康増進等事業 地域包括ケアシステム構築に向けた制度及びサービスのあり方に関する研究事業報告書）三菱UFJリサーチ＆コンサルティング、2016年、15頁

　基本となるのは、自ら主体として望む生活を達成しようとする「自助」である。自らの健康に留意して生活を整える、要支援・要介護状態となった場合にももっている力を最大限発揮しようと努めるなどの自発的な取り組みが求められている。

　自らも元気なうちは支え手として周りの力になる、という形で「自助」を補完的に支えるのが「互助」である。地域包括ケアシステムにおいては、特に「互助」の強化・活用の必要性が指摘されている。

　「共助」は、個人の自助のもとに成り立ち、例えば、介護保険制度は適切なサービス利用と要介護当事者が有する能力の維持向上を求めている。高齢期に自力のみを頼りとするのは無理があるため、「共助」という身近な環境からの支えが必要となる。

　少子高齢化や財政状況から、「共助」や「公助」の大幅拡充は困難と予想され、「自助」や「互助」の果たす役割が拡大していく。しかし、プライバシー意識や個人情報の提供への抵抗感が強い都市部では強い「互助」を期待しにくいが、地方より充実している民間サービスの購入・活用が期待できる。都市部以外の地域では民間サービスに代わって「互助」の役割が大きくなる。このように、地域包括ケアシステムの形は地域によって異なる。

（3）地域生活支援拠点等

　平成27（2015）年の「社会保障審議会 障害者部会 報告書」[*26]では、障害者総合支援法の今後の見直しの基本的考え方について整理した3つの柱の1つとして、「新たな地域生活の展開」をあげ、「地域での暮らしが可能な障害者が安心して地域生活を開始・継続できるよう、地域生活を支援する拠点の整備を進める」とした。

　地域生活支援拠点等は、いわば障害領域における地域包括ケアや包括的支援体制といえる機能をもつ。その目的は、①緊急時の迅速・確実な相談支援の実施・短期入所等の活用という、地域生活を行う上での安心を担保すること、②体験の機会の提供を通じて、施設や親元からグループホームやひとり暮らし等へ生活の場を移行しやすくする支援を提供する体制を整備し、障害者の地域生活を支援することの2つである。

　さらに、障害者の高齢化や重度化、そして大きな支え手であった親の亡き後に備えることや、地域移行を進めていくために、①相談、②緊急時の受け入れ・対応、③体験の機会・場、④専門的人材の確保・養成、⑤地域の体制づくり、の5つの機能を備えることが原則とされる。ただ

*26
「障害者総合支援法施行3年後の見直しについて－社会保障審議会障害者部会 報告書」。

＊27
厚生労働省「地域生活支援拠点等の全国の整備状況」（令和4〔2022〕年4月1日時点）。

し、地域の実情をふまえて、最終的には市町村（特別区）の判断によるものとされている。

　地域生活支援拠点等の整備状況[27]を見てみると、令和4（2022）年4月1日時点で全国1,741の自治体のうち60.2%にあたる1,048市町村（圏域整備136圏域、562市町村）において整備され、「令和4年（2022）度末までに整備予定」が5.7%、「令和5年度に整備予定」が15.9%となっている。

（4）精神障害分野における地域移行とそのシステム

＊28
精神保健福祉対策本部。

　平成16（2004）年に示された「精神保健医療福祉の改革ビジョン」[28]において、「入院医療中心から地域生活中心」との方策が示され、①国民の理解の深化、②精神医療の改革、③地域生活支援の強化、を今後10年で進めることとされた。③では、「相談支援、就労支援等の施設機能の強化やサービスの充実を通じ市町村を中心に地域で安心して暮らせる体制を整備する」ものとされた。この方策に沿って、精神疾患を有する人の地域での生活をさまざまな施策で後押しした。

＊29
障害保健福祉部長の開催による「これからの精神保健医療福祉のあり方に関する検討会」。

＊30
ここでいう「精神障害にも対応した地域包括ケアシステム」とは、高齢者福祉の領域の地域包括ケアシステムを応用したものではあるが、既存の高齢者向けの地域包括ケアシステムに精神障害領域を加える、ということではない。その構築により、住民一人ひとりのその人らしい暮らしと生きがい、地域をともに創る「地域共生社会」の実現に寄与するものとされる。

　平成29（2017）年には厚生労働省の報告書[29]において、精神障害者が地域の一員として、安心して自分らしい暮らしができるよう、医療、障害福祉・介護、社会参加、住まい、地域の助け合い、教育が包括的に確保された「精神障害にも対応した地域包括ケアシステム」[30]の構築をめざす新たな理念が明示された（**図2−3**）。これを受けて、平成29（2017）年度より、精神障害にも対応した地域包括ケアシステムの構築に向けて都道府県等の自治体に対する補助事業（構築推進事業）と委託事業（構築支援事業）が実施された。

（5）地域包括ケアに関連する政策の動向

　これまでのわが国の福祉制度は、高齢、障害、児童などの領域ごとに制度を確立し、サービスを提供してきた。これにより、対象者ごとの典型的ニーズはある程度充足され各制度が成熟することでその質を高めてきた。しかし一方で、縦割りの制度が障壁となって、ニーズの多様化や複雑化・複合化に対処しきれず、支援が困難になる状況も顕在化してきた。

　支えを必要とする高齢者の増加と、支え手の減少、家族機能の変化や地域での相互扶助のあり方の変化などにより、人と人とのつながりや支え合いを再構築し、制度と住民相互の助け合いを組み合わせて地域社会

〈図2－3〉精神障害にも対応した地域包括ケアシステムの構築推進（イメージ）

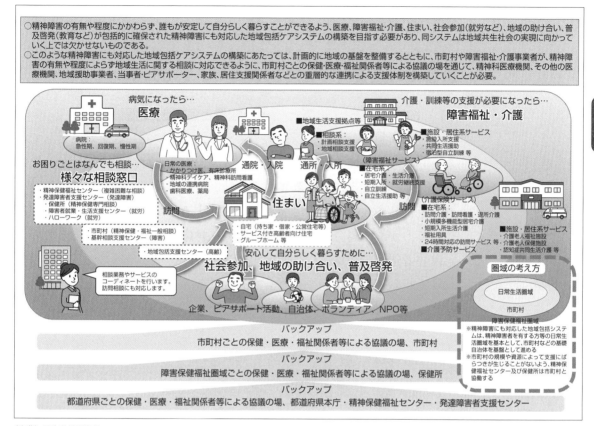

○精神障害の有無や程度にかかわらず、誰もが安定して自分らしく暮らすことができるよう、医療、障害福祉・介護、住まい、社会参加（就労など）、地域の助け合い、普及啓発（教育など）が包括的に確保された精神障害にも対応した地域包括ケアシステムの構築を目指す必要があり、同システムは地域共生社会の実現に向かっていく上では欠かせないものである。
○このような精神障害にも対応した地域包括ケアシステムの構築にあたっては、計画的に地域の基盤を整備するとともに、市町村や障害福祉・介護事業者が、精神障害の有無や程度によらず地域生活に関する相談に対応できるように、市町村ごとの保健・医療・福祉関係者等による協議の場を通じて、精神科医療機関、その他の医療機関、地域援助事業者、当事者・ピアサポーター、家族、居住支援関係者などとの重層的な連携による支援体制を構築していくことが必要。

（出典）厚生労働省資料

全体で支えていくことがより重要になっている。複雑で複合的な課題や、制度の狭間の、あるいは既存の制度では解決が困難な課題に対して、縦割りを排した、制度を超えた連携によって包括的に支援する体制づくりが必要になってきている。

第3節　地域共生社会

1 地域共生社会のめざすもの

（1）縦割りから「丸ごと」への転換と包括的支援体制

　介護保険制度や地域包括ケアシステムは、主に高齢者を対象としている。しかし、地域で暮らし、支えを必要とするのは高齢者だけではない。前節で述べたように、これまでの福祉制度は対象者ごとに法律が整備され、縦割りの仕組みの中で発展し、相談する先が明確な課題や自ら相談に行く力がある場合には、そのニーズに対応することができてきた。

　障害者福祉の領域では、基幹相談支援センターが障害のある人への総合的な相談業務を担い、子ども家庭福祉の領域では、子ども家庭総合支援拠点と子育て世代包括支援センターを一体化し、すべての妊産婦・子育て世帯・子どもの包括的な相談支援等を行うこども家庭センターの設置が努力義務となった。いずれの相談支援機関も、世代や領域で縦割りにした対象者への総合相談を実施し、包括的な対応を行うことをめざしている。

　しかし、そうした縦割りの制度では解決しがたい地域の課題は決して少なくない。例えば、「８０５０問題」とよばれるように80代の親が50代の子どもを支えてきたが、その親が認知症になった場合など、一つの家庭に複数の異なるニーズを抱える支援対象者がいるケースなどである。また、65歳問題といわれる、自立した生活を送るためにそれまで活用してきた障害福祉サービスを、65歳になって介護保険制度を優先的に利用しなければならなくなったために利用しにくくなる問題もあった。このように、複数の制度にまたがる複合的なニーズのあるケースに対応していくために、包括的な支援体制の整備が必要となり、介護保険制度と障害福祉制度をつなぐ共生型サービスの創設につながっていく。

　さらに、社会的孤立や排除などで役割を失い、頼れる人がいない、相談に行くことができないというようなケースに生活困窮がからんでいる場合には、解決がさらに困難になるなど、対応ができていないニーズも存在している。

　こうした地域の複合的な課題を解決するためには、制度ごとに分かれている相談支援のあり方そのものを包括化、つまり「丸ごと」へと転換するとともに、地域全体で支え合うことをめざす地域共生社会を実現し

＊31
本双書第3巻第1章第2節4及び第5章第1節1（2）参照。

*31はちまるごーまる

なければならない。その実現に向けて地域包括ケアの「必要な支援を包括的に提供する」という考え方やシステムを、高齢者以外の領域にも広げて、障害福祉や子ども家庭福祉なども含めた複合的課題への対応を行おうとするのが包括的支援体制である。

（2）包括的支援体制構築に向けた、平成29（2017）年社会福祉法改正

　包括的支援体制構築に大きな役割を果たすのが、平成29（2017）年の社会福祉法改正である。その主な柱を見ていく。

　まず、地域住民等が地域福祉の推進にあたり、地域生活課題を把握し、支援関係機関との連携によって解決を図ることが明記された。[32] また、社会福祉法第106条の3により、市町村は地域住民等と支援関係機関による地域福祉推進の相互協力と、地域生活課題の解決に役立つ支援が包括的に提供される体制を整備するよう努めることが示され、具体的な推進施策も示された。[33]

　その推進施策とは、①地域住民が自ら暮らす地域の課題を「我が事」としてとらえられるような地域づくりの取り組み（**図2−4**の【1】）、②さまざまな相談を「丸ごと」受け止める場の整備（**図2−4**の【2】）、

＊32
社会福祉法第4条第3項。

＊33
社会福祉法第106条の3第1項各号。

〈図2−4〉 **地域における住民主体の課題解決力強化・包括的な相談支援体制のイメージ**

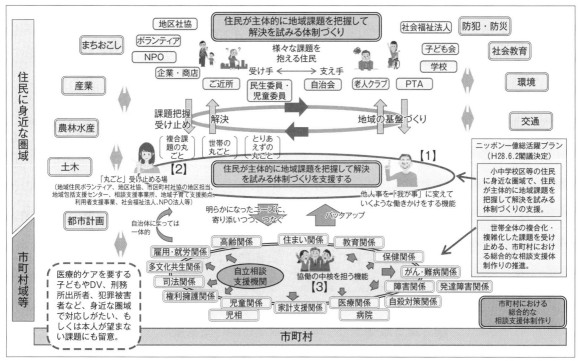

（出典）厚生労働省資料

③相談機関の協働、ネットワーク体制の整備（**図２－４**の【**3**】）の３つである。

　また、包括的支援体制の構築のために、市町村は市町村地域福祉計画を、都道府県は都道府県地域福祉計画を策定することが、従来の任意から努力義務とされ[*34]、地域福祉計画の充実が図られた。地域福祉計画は、地域住民の参加を得て地域課題を明らかにし、その解決に必要な施策の内容、量、体制に関する目標を設定し整備していく計画である。

　さらにこの改正により、前述の「包括的な支援体制の整備に係る事業に関する事項」[*35]が地域福祉計画に盛り込むべき事項として追加されることとなった。これにより地域福祉計画は、地域における高齢者・障害者・児童やそのほかの各福祉分野における共通事項を記載する上位計画として位置付けられることとなった。

　社会福祉法第106条の３第２項に基づいて市町村が包括的支援体制の確立に向けて取り組みを進めるために「社会福祉法に基づく市町村における包括的な支援体制の整備に関する指針」[*36]が示された。この指針では、前述の推進施策について、点でなく面として、それぞれを連携させて実施すべきこと、第２号から第４号までの内容は、地域の実情に即してさまざまな方法があるとし、包括支援体制の整備に地域福祉計画の作成過程を活用することの有効性も示している。

2 地域共生社会の実現に向けた取り組み

（1）社会福祉法等改正に至る主な経緯

❶「21世紀（2025年）日本モデル」

　平成25（2013）年の社会保障制度改革国民会議の報告書[*37]において、「超高齢化の進行、家族・地域の変容、非正規労働者の増加など雇用の環境の変化などに対応した全世代型の『21世紀（2025年）日本モデル』の制度へ改革することが喫緊の課題」であることが示され、「『21世紀日本モデル』の社会保障は、すべての世代を給付やサービスの対象とし、すべての世代が年齢ではなく、負担能力に応じて負担し、支え合う仕組み」であるとした。

❷「誰もが支え合う地域の構築に向けた福祉サービスの実現〜新たな時代に対応した福祉の提供ビジョン」

　平成27（2015）年に厚生労働省は、「全世代・全対象型地域包括支援

*34
社会福祉法第107条及び第108条。

*35
社会福祉法第106条の３第１項。

*36
平成29（2017）年厚生労働省告示。

*37
平成24（2012）年に、社会保障制度改革推進法に基づき、社会保障制度改革を行うために必要な事項を審議することを使命として内閣に設置された。本双書第３巻第２章第６節参照。

体制」を打ち出した。これは、すべての人が年齢や状況を問わず、その人のニーズに応じた適切な支援が受けられる地域づくりを進める仕組みの構築をめざすものである。その中で、①新しい地域包括支援体制、②高齢、障害、児童等への総合的な支援の提供、③効果的・効率的なサービス提供のための生産性向上、④総合的な人材の育成・確保、の4つの事項（改革）が掲げられた（**図2−5**）。

　これらにより、高齢者を対象としてきた従来の地域包括ケアシステムを発展させ、公的支援の形を制度ごとの縦割りから「丸ごと」に転換し、「地域住民の参画と協働により、誰もが支え合う共生社会の実現」をめざそう、というものである。

❸「ニッポン一億総活躍プラン」

　平成28（2016）年に閣議決定された「ニッポン一億総活躍プラン」において、地域共生社会の実現がめざすべき理念として盛り込まれた。このプランでは、「子供・高齢者・障害者など全ての人々が地域、暮らし、生きがいを共に創り、高め合うことができる『地域共生社会』を実現する。このため、支え手側と受け手側に分かれるのではなく、地域のあらゆる住民が役割を持ち、支え合いながら、自分らしく活躍できる地域コ

*38
「誰もが支え合う地域の構築に向けた福祉サービスの実現−新たな時代に対応した福祉の提供ビジョン」（厚生労働省・新たな福祉サービスのシステム等のあり方検討プロジェクトチーム）。

〈図2−5〉 新たな時代に対応した福祉の提供ビジョン

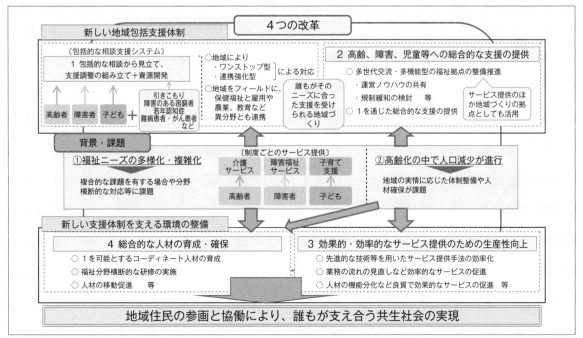

（出典）厚生労働省資料

ミュニティを育成し、福祉などの地域の公的サービスと協働して助け合いながら暮らすことのできる仕組みを構築する」とされた。

この考えの背景にあるのは、少子高齢化の進行による支え手の不足と経済的基盤の脆 弱 化への危機意識である。

閣議決定されたプランに「地域共生社会」という言葉が盛り込まれ、定義された意義は大きく、年齢や障害にかかわらず誰もが活躍できる、支え手と受け手を区別しない、全員参加型の共生社会を地域において実現していくという制度・施策の方向性など、試みはここからスタートしたといえる。

❹「我が事・丸ごと」地域共生社会実現本部

この地域共生社会の実現に向けて平成28（2016）年に厚生労働大臣の下に立ち上げられたのが「『我が事・丸ごと』地域共生社会実現本部[*39]」である。この実現本部では、地域共生社会とは、制度ごとの縦割りをなくし、支え手と受け手を区別せずに、地域住民やさまざまな主体が「我が事」として参画して、人と人、人と資源が世代や分野を超えて「丸ご

＊39
厚生労働大臣を本部長とし、部局横断的に幅広く、地域共生社会実現の具体策を検討するために設置された。

〈図２-６〉「地域共生社会」の実現に向けて（当面の改革工程）【概要】

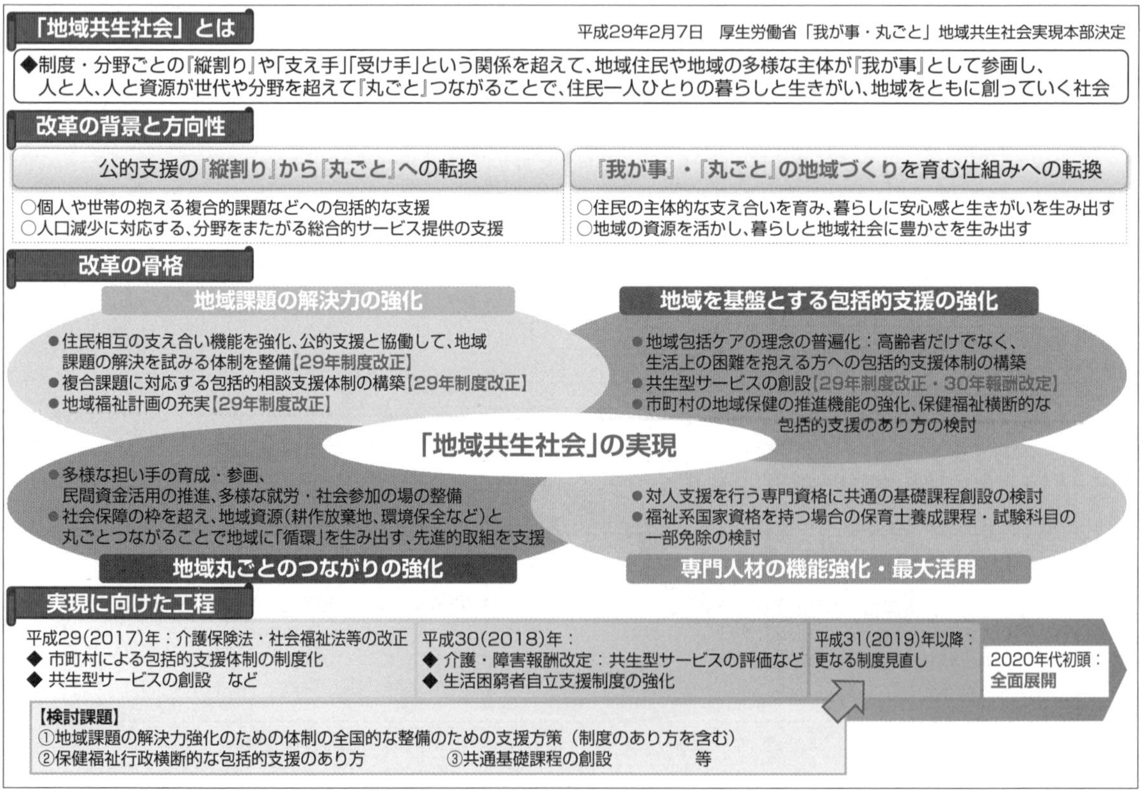

「地域共生社会」とは
平成29年2月7日　厚生労働省「我が事・丸ごと」地域共生社会実現本部決定
◆制度・分野ごとの『縦割り』や『支え手』「受け手」という関係を超えて、地域住民や地域の多様な主体が『我が事』として参画し、人と人、人と資源が世代や分野を超えて『丸ごと』つながることで、住民一人ひとりの暮らしと生きがい、地域をともに創っていく社会

改革の背景と方向性

公的支援の『縦割り』から『丸ごと』への転換	『我が事』・『丸ごと』の地域づくりを育む仕組みへの転換
○個人や世帯の抱える複合的課題などへの包括的な支援 ○人口減少に対応する、分野をまたがる総合的サービス提供の支援	○住民の主体的な支え合いを育み、暮らしに安心感と生きがいを生み出す ○地域の資源を活かし、暮らしと地域社会に豊かさを生み出す

改革の骨格

地域課題の解決力の強化
●住民相互の支え合い機能を強化、公的支援と協働して、地域課題の解決を試みる体制を整備［29年制度改正］
●複合課題に対応する包括的相談支援体制の構築［29年制度改正］
●地域福祉計画の充実［29年制度改正］

地域を基盤とする包括的支援の強化
●地域包括ケアの理念の普遍化：高齢者だけでなく、生活上の困難を抱える方への包括的支援体制の構築
●共生型サービスの創設［29年制度改正・30年報酬改定］
●市町村の地域保健の推進機能の強化、保健福祉横断的な包括的支援のあり方の検討

「地域共生社会」の実現

●多様な担い手の育成・参画、民間資金活用の推進、多様な就労・社会参加の場の整備
●社会保障の枠を超え、地域資源（耕作放棄地、環境保全など）と丸ごとつながることで地域に「循環」を生み出す、先進的取組を支援

●対人支援を行う専門資格に共通の基礎課程創設の検討
●福祉系国家資格を持つ場合の保育士養成課程・試験科目の一部免除の検討

地域丸ごとのつながりの強化

専門人材の機能強化・最大活用

実現に向けた工程

平成29(2017)年：介護保険法・社会福祉法等の改正 ◆ 市町村による包括的支援体制の制度化 ◆ 共生型サービスの創設　など	平成30(2018)年： ◆ 介護・障害報酬改定：共生型サービスの評価など ◆ 生活困窮者自立支援制度の強化	平成31(2019)年以降： 更なる制度見直し	2020年代初頭： 全面展開

【検討課題】
①地域課題の解決力強化のための体制の全国的な整備のための支援方策（制度のあり方を含む）
②保健福祉行政横断的な包括的支援のあり方　　　③共通基礎課程の創設　　　　　等

（出典）厚生労働省資料

と」つながる社会であり、住民一人ひとりの暮らしと生きがい、そして地域をともに創っていく社会だとしている。

　その実現のためには、公的支援の仕組みを「縦割り」から「丸ごと」に転換すること、地域住民が主体的に支え合いに参画し、地域資源を生かした「我が事・丸ごと」の地域づくりを促進する仕組みへの転換が必要だとされた。[*40]これらの改革の骨格としては、①地域課題の解決力の強化、②地域を基盤とする包括的支援の強化、③地域丸ごとのつながりの強化、④専門人材の機能強化・最大活用、が示されている。

（2）社会福祉法等改正

❶平成29（2017）年改正－地域包括ケアシステムの強化のための介護保険等の一部を改正する法律

　この法律によって介護保険法等が改正され、介護保険制度と障害福祉制度の双方にほぼ同じものが存在するホームヘルプサービス、デイサービス、ショートステイなどについて高齢者と障害児・者がともに利用できる「共生型サービス」が創設されることとなった。

　これは、限りある福祉人材を地域の実情に合わせ、分野にとらわれずに活用しサービスを供給することをめざして、介護保険制度または障害福祉のいずれかの居宅サービスの指定を受けている事業所が、もう一方の制度の居宅サービスの指定も受けやすくなるもので、例えば、障害福祉サービスの事業所が共生型サービスの指定を受けていれば、当該事業所の利用者が65歳になっても引き続き同じ事業所を利用できることとなった。

　共生型サービス導入までの経緯を見てみよう。同一の事業所が高齢者と障害児・者に一体的にサービスを提供する取り組みは、「富山型デイサービス」[*41]のような形で進められてきた。平成18（2006）年以降は介護保険事業所として指定を受けて、市町村の基準該当サービスという枠組[*42]みで障害福祉サービスの提供が可能となり、活用されるようになった。[*43]しかし、基準該当サービスは、市町村の判断により適用されるため、居住する自治体によってその扱いは異なり、自治体間に格差が生じてしまっていた。

　さらに、障害福祉サービス事業所として指定を受けているだけでは介護保険サービスを提供することはできなかったため、障害者が65歳になり介護保険制度の被保険者となると介護保険優先原則が適用され、長年障害福祉サービスで使ってきたなじみの事業所が使えなくなってしまう

*40
厚生労働省「我が事・丸ごと」地域共生社会実現本部『『地域共生社会』の実現に向けて（当面の改革工程）』（平成29〔2017〕年2月7日）。

*41
平成5（1993）年に富山県の民間デイサービス事業所「このゆびとーまれ」による、年齢や障害の有無にかかわらず、誰もが利用できるデイサービスが発祥とされる。富山県による「民間デイサービス育成事業」、障害者も対象とした横断的な補助金の交付、特区制度の活用により、高齢者デイサービスでの知的障害児・者の受け入れや、一つ屋根の下での高齢者や障害者のグループホームなど、共生型サービスの先駆けとなった。特区による特例措置は、平成18（2006）年から全国でも実施できるようになり、共生型の福祉施設は全国に広がりを見せている。

*42
その後、富山型をモデルの一つとした共生型サービスが平成29（2017）年に導入されたことによって、高齢者と障害児・者が同一の事業所でサービスを受けやすくなり、さらに基準該当サービスでは算定できなかった各種加算の算定が可能になるなど、報酬体系が改善し安定的な運営が可能となった。また、障害福祉サービス事業所が介護保険の指定共生型サービス事業所となれば、利用者は65歳を迎えても使い慣れた事業所を変更する必要がなくなり65歳問題に対応できるようになった。

*43
指定居宅サービス事業

者としての指定を受けるための要件（法人格、人員基準、設備・運営基準）の一部を満たしていないが、条例で定める基準を満たしている事業者として登録されると、そのサービスが保険給付の対象となる仕組み。

＊44
令和2（2020）年に、社会福祉法、介護保険法、老人福祉法、社会福祉士及び介護福祉士法などの関連法が改正された。

＊45
社会福祉事業を営む社会福祉法人やNPO法人を社員とし、相互の連携を推進する非営利法人。福祉サービス事業者間の連携方策の新たな選択肢として創設された。業務の連携を推進し、地域における良質かつ適切な福祉サービスを提供し、社会福祉法人の経営基盤の強化に資することを目的としている。

＊46
社会福祉法第106条の4第2項第1号から第5号に規定され、交付金を一体的に交付することで、市町村が属性や分野を超えて柔軟に取り組めるようにした。課題を抱える相談者やその世帯への包括的な支援や、地域住民等による地域福祉の推進を展開しやすい仕組みとなっている。

＊47
このほか、地域包括ケアと地域共生社会の関係については本双書第3巻第4章第1節を、包括的支援体制については本双書第8巻第2部第1章第1節参照。

という、いわゆる「65歳の壁・65歳問題」が生じていた。

　また、世帯構造や社会環境の変化により、個人や世帯の抱える課題が複雑化・複合化し、包括的な支援がなければ解決が困難な状況が生じてきた。加えて、人口減少による利用者の減少や、サービスの担い手不足によってサービス供給体制の維持が困難になる地域も出てきて、そうした地域の実情に即して有効に福祉人材を活用し柔軟な支援体制を構築する必要が生じた。

　こうした背景から、地域包括ケアの理念を普遍化し、高齢者に限定せず、生活上の困難を抱える人へと対象を広げた「包括的支援体制」へと転換していく方針が示された。

❷令和2（2020）年改正ー「地域共生社会の実現のための社会福祉法等の一部を改正する法律」

　この法律改正[44]は、地域共生社会の実現をめざし、地域住民の複雑化・複合化した支援ニーズに対応する包括的な福祉サービス提供体制を整備することを意図している。

　そのための措置として、①地域住民の複雑化・複合化した支援ニーズに対応する包括的な福祉サービス提供体制の整備、②地域の特性に応じた認知症施策や介護サービス提供体制の整備等の推進、③医療・介護のデータ基盤の整備の推進、④介護人材確保及び業務効率化の取り組みの強化、⑤社会福祉連携推進法人制度[45]の創設、の5つが盛り込まれた。また、市町村の新たな任意事業として、属性を問わず広く地域住民を対象とする重層的支援体制整備事業[46]が創設された[47]。

📖 **BOOK　学びの参考図書**

●隅田好美・藤井博志・黒田研二 編著『よくわかる地域包括ケア』ミネルヴァ書房、2018年。
　　地域包括ケアの全体像をつかむための基本的知識や理論の解説と、支援に必要な保健・医療・福祉の知識が盛り込まれている。

第 **3** 章

介護と保健・医療との関係

学習のねらい

　本章では、介護と保健・医療との連携の重要性について学ぶ。

　介護は、保健・医療とともに社会福祉制度の柱である。保健・医療・介護サービスは、公的制度のもとで多職種が連携して一体的に提供される。チームとして連携するためには、各チームメンバーがほかの職種の専門性を理解し、情報を共有し、明確な共通目標に向かってお互いの職分を全うし、その成果を職分ごとに、また共通目標に照らして達成度を評価しなければならない。

　第1節「介護と保健・医療との連携」では、介護と保健・医療の連携の必要性と連携の方法を学ぶ。さらに保健・医療職種の各々の専門性と役割を理解する。

　第2節「介護とリハビリテーション」では、予防的意味も含めてのリハビリテーションの目的と意義、また、ほかの専門職との連携と介護福祉職の役割について理解する。

　第3節「介護と医療的ケア」では、介護における医療的ケアの必要性とその背景、医療的ケアの概要を理解する。さらに、利用者の容態が急変した場合に、介護福祉職がとるべき行動について理解する。

第1節 介護と保健・医療との連携

1 サービス提供と多職種連携

（1）多職種連携・協働をめぐる社会情勢の変化

　現在、わが国は少子高齢化が急激に進んでいる。団塊の世代が75歳以上の後期高齢者となる令和7（2025）年までに、介護と保健・医療の連携の構築により、高齢者を含むあらゆるライフステージの人を支えるシステムづくりが求められている。現在の社会情勢の変化を概観する。

❶少子高齢化の進行、ひとり暮らしや高齢者世帯の増加による介護力の低下

　高齢者人口の増加に伴い、死亡者数も増加している。また、出生率の低下による人口の減少も進み、高齢化率を押し上げている。令和5（2023）年2月現在、高齢化率は29.0％となった。[1]都市の規模が大きいほど65歳以上人口の伸びが大きい見込みとなっている。

　ひとり暮らしや「高齢者夫婦のみの世帯」は年々増加の一途をたどっている。令和3（2021）年では「夫婦のみの世帯」が「65歳以上の者のいる世帯」の約32％を占めており、「単独世帯」と合わせると、約63％となっている。[2]このことは家族による介護力の低下を意味している。また、都市部を中心に地域とのつながりが希薄になり、孤立死等の問題も生じている。[3]

❷疾病構造の変化による影響、病院数の減少による影響

　疾病構造の変化により慢性疾患が増加している。[4]医療の進歩により、かつては死亡することが多かった脳血管障害（脳卒中）や心筋梗塞なども救命できるようになった。その結果、介護施設や在宅の場で医療を受けながら生活支援を必要とする人が増加している。

　わが国の病院数は平成2（1990）年をピークに減少している。[5]令和3（2021）年の病院の平均在院日数は、一般病床で16.1日で前年に比べて0.4日短くなっている。[6]

　高齢者の場合は、入院の原因となった病気が治ったとしても、安静や臥床による歩行困難や食欲の低下などのため、入院前の生活に戻れず介護が必要になる場合も少なくない。受け皿である介護施設にも入れず、障害のある状態で自宅に戻る人も多い。介護施設に入ることができたと

*1
総務省統計局「人口推計」（2023年2月1日現在確定値）による。

*2
厚生労働省「2022年 国民生活基礎調査の概況」。

*3
孤立死とは、社会から孤立した状態で亡くなり、長期間気付かれないこと。社会問題として厚生労働省や各自治体が孤立死の予防に取り組んでいる。また、孤独死とは、家族や地域住民、知人等との交流があるなかでも自宅等で疾病等により一人で亡くなった場合のことである。

*4
疾病構造の変化については、本双書第14巻第2部第1章第1節参照。

*5
厚生労働省「平成24（2012）年医療施設（動態）調査・病院報告の概況」。

*6
厚生労働省「令和3（2021）年 医療施設（動態）調査・病院報告の概況」。

しても医療ニーズが高く、また看取りの件数も増えている。

❸社会構造の変化に伴う医療・介護への影響

　急速な高齢化の進展を背景に、社会保障給付費の増加が続き、現役世代の減少による税収の低下により、国の財政を圧迫している。社会保障給付費は令和2（2020）年度には132.2兆円となっている。[7]社会保障給付費の増加を受けて、年金・医療・介護では保険料率が引き上げられており、それと同時に公的負担も増加が続いている。

＊7
国立社会保障・人口問題研究所「令和2年度社会保障費用統計」。

（2）多職種連携・協働とは

　介護福祉職は利用者の自立に向けた日常生活を支援する専門職である。利用者個々の生活のありようは人によって異なり、必要とされるサービスもさまざまである。

　連携とは、目的を同じくする者同士がお互いに連絡をとって協力し合いながら物事にあたることを意味する。協働とは、一つの目的を達成するために、目標に向かって複数の人々が力を合わせて協力しながら働くことを意味する。したがって、多職種連携とは、それぞれの専門職がアセスメントを行い、目標や方針を共有し、それぞれの専門性に基づいて[8]利用者を支援していくことである。

＊8
高齢者支援における多職種連携については、本双書第3巻第4章第2節参照。

　多職種連携の目的は、利用者のニーズに合わせたサービス提供を総合的・効率的に行い、利用者の望むその人らしい生活を実現することである。

　またその意義は、異なる専門性をもつ多職種が利用者を支えることにより、互いの専門職としての能力を発揮し、効果的なサービスを提供できることである。社会福祉士及び介護福祉士法第47条第2項に、介護福祉士は「福祉サービス等が総合的かつ適切に提供されるよう、福祉サービス関係者等との連携を保たなければならない」と規定され、福祉サービス関係者との連携に基づきサービスを提供することが求められている。

　そして、多職種連携を進めるためにチームを組織する場合がある。連携は、報告・連絡・相談・助言・会議などを通して行われ、チームワークを発揮する。チームでの連携を通して、他の職種の考え方や支援内容・方法を理解することができる。さらに、利用者への支援等について話し合い、役割分担や協働をしながら支援することにつながっていく。

（3）多職種連携・協働の効果

　多職種連携・協働の効果として、以下のことがあげられる。①多職種

が日常的につながることにより、それぞれの専門性を深く理解でき、サービスの質の向上につながり、利用者の満足度が高まる。②専門職間の信頼関係が生まれ、それぞれの専門職が成長し合い、チームとして支援する力量を高めていくことにつながる。

加えて、持続可能な社会保障を実現していく上で、医療費や介護費用の抑制につながることも期待される。

② 介護と保健・医療の連携の必要性と連携の視点

（1）なぜ多職種連携が必要なのか

先述した社会情勢の変化から、介護・保健・医療の連携の必要性が見出せる。

現在、慢性疾患を有しながらも長生きできるようになり、医療と介護の連携による対応が必要になった。高齢者の場合、医療と生活支援の区別がつきにくく、一人ひとりのニーズも異なり、一人の高齢者が複数のニーズをもつ場合も少なくない。また、専門職一人で対応するには困難が生じる。そのため、関連する多様な機関や職種が連携・協働する必要性が高まっている。

また、従来の老人福祉・老人医療制度による対応には限界があるとして、平成12（2000）年に導入された介護保険制度により、それまで医療と介護に分かれていた高齢者へのサービスを統合して提供できるようになった。利用者のニーズに応じて、介護支援専門員（ケアマネジャー）がケアプランを作成し、これによって医療と介護の専門職が連携してサービスを提供できるようになった。さらに、地域包括ケアシステムを推進するため、平成30（2018）年に介護医療院が創設された。ここでもまた医療と介護の連携が求められる。

医療と介護の連携は、地域包括ケアシステムの柱ともいえる重要な部分であり、高齢者が住み慣れた地域で自分らしい生活を続けられるように、地域における医療・介護などの関係各機関が連携して、切れ目のないサービスを提供できる体制をとることが大切である。

（2）専門職連携実践（IPW）について

専門職連携実践（IPW：Inter-professional Work）とは、「複数の領域の専門職者（住民や当事者も含む）が、それぞれの技術と知識を提供しあい、相互に作用しつつ、共通の目標の達成を患者・利用者とともに

＊9
地域包括的ケアシステムは、厚生労働省が推進している地域の包括的な支援・サービス提供体制のことである。令和7（2025）年をめどに、高齢者の尊厳の保持と自立生活の支援の目的のもとで、可能な限り住み慣れた地域で、自分らしい暮らしを人生の最後まで続けることができるように取り組みを進めている。

＊10
介護医療院とは、平成30（2018）年4月の第7期介護保険事業（支援）計画に則り、新たに法定化された施設である。「介護療養型医療施設」に代わり、長期的な医療と介護の両方を必要とする高齢者を対象に、日常生活の身体介助や生活支援、日常的な医学管理、看取りやターミナルケア等の医療機能と、食事介助、排泄介助、入浴介助、レクリエーション、機能訓練、その他、日常生活上の世話等が提供される生活施設を兼ね備えた介護保険施設である。なお、介護療養型医療施設は、令和6（2024）年3月末に完全廃止となる。

目指す協働した活動[1]」と定義されている。

　異なる専門的背景をもつ専門職が、共有した目標に向けてともに働くことであり、多職種間で対立する意見や判断の基盤になっている価値を理解しようとすることで、自分とは異なる価値観やさまざまな考え方を知ることができる。また、チームとして課題解決のための方針を検討していくことが求められる。

（3）多職種連携・協働に必要な基本的能力

❶多職種連携・協働のためのチームづくり

　多職種連携はチームケアと言い換えることができる。チームとは、単に人の集まりを示すものではなく、一人で解決できない課題に対して、多様な人材が集まり、良好な関係性を構築しながら、課題を解決する集団のことである。

　利用者に必要なサービスを提供するためには、利用者や家族を中心に、チームを形成しなければならない。また、利用者のニーズの変化に対応して、チームメンバーの構成や役割も変化させる必要がある。チームケアを実践していくためには、「何のためにチームで実践するのか」という目的と目標を共有することが重要になる。

❷多様な視点の理解

　職種が違えば、一つの現象に対するとらえ方や利用者に対するアプローチ法などが違うことがある（**図３−１**）。職種による視点の違いは、どれが正しい、間違っているということはない。それぞれの立場で視点の違いがあるということを理解し共有した上で、お互いを尊重する姿勢

〈図３−１〉職種による視点の違い（利用者の食欲が低下していることに対して）

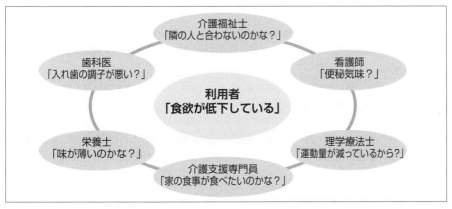

（筆者作成）

をもちながら話し合うことで多職種連携がよりよいものになっていく。

❸信頼関係の構築のためのコミュニケーション

　チームのメンバーが多職種連携の意識をもちながら責任をもって任務を遂行し、チームの力を最大限に発揮するためには、コミュニケーションが重要な役割を果たす。メンバーがお互いに尊重し合い安心して話すことができること、関係性をよくするための雰囲気づくり、相手の考えをよく聞き受け止めること、自分の考えを相手に理解してもらえるように伝えることなどが重要である。

3 連携のためのチームワーク

（1）多職種連携・協働にかかわる専門職の役割

　保健・医療・介護の現場では、一人の利用者に対して、多くの職種が

〈表３－１〉多職種連携・協働にかかわる専門職の役割

①介護福祉士	社会福祉士及び介護福祉士法第2条2項には、介護福祉士は「第42条第1項の登録を受け、介護福祉士の名称を用いて、専門的知識及び技術をもって、身体上又は精神上の障害があることにより日常生活を営むのに支障がある者につき心身の状況に応じた介護（喀痰吸引その他のその者が日常生活を営むのに必要な行為であって、医師の指示の下に行われるもの〔厚生労働省令で定めるものに限る。以下「喀痰吸引等」という〕を含む）を行い、並びにその者及びその介護者に対して介護に関する指導を行うこと（中略）を業とする者」と定義されている。 病院、入所施設や居宅における介護業務を提供する事業所等で幅広く活動している。
②社会福祉士	社会福祉士及び介護福祉士法第2条には、社会福祉士は「第28条の登録を受け、社会福祉士の名称を用いて、専門的知識及び技術をもって、身体上若しくは精神上の障害があること又は環境上の理由により日常生活を営むのに支障がある者の福祉に関する相談に応じ、助言、指導、福祉サービスを提供する者又は医師その他の保健医療サービスを提供する者その他の関係者（第47条において「福祉サービス関係者等」という。）との連絡及び調整その他の援助を行うこと（第7条及び第47条の2において「相談援助」という。）を業とする者」と定義されている。 病院では医療相談室の「医療ソーシャルワーカー（MSW）」、福祉事務所では「ケースワーカー」、福祉施設では「生活相談員」や「支援相談員」、地域包括支援センターでは「社会福祉士」として活動している。
③介護支援専門員	介護保険法（第7条第5項より筆者要約）において、介護支援専門員は要介護者又は要支援者（以下、「要介護者等」という。）からの相談に応じ、及び要介護者等がその心身の状況等に応じ適切なサービスを利用できるよう、各種サービス事業を行う者等との連絡調整等を行う者であって、要介護者等が自立した日常生活を営むのに必要な援助に関する専門的知識及び技術を有するものとして介護支援専門員証の交付を受けた者と位置付けられている。 居宅介護支援事業所や介護保険施設に必置とされている職種で、一般にケアマネジャーとよばれている。

④相談支援専門員	平成24年厚生労働省令第28号「障害者の日常生活及び社会生活を総合的に支援するための法律に基づく指定計画相談支援の事業の人員及び運営に関する基準」において定められている。障害のある人が福祉サービスを活用できるよう支援し、自立した生活が営めるよう、福祉、保健、医療、就労、住宅等の総合的な視点から情報提供や助言を行う。
⑤医師	医師法第1条には、「医師は、医療及び保健医療を掌ることによって公衆衛生の向上及び増進に寄与し、もって国民の健康な生活を確保するもの」と定義されている。医師法第17条には「医師でなければ、医業をなしてはならない」と示されている。「医業」とは「医師の医学的判断及び技術をもってするのでなければ人体に危害を及ぼし、又は危害を及ぼす恐れのある行為（医行為）を、反復継続する意思をもって行うこと」とされている。診療所、病院のほか、入所施設等にも配置されている。
⑥看護師	保健師助産師看護師法第5条には、看護師は「厚生労働大臣の免許を受けて、傷病者若しくはじょく婦に対する療養上の世話又は診療の補助を行うことを業とする者」と定義され、医師の指示のもとで医療品の投与や診療機器などを使用して医療行為を行う。 第6条に准看護師とは「都道府県知事の免許を受けて、医師、歯科医師又は看護師の指示を受けて、前条に規定することを行うことを業とする者」と定義されている。 病院や診療所をはじめ、入所施設や居宅における看護業務を提供する事業所等に配置されている。
⑦理学療法士・作業療法士・言語聴覚士	理学療法士及び作業療法士法において（第2条より執筆者要約）、理学療法士（PT）は、身体に障害がある者に対して、基本的動作能力の回復を図るため、運動療法ならびに物理療法などの治療手段を加える業を行う者と定義されている。作業療法士（OT）は、身体または精神の障害がある者に対して、その応用動作能力又は社会適応能力の回復を図るため、手芸・工芸等の作業を行わせる業を行う者と定義され、両者とも医師の指示のもとに実施することが定められている。 言語聴覚士法（第2条）において、言語聴覚士（ST）は「厚生労働大臣の免許を受けて（中略）音声機能、言語機能又は聴覚に障害のある者についてその機能の維持向上を図るため、言語訓練その他の訓練、これに必要な検査及び助言、指導その他の援助を行うことを業とする者」と定義され、嚥下機能の回復訓練も業としている。
⑧栄養士・管理栄養士	栄養士法第1条には、栄養士は「都道府県知事の免許を受けて（中略）栄養の指導に従事することを業とする者」と定義されている。 同法第1条第2項では、管理栄養士は「厚生労働大臣の免許を受けて、（中略）傷病者に対する療養のため必要な栄養の指導、個人の身体の状況、栄養状態等に応じた高度の専門的知識及び技術を要する健康の保持増進のための栄養の指導並びに特定多数人に対して継続的に食事を提供する施設における利用者の身体の状況、栄養状態、利用の状況等に応じた特別の配慮を必要とする給食管理及びこれらの施設に対する栄養改善上必要な指導等を行うことを業とする者」と定義されている。
⑨公認心理師	平成27（2015）年9月に公認心理師法が成立し、平成29（2017）年9月に施行された心理系の新しい国家資格である。公認心理師法第2条には、「第28条の登録を受け、公認心理師の名称を用いて、保健医療、福祉、教育その他の分野において、心理学に関する専門的知識及び技術をもって（中略）①心理に関する支援を要する者の心理状態を観察し、その結果を分析すること。②心理に関する支援を要する者に対し、その心理に関する相談に応じ、助言、指導その他の援助を行うこと。③心理に関する支援を要する者の関係者に対し、その相談に応じ、助言、指導その他の援助を行うこと。④心の健康に関する知識の普及を図るための教育及び情報の提供を行うこと」を業とする者と定義されている。
⑩薬剤師	薬剤師法第1条には、薬剤師は「調剤、医薬品の供給その他薬事衛生をつかさどることによって、公衆衛生の向上及び増進に寄与し、もって国民の健康な生活を確保するものとする」と定義されている。 薬局や病院、診療所等において調剤業務や服薬指導などを行っている。

（筆者作成）

第
3
章

かかわることで、さまざまな視点から利用者を理解し、よりよい支援を行っていく。それらの主な職種について説明する（**表3－1**）。

（2）連携の実際

多職種がどのように連携し、利用者や家族を支えていくか、その事例を紹介する。

| 事例 |

脳梗塞で倒れたAさん

●それは突然のことだった。

「大丈夫ですか？　わかりますか？」救急隊員が大きな声で問いかけた。突然庭で倒れたAさん（女性、65歳）。何とか答えようとするが、言葉が出てこない。Aさんが突然倒れた原因は脳梗塞だった。

救急病院に入院し状態は落ち着いたが、左半身が自由に動かせず、車いすでの生活になった。

Aさんは、夫と二人暮らしで、専業主婦として生活してきた。子どもは二人いるがいずれも県外で生活している。

●専門職による支援

リハビリテーションのため、Aさんは介護老人保健施設[*11]で生活することを希望した。現在Aさんの介護度は要介護3である。介護支援専門員が病院を訪問し、介護保険サービスの説明やAさんと夫の困りごと等を確認した。介護支援専門員は、Aさんが今後どのような生活をしたいのか、夫はどのような生活を望んでいるのか等をていねいに聞き取った。その結果、Aさんは「夫に迷惑をかけたくない」「夫の食事を作りたい」「大好きだった庭の手入れをしたい」と希望していることがわかった。また、トイレに間に合わず失禁することが苦痛となっていることも明らかになった。夫は、無理をせず少しでも家事ができるようになればよいと思っている。

●多職種連携のスタート

Aさんが入所する前に、相談員は介護支援専門員と連携を密にし、Aさんの情報を職員間で共有した。入所当日、医師（施設長）、相談員、介護支援専門員、理学療法士や作業療法士、看護職員、介護福祉職、栄養士などの専門職で構成されたチームが、Aさんをあたたかく迎え入れた。前向きな思いをもちながらも身体的にも精神的にもダメージを受け、これから先どうなるのか大きな不安を抱えたAさんは、多くの専門職が支えてくれることを知って少しほっとした様子であった。

　　多職種連携で重要なことは、チームのメンバーがAさんの障害を総合的に認識することである。介護支援専門員はサービス担当者会議を開催し、Aさんと夫に支援方針を説明し了解を得た。支援方針は、①屋内、屋外でのつえ歩行ができる、②食事、排泄、入浴など身の回りのことがある程度できる、③簡単な調理や家事ができる、などを目標とすることとした。

　　リハビリテーションでは、本人や家族、専門職との協力がとても大切である。理学療法士は、下肢筋力を強化する運動とつえ歩行の練習を開始した。作業療法士は、自宅で片手でも料理ができる器具の紹介などを行うことにより、前向きな気持ちを持続してもらうよう努めた。看護職員は全般的な体調管理を行い、失禁に伴うスキントラブルに注意した。介護福祉職は、食事、排泄、入浴などの動作において、できるところは自分で行えるよう支援した。また、早めにトイレまで誘導することで失禁の解消を試みた。栄養士は、動脈硬化を防ぐ食事や簡単でおいしい料理レシピなどを紹介した。

　　このような支援を受け、Aさんはリハビリテーションに熱心に取り組んだ。一人で屋外を歩行することは無理ではあるが、職員やほかの利用者とともに外出するようになり、在宅復帰に一歩ずつ近づいている。

　この事例のように、多職種が目標や方針を共有し、それぞれが自分の専門性を発揮して総合的な援助を行うことが多職種連携である。専門職のみでなく、本人や家族も参加し、自分でできることは自分で行うことも含めて支援することで、多職種連携がいきてくるといえる。

第2節　介護とリハビリテーション

1 リハビリテーションの目的と意義

（1）リハビリテーションの理念と定義

＊12
本双書第14巻第1部第6章参照。

リハビリテーション（rehabilitation）を語源的にみると、re（再び）、habilis（適する、人間的にふさわしい）、ation（すること）から構成されている。一般的にリハビリテーションは機能訓練ととらえられがちであるが、語源からみると「再び、人間的にふさわしくすること」となる。

＊13
「ジーニアス英和辞典第5版」（大修館書店、2014年）ほか。

辞書によると、rehabilitate（動詞形）とは、①（身体障害者、負傷者、犯罪者等を）社会復帰させる、②（人の）名誉を回復する、③修復する、もとの状態に戻す、復興するなどの意味がある。日本語訳としては「全人間的復権」（病気やけが、障害などによってその人らしい生活が困難な人が、その人らしく生きる権利を回復すること）が最も近い表現とされている。

したがって、リハビリテーションとは、さまざまな困難を抱える人々の「全人間的復権」を理念とし、社会の中で再び適合し、自分らしい生活を取り戻し継続できるようにしていく支援であるといえる。

1981年にWHO（世界保健機関）は、リハビリテーションの定義を以下のように発表した。

リハビリテーションとは、能力障害あるいは社会的不利を起こす諸条件の悪影響を減少させ、障害者の社会統合を実現することをめざすあらゆる処置を含むものである。リハビリテーションは障害者を訓練してその環境に適応させるだけでなく、障害者の直接的環境及び社会全体に介入して彼らの社会統合を容易にすることも目的とする。障害者自身、その家族そして彼らが住む地域社会はリハビリテーションに関する諸種のサービス計画と実施に関与しなければならないとしている。

＊14
障害者に関する世界行動計画は、1982年12月3日、第37回国連総会において採択された、障害のある人々の人権を促進するための政策枠組みである。「リハビリテーションとは、身体的、精神的、かつまた社会的に最も適した機能水準の達成を可能とすることによって、各個人が自らの人生を変革していくための手段を提供していくことをめざし、かつ、時間を限定したプロセスである」としている。

また、1982年の国際連合の障害者に関する世界行動計画においてもリハビリテーションについて定義付けている。

（2）リハビリテーションの目的

リハビリテーションは、心身の障害により、その人がその人らしい生活を維持できなくなったときに、生活の維持・向上を図ることを目的とした心身へのアプローチのことである。具体的には、①障害の軽減と潜

在能力や残存能力の活用、ADL（日常生活動作）やそれに伴うQOL（生活の質）を向上させること、②一人ひとりの障害児・者や高齢者が、その人らしい生活を送れるようにすること、③その人らしい自己決定ができる生活あるいは人生を再構築することを目的としている。

*15
Activities of Daily Livingの略。本書第8章第3節2参照。

（3）リハビリテーションの体系

　1968年、WHOにおいて、リハビリテーションの体系が4つの分野（医学的リハビリテーション、教育的リハビリテーション、職業的リハビリテーション、社会的リハビリテーション）に定義付けられた。4つの分野は相互に関係し関連し合うものとされている。近年では、地域リハビリテーションを加え、5分野を総合的にとらえるようになってきている（図3-2）。

　リハビリテーションの目的を達成するためには、リハビリテーション専門職だけでなく、他の医療職や福祉専門職などのさまざまな人々のかかわりが必要となる。

（4）領域別のリハビリテーション
❶医療保険領域のリハビリテーション

　医療保険におけるリハビリテーションは、病院を中心に医療機関が担当する。脳血管・運動器・呼吸器・心大血管・がん等の疾患別リハビリテーションが実施されている。そのリハビリテーションの内容は、①急

〈図3-2〉リハビリテーションの体系

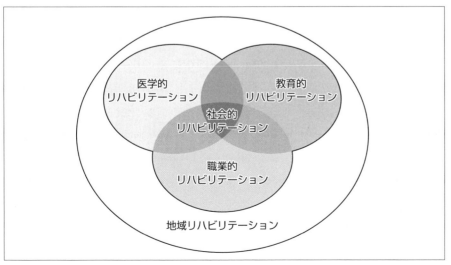

（出典）河添竜志郎、介護福祉士養成講座編集委員会 編『最新・介護福祉養成講座3 介護の基本Ⅰ 第2版』中央法規出版、2019年、163頁をもとに一部改変

性期リハビリテーション（生命の維持を目的とする）、②回復期リハビリテーション（失った能力の回復と潜在能力の開発、残存能力をいかした日常生活機能の回復を目的とする）、③生活期（維持期）リハビリテーション（生活する上での活動や参加を支援し、運動機能や生活機能の低下に伴うADLの低下の予防を目的とする）に分けられる。医療保険で充実したリハビリテーションを受けることができるが、日数に制限がある。

　高齢者の生活期（維持期）リハビリテーションは、平成31（2019）年4月から介護保険制度におけるリハビリテーションに移行した。

❷介護保険領域のリハビリテーション

　介護保険制度におけるリハビリテーションは、要介護認定・要支援認定を受けている人が利用できるサービスである。疾患や日数の制限がなく、必要性があればリハビリテーションを継続して受けることができる。施設系サービス、通所系サービス、訪問系サービスで、通所リハビリテーションや訪問リハビリテーションとして取り組まれている。

　介護保険制度によるリハビリテーションの主な目的は、活動と参加に焦点を当てた生活期（維持期）のリハビリテーションであり、その人がもつ機能を維持・向上するために行われる。また、心理面や生きがい、社会的側面へのはたらきかけを行い、リハビリテーションの専門職だけでなく、介護福祉職や介護支援専門員、機能訓練指導員[16]などが連携してリハビリテーションを提供する。

❸障害福祉領域のリハビリテーション

　それまで障害種別ごとに異なる法律に基づいて提供されてきた福祉サービスについて、一元的に提供し、地域生活や就労を推進する障害者自立支援法が平成18（2006）年に施行された。その後、障害者の日常生活及び社会生活を総合的に支援するための法律（障害者総合支援法）に改正され、平成25（2013）年に施行された。「障害者及び障害児が基本的人権を享有するかけがえのない個人として尊重されるものである」という理念に則り、障害の有無によって分け隔てられることなく、身近な場所で支援が受けられ、社会参加の機会を確保し、地域社会で人々と共生することを妨げられないなどの基本原則が盛り込まれた。

　障害者総合支援法におけるリハビリテーションは、障害のある人々の全人間的復権を理念として、機能訓練・生活訓練・職業訓練及び地域生

*16
介護保険法によって定められている、リハビリテーション分野における重要な職種。利用者それぞれの障害の程度や能力に応じて、適切なリハビリテーションプランを立てて実施し、自立した生活が営めるように支援する。特別養護老人ホームやデイサービスセンターなどの介護施設において、必ず1人以上配置している。看護師または准看護師、理学療法士、作業療法士、言語聴覚士、柔道整復師、あん摩マッサージ指圧師、鍼灸師のいずれかを取得していることで働くことができる。

活への適応能力を向上させ、生活機能の改善や悪化の防止、尊厳の保持や自己実現に寄与することを目的に実践されている。

2 リハビリテーションにおける連携と介護福祉職の役割

（1）リハビリテーションにかかわる専門職

　リハビリテーションの実施には多くの専門職が必要である。医学的リハビリテーションでは医師がリーダーになるが、社会的リハビリテーションや教育的リハビリテーションではリーダーとなる専門職は異なる。利用者のニーズに応じてリハビリテーションの内容は異なり、担当する専門職も異なってくるということである。

　図3−3に示すように、利用者にかかわる専門職は多岐にわたる。各々の専門性を十分発揮するためにも職種間の連携（チームづくり）が必要不可欠といえる。

（2）リハビリテーションにおける介護福祉職の役割

　先に述べたように、リハビリテーションの理念・目的は、病気やけが、障害などによってその人らしい生活が困難な人の全人間的復権である。単なる機能回復訓練ではなく、その人に潜在する能力や残存能力を最大限に発揮し、日常生活活動を高め、社会や家庭への参加が可能になるように自立を促すことである。

　介護福祉職は、医師や看護師、理学療法士や作業療法士等と連携し情報を共有して、利用者が機能訓練で回復を図ったADL能力を、日常生

〈図3−3〉リハビリテーションのチーム

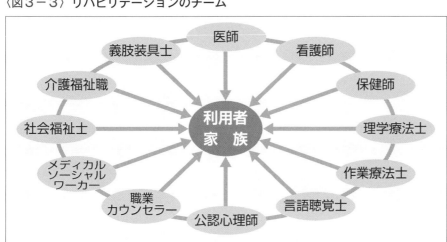

（筆者作成）

＊17
本書第6章第2節1参照。

活の場面で発揮できるように支援する役割をもつ。すなわち、ICF（国際生活機能分類）モデルの「活動」について、「能力（できる活動）」を生活の中で「実行状況（している活動）」につなげることである。[*17]

　また利用者は、加齢や障害による生活範囲の狭まり、社会的役割の喪失、価値観の再構築の必要性など、乗り越えなければならない課題が多い。その人らしく生きる権利を回復するために、次のような主体的な活動を行うことが求められる。

　施設のみならず在宅においても、毎日の生活にゆとりや潤いをもたせるために、社会参加の機会として余暇活動や役割活動が必要であり、介護におけるリハビリテーションの視点としても重要である。利用者は自分に合った活動を行うなかで、自分の力や能力を実感する。さらに、他者とともに活動することで、周りの反応を感じとり、他者が自分をどう評価しているかなどを知ることにつながる。このような経験を通して、自分が社会の中でどのように受け入れられるのかを認識し、課題を抱えながら生きていくための新しい価値観を再構築し、社会に適応することができるようになるといわれている[2]。

　介護福祉職は常に、利用者にとってよい生活とは何かを意識し、多職種とともに連携・協働することが必要である。

第3節　介護と医療的ケア

　介護福祉職は、利用者の尊厳の保持や自立支援をふまえ、身体介護や生活援助、相談・助言、レクリエーションや外出の支援などの方法を用いて利用者の生活を支援している。

　現在の高齢社会では、医療的なニーズのある高齢者が増加し、病院で行われる治療を目的とした医行為ではなく、日常生活を維持するためのニーズとしての医療的ケアが求められている。ここで述べる医療的ケアとは、「社会福祉士及び介護福祉士法」の第2条に示された行為であり、そこでは「喀痰吸引等」と記され、その範囲は喀痰吸引と経管栄養である。

　喀痰吸引や経管栄養の行為は、身体に直接、チューブの挿入や栄養剤の注入を行うため危険を伴う行為であるといえる。それらを安全に実施するためには、喀痰吸引や経管栄養についての知識や技術の習得、起こり得るリスクの把握及びリスクを回避する知識や技術の習得、医療職との連携・協働などが求められる。生命にかかわるような急変が起こるかもしれないことを想定し、日ごろから観察を十分行い、急変を予防すること、異常の早期発見をすること、適切な応急手当ができるようにすることなどが必要である。

　ここでは、医療的ケアが導入された背景や喀痰吸引と経管栄養の概要、急変時の対応（救急蘇生法を中心に）について説明する。

1 医療的ケア導入の背景

　医療的ケアとされている喀痰吸引や経管栄養は、原則として医行為（医師の医学的判断及び技術をもってするのでなければ人体に危害を及ぼし、または危害を及ぼすおそれのある行為）であるとされている。これまで、医師の資格に関する法律によって、免許をもたない者が医行為を行うことは禁止されていた。[*18] また看護師は医師の指示を受けて医行為を行うと規定されている。[*19] すなわち、医療の資格をもたない介護福祉職が医行為である喀痰吸引や経管栄養を行うことは法的に禁じられていたのである。しかし、施設や在宅で医行為を必要とする人々が増加し、医師の指示のもとに行ってきた医行為を、看護職だけでは担いきれないなどの問題が顕在化した。

　平成14（2002）年に日本ALS協会（JALSA）から厚生労働省に要望

*18
医師法第17条では「医師でなければ、医業をなしてはならない」と規定されている。

*19
本章第1節3参照。

＊20
筋萎縮性側索硬化症
(ALS) は、手足、のど、
舌の筋肉や、呼吸に関
係する筋肉がだんだん
とやせて力がなくなっ
ていく病気である。筋
肉を動かし、かつ運動
をつかさどる神経（運
動ニューロン）だけが
障害を受ける。体の感
覚、視力や聴力、内臓
機能などはすべて保た
れることが普通である。

＊21
実質的違法性阻却とは、
ある行為が処罰に値す
るだけの法益侵害があ
る（構成要件に該当す
る）場合に、その行為
が正当化されるだけの
事情が存在するか否か
の判断を実質的に行い、
正当化されるときは、
違法性が阻却されると
いう考え方である。

書が提出され、その後、厚生労働省から「ALS（筋萎縮性側索硬化症）[＊20]患者の在宅医療の支援について」（平成15年7月17日／医政発第0717001号）の通知が発出され、家族以外の者による痰の吸引が当面のやむを得ない措置（実質的違法性阻却）[＊21]として容認された。次いで、平成16（2004）年には、「盲、聾、養護学校におけるたんの吸引等の取扱いについて」（平成16年10月20日付）、平成17（2005）年には「在宅におけるALS以外の療養患者・障害者に対するたんの吸引の取扱いについて」（平成17年3月24日付）の通知において、同様に当面のやむを得ない処置と容認された。

さらに平成22（2010）年には、「特別養護老人ホームにおけるたんの吸引等の取扱いについて」（平成22年4月1日付）の通知が発出され、一定の条件のもとで、介護福祉職が痰の吸引及び経管栄養を行うことはやむを得ないとされた。

しかし、「当面のやむを得ない措置」では、実施する介護福祉職の質の担保が保証できない、また介護老人福祉施設（特別養護老人ホーム）以外の施設においては対応できていないのではないか等の課題が指摘され、法の運用ではなく法律に位置付けるべきであるとの気運が高まった。そこで厚生労働省は、平成22（2010）年に「介護職員等によるたんの吸引等の実施のための制度の在り方に関する検討会」を発足させ、その結果、平成23（2011）年6月に社会福祉士及び介護福祉士法の一部が改正され、「喀痰吸引等」の医療的ケアが法制度化された。主旨は、医師の指示のもとで、「診療の補助」として痰の吸引と経管栄養を行うことを業とすることが認められた（一定の研修を修了した介護福祉士や介護福祉職は、喀痰吸引等の行為を実施することができるようになった）。

2 喀痰吸引の基礎知識

（1）喀痰吸引の意義と目的

❶呼吸の重要性

空気を肺に吸い込み、肺から吐き出すことを呼吸という。呼吸器官のはたらきには換気とガス交換がある。換気とは、空気の出し入れによって、体内に酸素を取り込み、二酸化炭素を吐き出すはたらきである。ガス交換とは、肺に運ばれた空気と血液との間で、酸素や二酸化炭素の受け渡しをするはたらきであり、全身への酸素を供給する重要なはたらきである。

何らかの原因で酸素と二酸化炭素のバランスが失われると、生命が維

持できなくなってしまうことがある。また、「息が苦しい」等の訴えがないからといって、呼吸に関する病気がないともいえない。気付かないうちに体の中で何らかの異常が生じている可能性がある。ほとんどの人は無意識に呼吸をしている。何らかの呼吸障害があって初めて、その重要性に気付く。呼吸を正常に保つことは、生命維持においてとても重要なことである。

❷喀痰吸引が必要な状態とは

喀痰吸引が必要な状態とは、痰の量が増加する病気や状態のほか、咳嗽反射が弱い・起こらない場合や、誤嚥・誤飲などにより異物がある場合などである。[*22][*23]

①痰の量が増加する病気や状態

かぜや肺炎、気管支炎などの呼吸器系の感染症では、細菌やウイルスを除去するために痰が増加する。また、人工呼吸器の使用時、鼻や気管にカニューレ（管）が入っている場合、それを異物として感じるため痰をつくり出す。さらに、肺の奥にたまっていた痰が、体を動かしたり体位を変えることで気管内に上がってくる、入浴の際に湿度が上がることで痰が増加するなどの状態もある。

②咳嗽反射が弱い・起こらない場合

自分で咳をしようとしても、まひや筋力の低下により十分に咳ができない。痰がたまると無意識に起こる咳嗽反射が、神経のはたらきの低下や異常によって起こらない場合（ALS等）、また、昏睡状態や終末期などで意識レベルが低下している場合などである。[*24]

③異物の誤嚥や誤飲などによる場合

誤嚥・誤飲によって、あるいは嘔吐物により、咽頭や気管がふさがれてしまうことがある。

（2）実施の概要

喀痰吸引とは、前述のような自力で痰を出すことが困難な場合に、吸引器につないだ吸引チューブを口や鼻から挿入して痰を吸い出すことをいう。

喀痰吸引では、使用する器具や実施する人の清潔を保持することが重要である。また、チューブで口や鼻を傷付けないようにすること、吸引チューブの挿入の深さや、吸引圧、吸引する時間などを守ることが大切である。介護福祉職は医師の指示書をもとに喀痰吸引を確実な方法で実

---

*22
咳（せき）のことである。肺や気道から強制的に空気を排出するために起こる。気道の中に痰や異物があると反射的に咳が出る。

*23
食物や水分などが誤って気管に流れ込んでしまうことを誤嚥という。誤嚥によって気道閉塞や誤嚥性肺炎を引き起こすことがある。
誤嚥性肺炎は、細菌が唾液や胃液とともに肺に流れ込んで生じる肺炎のことである。70歳以上の肺炎患者の約70％が誤嚥性肺炎といわれ、高齢者の死亡原因の高位になっている。
本書第8章第3節3（4）参照。

*24
昏睡状態とは、精神的活動及び外部刺激に対する脳の反応がいっさい失われ、意識障害の最も高度なものをいう。通常、目は閉じたままで、筋肉は弛緩（しかん）して全く動かない、呼びかけや痛みなどの刺激に反応しない、排泄物の失禁がみられる、といった生命の危険を伴う重大な神経症状である。

〈図3-4〉口腔内・鼻腔内・気管カニューレ内部の吸引

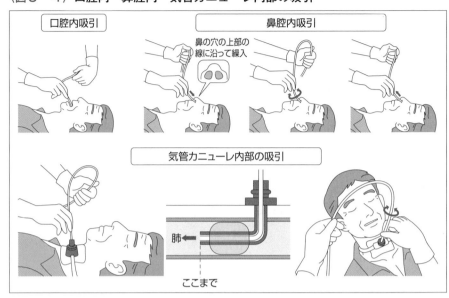

（出典）柊崎京子・荏原順子 編著「介護福祉士養成課程・介護職等のための医療的ケア」建帛社、2015年、90～92頁をもとに一部改変

施し、利用者の身体に危害を加えないよう十分留意する。

　医療の現場では、医師または看護職による喀痰吸引が行われている。しかし、病気や障害を有する人たちは、介護施設や在宅で暮らしながら、喀痰吸引などの医療的なケアが日常的に必要になる。

　介護福祉職が行う喀痰吸引には3つの方法がある（**図3-4**）。

①口腔内吸引：口から吸引チューブを挿入して行う。

②鼻腔内吸引：鼻の穴から吸引チューブを挿入して行う。

③気管カニューレ内部の吸引：気管カニューレから吸引チューブを挿入して行う。

3 経管栄養の基礎知識

（1）経管栄養の意義と目的

　経管栄養とは、口から食事をとることができない、あるいは摂取が不十分な人の消化管にチューブを挿入して栄養剤を注入し、栄養状態の維持・改善を行う方法である。点滴などで静脈血管から栄養を補給する方法に比べると、より普通の食事に近く、消化管の機能を維持することができる。また、かかる費用も少なく、管理も行いやすいなどの利点がある。

❶消化・吸収とは

　消化とは、食物の栄養素が体内で吸収できるように分解するはたらきをいう。吸収とは、栄養素や水分、ミネラルなどを体内に取り込むはたらきであり、組織をつくったり、エネルギーとして利用されたりする。

　消化管内で分解された栄養素は、主に小腸の粘膜から血液中に取り入れられ、血液によって全身に運ばれる。三大栄養素である「炭水化物（糖質）、タンパク質、脂質」、さらに無機質（鉄、マグネシウム、カルシウムなど）、ビタミンが吸収される。大腸では水分と電解質が吸収される。

　消化器系の機能が低下すると、体内に栄養や水分を吸収することができなくなる。栄養が不足すると筋肉量の減少や体重減少を起こし、褥瘡_{*25じょくそう}の発生につながる場合もある。また、免疫力が低下し感染症にかかりやすくなる。

❷経管栄養が必要な状態とは

　経管栄養が必要な状態は、飲み込みのはたらきが低下している状態、栄養が不十分と推測される状態である。ただし、いずれの場合でも、消化管の消化・吸収は保たれている必要がある。

　①飲み込みのはたらきが低下している状態（嚥下障害）

　　嚥下障害があるとうまく食物を飲み込むことができない。そのため栄養状態の悪化や脱水状態を引き起こすことがある。嚥下障害を引き起こす疾患によるものや加齢による嚥下機能の低下も嚥下障害の原因となる。嚥下障害の症状として、飲み込むときにつかえたり、むせたりすることがある。

　②栄養が不十分と推測される状態

　　食事で十分なカロリーやタンパク質、ビタミン、ミネラルなどがとれていない場合、栄養不十分な状態であると考えられる。意識障害によって食事がとれていない、しっかり食事をとっていても体に吸収されない、吸収してもエネルギーとして利用されない場合なども栄養不十分な状態になる。

　　また、高齢者などでは、栄養状態の不十分さが自覚できない場合でも栄養不十分な状態となる。

（2）実施の概要

　経管栄養の方法には主に次の3つがある。

　①経鼻経管栄養：鼻からチューブを入れて胃内に留置する（図3−5

*25
褥瘡は、一般的に「床ずれ」という。持続的な圧迫によって、組織の血流が減少・消失し、虚血状態や低酸素状態になって、組織の壊死が起こった状態である。寝たきりやまひなどで体位を変えられない人にできやすい。仙骨部や踵（かかと）の部分、骨が突出している部分など、圧迫を受ける部分に現れやすい。本書第8章第8節2参照。

第3章

〈図3－5〉経管栄養の方法

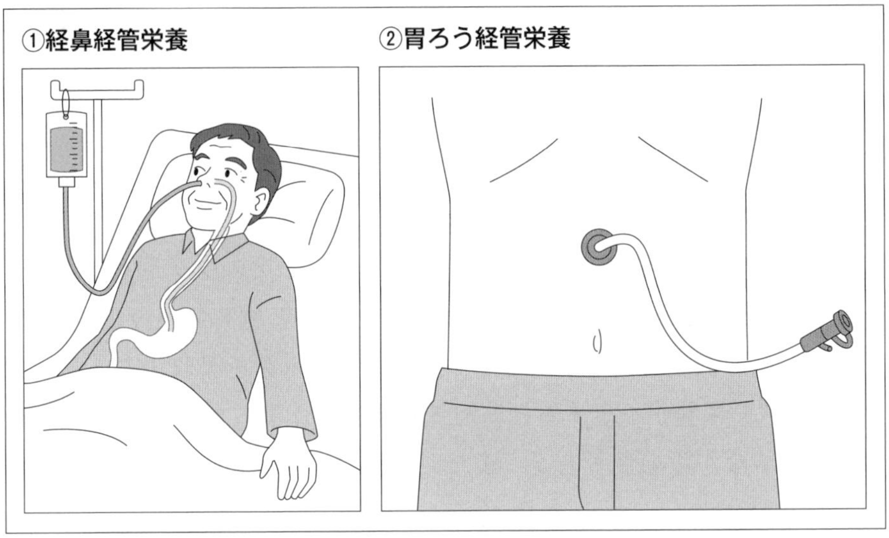

①経鼻経管栄養　②胃ろう経管栄養

（出典）全国訪問看護事業協会 編「改訂 介護職員等による喀痰吸引・経管栄養研修テキスト」中央法規出版、2015年、216頁をもとに一部改変

①）。
②胃ろう経管栄養：腹部に胃ろうを設けて行う（**図3－5**②）。[*26]
③腸ろう経管栄養：腹部に腸ろうを設けて行う。[*27]

4 救急蘇生法の基礎知識

　救急蘇生法とは、容体が急変した人の命を守り救うために必要な知識と手技のことである。病気やけがにより突然に心停止、あるいはこれに近い状態になったときに、胸骨圧迫や人工呼吸を行うことを心肺蘇生法（Cardiopulmonary Resuscitation：CPR）という。

　傷病者を社会復帰に導くために大切な心肺蘇生と、AED（Automated External Defibrillator：自動体外式除細動器）を用いた除細動、異物で窒息を来した場合の気道異物除去の3つを合わせて一次救命処置（Basic Life Support：BLS）という。一次救命処置は、AEDや感染防護具などの簡便な器具以外には特殊な医療資材を必要とせず、特別な資格がなくても誰でも行うことができる。

　また、心停止以外の一般的な傷病に対して、その悪化を回避することを目的として行われる最小限の手当てを応急手当という。傷病者が発生[*28]した場合、その場に居合わせた人が実施できることは、一次救命処置と応急手当である。

　喀痰吸引や経管栄養など医療的ケアを必要とする人においては、生命

---

*26
手術で腹部から胃に通じる小さな穴を開け、その穴にチューブを留置する。腹壁と胃をつなぐ小さな孔（あな）を胃ろう（ろう孔）という。

*27
手術で腹部から小腸に通じる小さな穴を開け、その穴にチューブを留置する。腹壁と腸をつなぐ小さな孔（あな）を腸ろう（ろう孔）という。

*28
本書第9章第1節参照。

〈図３−６〉救命の連鎖

心停止
の予防

早期認識と
通報等
（119番とAED手配）

一次救命
処置
（心肺蘇生とAED）

二次救命[29]
処置

（出典）日本救急医療財団心肺蘇生法委員会 監修「改訂５版 救急蘇生法の指針2015（市民用）」厚生労働省、2015年、
　　　5頁をもとに一部改変

＊29
病院などの医療機関において医師を含む医療チームによって行われる高度な心肺蘇生法のことである。基本的に医療機関で行われるが、医療従事者がドクターカーやドクターヘリなどで現地に赴いたときにも行われる。

にかかわる急変や事故が発生する可能性があることを常に想定しておくことが重要である。

（1）救急蘇生の重要性

　令和３（2021）年に救急車が要請を受けてから現場に到着するまでに要した時間は、全国平均で約9.4分（対前年比0.5分増）であった[30]。この間に救急蘇生を行うことが傷病者の生命を大きく左右する。

　また、傷病者を救命し、社会復帰に導くために必要となる一連の行いを「救命の連鎖（chain of survival）」という（**図３−６**）。この鎖の４つの輪を素早くつなげていくことが、多くの人の命を救うことにつながる。

＊30
消防庁「令和３年版 消防白書」。

（2）一次救命処置

❶心肺蘇生法

　一次救命処置は、主として胸骨圧迫と人工呼吸による心肺蘇生法と、AED（自動体外式除細動器）による電気ショックを行う。

　主な手順は以下のとおり。

　①意識を確認する

　②応援を依頼する

　③119通報をしてAEDを手配する

　④呼吸状態を確認する

　⑤胸骨圧迫を行う（後述）

　⑥人工呼吸を行う（後述）

　⑦AEDを使用する（後述）

　⑧救急車が到着するまで、⑤⑥⑦を繰り返す。

〈図3－7〉胸骨圧迫

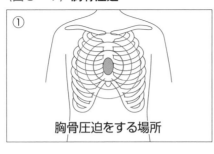 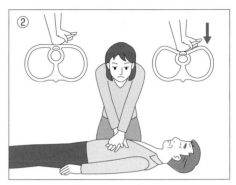

胸骨圧迫をする場所

（出典）日本救急医療財団心肺蘇生法委員会 監修「改訂5版 救急蘇生法の指針2015（市民用）」厚生労働省、2015年、24～25頁をもとに一部改変

❷胸骨圧迫

　胸骨の下半分（**図3－7①**）を圧迫する。この位置に一方の手のひらの基部（手掌基部）を当て、その手の上にもう一方の手を重ねて置く。重ねた手の指を組むとよい。

　垂直に体重が加わるよう、両肘をまっすぐに伸ばし、自分の肩が圧迫部位（自分の手のひらのところ）の真上になるような姿勢をとる（**図3－7②**）。

　傷病者の胸が少なくとも約5センチ沈み込むように、強く速く圧迫するが、6センチを超えないようにする。

　圧迫のテンポは1分間に100～120回程度の速さであり、可能な限り中断せず、繰り返す。救助者が人工呼吸を行える場合は、胸骨圧迫と人工呼吸を30：2の比で行う。

❸人工呼吸

　まず気道確保を行う。1回の換気量の目安は、人工呼吸によって傷病者の胸の上がりを確認できる程度とする。心肺蘇生中の過大な換気量は避ける。1回の送気（呼気吹き込み）は約1秒かけて行う。人工呼吸や電気ショックを行うときに胸骨圧迫を中断するのはやむを得ないが、これらの場合でも胸骨圧迫の中断は最小にすべきである。

　人工呼吸の技術を修得している場合には、胸骨圧迫に人工呼吸を組み合わせる（胸骨圧迫30回と人工呼吸2回の組み合わせ）。人工呼吸のやり方に自信がない場合や、ためらいがある場合には、胸骨圧迫だけでもよい。

＊31
効果的な人工呼吸のために気道を確保することは心肺蘇生の重要事項である。反応のない成人や小児に対する気道確保法としては、頭部後屈あご先挙上法（とうぶこうくつあごさききょじょうほう）を用いることは合理的である。頭部後屈あご先挙上法とは、片手を額に当て、もう片方の手の人さし指と中指の2本をあご先に当て、これを持ち上げて気道を確保する方法である。額に当てている手の親指と人さし指で、傷病者の鼻翼をつまんで鼻孔を閉じ、口から息を吹き込む（人工呼吸）。

❹AED

*32

　AEDは、心室細動の際に機器が自動的に解析を行い、必要に応じて電気的なショックを与え、心臓のはたらきを戻すことを試みる医療機器である。

*32

AEDには、ふたを開けると自動的に電源が入るタイプと、電源ボタンを押す必要があるタイプがある。後者は最初に電源ボタンを押す。
①パッドの貼付
電極パッドを右前胸部と左側胸部（脇）に貼付する。
②電気ショックと胸骨圧迫の再開
AEDによる解析が開始されたら傷病者にふれない。AEDの音声メッセージに従って、ショックボタンを押し電気ショックを行う。電気ショック後は、直ちに胸骨圧迫を再開する。

引用文献

1）埼玉県立大学 編『IPWを学ぶ－利用者中心の保健医療福祉連携』中央法規出版、2009年、13頁
2）出田めぐみ「リハビリテーション介護」澤村誠志 編『最新介護福祉全書 別巻2 リハビリテーション論』メヂカルフレンド社、2008年、154～156頁

参考文献

● 澤村誠志 編『最新介護福祉全書 別巻2 リハビリテーション論』メヂカルフレンド社、2017年
● 介護福祉士養成講座編集委員会 編『最新 介護福祉士養成講座3 介護の基本Ⅰ』中央法規出版、2019年
● 介護福祉士養成講座編集委員会 編『最新 介護福祉士養成講座4 介護の基本Ⅱ』中央法規出版、2019年
● 日本介護福祉士会『介護福祉士がすすめる多職種連携 事例で学ぶケアチームでの役割と課題への取り組み方』中央法規出版、2018年
● 野中　猛・野中ケアマネジメント研究会『多職種連携の技術（アート）－地域生活支援のための理論と実践』中央法規出版、2014年
● 新田國夫・川村佐和子・上野桂子・黒澤貞夫・白井孝子 編『介護福祉士実務者研修テキスト 第5巻 医療的ケア』中央法規出版、2015年
● 川井太加子 編『最新 介護福祉全書13 医療的ケア』メヂカルフレンド社、2016年
● 介護福祉士実務者研修テキスト総括編集委員会 編『介護福祉士資格取得のための実務者研修テキスト 第6巻 医療的ケア』全国社会福祉協議会、2016年
● 日本救急医療財団心肺蘇生法委員会監修『救急蘇生法の指針2020（市民用）』へるす出版、2020年

第4章

介護を必要とする人の理解と支援関係の基本

学習のねらい

　本章では、介護を必要とする人々の理解と、支援関係づくりの重要性について学ぶ。

　介護の対象となる利用者のニーズを的確に把握し、利用者の自立とQOLの向上を実現するためには、高い専門性が求められる。専門性の基礎になるのは、利用者のことを十分に理解すること、さらにチームでそれを共有することである。また利用者のことを十分理解するためには、よい支援関係づくりが必要である。その結果、利用者の個別性に応じた介護が提供でき、尊厳の保持と自立支援という介護の目的を達成することにつながる。

　第1節「介護を必要とする人々の理解」では、ICFの視点による介護を必要とする人の理解の方法を学ぶ。さらに、介護福祉職による高齢者、障害児・者への生活支援において、QOL（生活の質）の観点から見た日常生活の活動の3側面（1次活動、2次活動、3次活動）の意義について学ぶ。

　第2節「支援関係の基本」では、介護における支援関係の基本について学び、その支援関係づくりの基本的な考え方や方法を理解する。

第1節　介護を必要とする人々の理解

1　介護を必要とする人を理解するために

（1）ノーマライゼーションの実現

＊1
本書第1章第2節1及び本双書第4巻第1部第2章第1節参照。

　介護を提供する上で、高齢者や障害者などの介護の対象となる利用者を理解することは重要である。とりわけ、ノーマライゼーション[*1]の理念に基づき、地域でその人らしい生活を送ることを実現するためには、利用者の生活のありようを意識した介護が求められる。生活は、習慣や価値観などによって個別に異なり、多様性がある。介護福祉職にとって、利用者の個別性に応じた介護を展開することは、利用者主体の支援を実現するために不可欠である。

　ただし、利用者の尊厳の保持と自立支援という理念を実現するためには、介護の目標にすべき、「人間らしく生きるためのニーズとはどのようなものか」を理解する必要がある。このニーズとは、ひと言でいえば、人間として当たり前の、健康的な生活を送るために必要なことである。

　当たり前の生活は、ノーマライゼーションの実現にある。たとえ障害があっても、その障害を理由に差別されることなく、障害のない人と同じように、日常生活や社会生活を住み慣れた地域で送っていく権利が保障されている状態である。また、ライフサイクルに応じた発達課題に取り組む権利の保障も含まれている。

（2）生活の全体像の理解

　健康的な生活のありようを専門職として理解するためには、障害の有無にかかわらず、すべての人々に共通する生活の構造を認識する必要がある。この健康に関する共通の構造について、保健・医療・福祉の多職種間で共有しているモデルに、WHO（世界保健機関）が2001年に制定した、国際生活機能分類[*2]（ICF：International Classification of Functioning, Disability and Health）がある（**図4－1**）。

＊2
本書第6章第2節1、及び本双書第14巻第1部第5章第2節参照。

　ICFの最も重要な意義は、一人の尊厳ある人間として利用者にかかわるために、年齢や障害の有無などによる偏見や差別の意識を排除することを可能にする分類が示されたことにあるといってよい。

　このモデルに当てはめて利用者の健康的な生活を考えると、健康であるか否かは、病気があるとか障害があるということで決定される単純な

〈図4-1〉ICFの構成要素間の相互作用

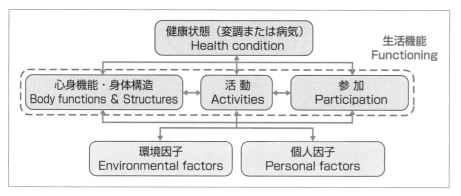

（出典）厚生労働省資料

ものではなく、「心身機能・身体構造」「活動」「参加」という3要素の
有機的つながりによって形づくられる「生活機能」との相互作用によっ
て説明されるものである。また、それぞれの要素には、「環境因子」と「個
人因子」が背景因子として相互作用している。

　つまり、利用者を理解する際には、その有する疾病や障害の名称で固
定化してはならない。また、心身機能・身体構造の問題点だけに焦点を
当てるのではなく、個人的視点及び社会的観点から見た活動や参加の状
況にも注意を払う必要がある。

　また、そうした生活の状況には、住まいなどの物理的環境、社会サー
ビスなども含めた社会環境、家族や地域住民との関係など、利用者を取
り巻く人的・物的環境も影響している。さらに、利用者を世界で唯一の
個人として成り立たせている、いわゆる「その人らしさ」を構成している
生活歴や価値観なども、利用者の健康のありように大きく影響している。

　このように、「よりよい健康状態」は利用者がよりよく生活していく
ために必要不可欠なものの一つである。

　もう一つ、よりよい生活を送るための基本的な必須条件は、「自立」[*3]
という視点である。ここでいう高齢者や障害者にとっての自立とは、子
どもが他者の手を借りずに一人でできることを増やしていく発育過程に
おける自立や、思春期の親離れ・子離れなどで用いられる心理的自立、
社会的生産への期待に応えるための成人期の就労などを含んだ経済的自
立とは次元を異にしている。

　自立とは、利用者がよりよい生活を送る上での基本的条件である。利
用者にとって、他者から何らかの指図などを受けるような制約のある日
常生活ではなく、遠くない未来に対して、「すること」あるいは「しな

*3
「自立」の辞書的意味は、「誰にも依存せず自分の力だけで身を立てること」とされる。しかし、「自立」とは本来、他者の援助を受けるか否かにかかわらず、人間らしく存在できている、すなわち、他者からの指示・命令や強制を受けずに、主体的に生きている状態をいう。主体的とは、人間らしく生きる権利が保障され、一人の人間として尊重されることをいう。人間らしく生きるためには、自分の自由な言動を可能とする「身体的自立」、意志・意欲などの「心理的自立」、本人が自主的に選択し、判断して社会参加を実現していく「社会的自立」のいずれも重要である。特に、自己決定の重要性をとらえて、「自律」という同じ読みの語で区別して用いる場合もある。しかし、介護における「自立」は、「自律」の意味も含んだ、より広義のものであるととらえる必要がある。身体的・心理的・社会的な統合体としての人間存在全体の自立を、バランスよく実現していくことを「自立支援」という。

いこと」を自由に選択・判断し、それが邪魔されずに遂行できる状態が人間としてQOL（Quality of Life：生活の質）の高い状態であるといえる。自分で選択・判断し、その判断を尊重されるのは当たり前のように思われるが、介護が必要な状態になると、それが保障されなくなる恐れがある。

　利用者は、人間として本来的に他者からの自立を希求している。介護福祉職にとって、利用者に対して自立するよう求めるのではなく、自立しようという動機を高める視点と、自立したいという意欲を引き出す視点が重要である。

2 高齢者、障害児・者の生活支援

（1）介護福祉職による日常生活の支援

　高齢になったり、心身に障害があったりすると、生活においてさまざまな支障が生じる。その支障に対する支援の一つが介護である。

　前項で述べたICFの視点から見ると、生活における支障とは、「生活機能」における「心身機能・身体構造」「活動」「参加」の３要素の一部あるいは全体に何らかの支障を生じたことを意味する。ICFでは、「心身機能・身体構造」に支障が生じた状態を「機能障害」、「活動」に支障が生じた状態を「活動制限」、「参加」に支障が生じた状態を「参加制約」としている。

　保健・医療・福祉の各専門職は、それぞれの専門性をふまえて、利用者の機能障害、活動制限、参加制約に対して、その改善を図る支援を行うこととなる。

　ICFは、保健・医療・福祉のすべての領域における生活像を、生活の機能的側面から抽象度を上げて構造を示したものである。これは、一人の利用者を、各専門職の観点からばらばらにとらえるのではなく、利用者の全体像をふまえて、多職種協働を実現するためのツールとして極めて有効なものとなっている。

　例えば、看護職は生活における療養上の視点で看護を提供し、リハビリテーション職は生活における心身機能改善の視点で各種セラピー（療法）を実施する。介護福祉職は、利用者の尊厳を保持し自立をめざした介護を提供する。利用者の生活全体を支援するには、医療職だけ、あるいは介護福祉職だけでは成立しない。利用者個別のニーズに応じて専門職が連携・協働する必要がある。

〈図４−２〉　QOLの観点から見た日常生活の活動の３側面

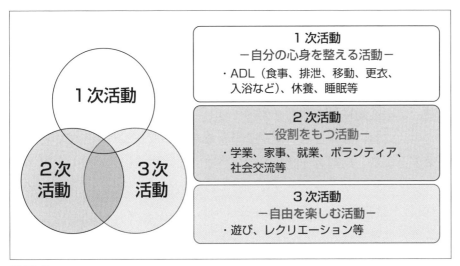

１次活動
−自分の心身を整える活動−
・ADL（食事、排泄、移動、更衣、
　入浴など）、休養、睡眠等

２次活動
−役割をもつ活動−
・学業、家事、就業、ボランティア、
　社会交流等

３次活動
−自由を楽しむ活動−
・遊び、レクリエーション等

（筆者作成）

　日常生活について、24時間の生活時間の観点からおおまかに区分して把握するための分類指標がある。睡眠や食事など生理的に必要な活動を「１次活動」、仕事や家事など社会生活を営む上で義務的な性格の強い活動を「２次活動」、そして、１次活動・２次活動以外の、自由に使える時間における活動を「３次活動」とよび、政府の社会生活基本調査等の各種統計で一般に使用されている。調査上の定義では、１日の行動として20項目を挙げ、それらを大きく３つの活動に分類している。１次活動として、睡眠、身の回りの用事、食事の３項目を挙げている。２次活動では、通勤・通学、仕事、学業、家事、介護・看護、育児、買い物の７項目を挙げている。３次活動では、上記以外として、移動、テレビ・ラジオ・新聞・雑誌、休養・くつろぎ、学習・自己啓発・訓練、趣味・娯楽、スポーツ、ボランティア活動・社会参加活動、交際・付き合い、受診・療養、その他の10項目を挙げている。

　この３分類について、介護福祉における自立支援を提供する観点から、「１次活動」は自分の心身を整える活動、「２次活動」は役割をもつ活動、「３次活動」は自由を楽しむ活動として、改めて定義づけすることができる。１次活動は、統計上では時間で区切られた「行為」の区分としているが、介護福祉の支援を行う上ではADL支援は単純な行為の支援にとどまらず、利用者自身が自分の心身に意識を向ける「セルフケア」の視点が重要である。そのため、統計上では３次活動に分類されている休養・くつろぎなどは、リラックスして英気を養うためのセルフケア行為として１次活動に分類できる。２次活動は、統計上の定義では「義務的

な活動」とされているが、介護福祉の支援を考える上では、利用者が自分の役割だという意識をもてる活動を生活に取り入れるという視点が重要となる。統計上は3次活動に分類されているボランティア活動・社会参加活動、交際・付き合いなどは、他者と交流することで自分の役割を認識することのできる活動といえる。また、3次活動は、統計上は1次活動、2次活動以外の活動をすべてさしているが、介護福祉の視点では、日常生活において「自由」を享受できる活動が取り入れられていることが重要となる。高齢者介護分野ではさまざまな事業においてレクリエーション活動として、障害者支援分野では余暇活動支援として、利用者が「自由」を感じられる取り組みを意図的に行っている。

　これら3側面は、ICFの「活動と参加」にあたる部分について、介護福祉の生活支援を理解するためのより具体的な視点である。重要なのは、日常生活行為を3側面に分類することではない。3側面のいずれかだけに限定した支援になることを避け、意図的に3側面全体に包括的な支援を行うことが重要である。そのためには、介護福祉職は、尊厳が保持された自立した日常生活とはどのようなものかを把握しておく必要がある。これら日常生活の活動の3側面において、どのような支障が生じているのかを個別に把握し、対応することが求められる。

（2）QOLの観点から見た生活の3側面の意義

　これら日常生活の活動の3側面それぞれが、利用者のQOL向上における重要な意味をもっている（図4－2）。

❶1次活動

　食事・排泄・入浴などのADL^{*4}（Activities of Daily Living：日常生活動作）を中心とした身の回りの用事や、休養・睡眠などは、「1次活動」に含まれる。これらは、人間が生きていく上で必要不可欠な身の回りを整える活動である。

　食事や排泄など各ADLの「Activity：アクティビティ」は、単に身体的な動作だけを意味しているわけではない。例えば食事一つとっても、本人が「食べたい」という意思をもって、食材を確保し、適切に調理し、食卓に料理を並べ、目の前の食べ物を選び、手を伸ばし、口に運び、味わって食べ、おいしいと満足する、といった一連の活動である。これは、自分の興味や生理的な満足を得るなど、何らかの目的を達成しようとして行われる行為である。

*4
ADLは、「日常生活動作」あるいは「日常生活活動」と翻訳されている。専門用語として、訳語は使わずそのまま「ADL」として用いられることも多い。「A：Activities」を単純に「動作」とみるか「活動」とみるかによって、支援の意味合いが変わってくる。「動作」とみれば、身体的な動きに焦点が置かれるため、理学療法における身体機能向上のセラピーや、介護における身体機能の介助行為が想定される。「活動」とみると、利用者本人がその行為をしようという意思を含んだ「アクティビティ」という語が本来もっている範ちゅうを想起させやすい。介護福祉職がめざす、利用者の自立支援という視点に立って、「動作」そのものの支援にとどまらず、利用者の意思を含んだ「活動」の支援を意識することが重要である。本双書第14巻第1部第5章第1節参照。

したがって、QOLの観点から見ると、この1次活動は、自分自身の心と身体を大切に維持していく行為、すなわち「心身のメンテナンス」の活動といってよい。医療の領域では、生命活動の維持という観点における「セルフケア」の重要性が叫ばれて久しいが、この視点ともつながるものである。

身体的あるいは精神的な障害によって、この心身のメンテナンスが十分に行われなくなることは、利用者のQOL低下に直結する。したがって、介護福祉職は、利用者の心身のメンテナンスが円滑に行われ、利用者の興味や生理的な満足が得られるよう1次活動を支援することが重要になる。

また、そのメンテナンスの具体的な方法も、利用者個別に異なる。障害の特性だけでなく、性格などの個性、それまで培ってきたライフスタイルなど、ICFでいえば背景因子にあたる情報を重視し、個別性を重んじた1次活動の支援が求められる。

❷2次活動

就労、就学、ボランティア活動、社会交流、あるいは家庭内の役割分担としての家事などは「2次活動」に含まれる。幼児期には家庭内でのお手伝いとして簡易ながら家事の役割を担ったり、学童期からは、児童・生徒として学校等で多くの時間を過ごし、成人期には仕事をもち、退職後にはボランティア活動など報酬を目的としない活動をしたりする。家庭内でも、家事は家族成員間で分担され家族機能の維持に貢献する。

これら2次活動は「役割をもつ」ことを意味している。自分の行為が多かれ少なかれ「誰か他者のためになっている」という感覚をもてる活動である。なお、家事の行為は、身の回りを整えるIADLに含まれるが[*5]、「家族のために家計を切り盛りする」という役割的な側面が強く、2次活動として考えられ、社会生活を営む上で重要な活動である。

1次活動がいわば「自分のため」に行われる活動であるのに対して、2次活動は「他者のため」に行われる活動である。こうした利他行動は、幸福感を高めることにつながり、利用者のQOL向上に寄与することになる。

ここで重要なことは、利用者が「これが自分の役割だ」としっかりと意識できて行う活動や、「誰かの役に立っている（あるいは役に立ったらいいな）」という感覚で行う活動となっていることである。つまり、接触する人数が多いだけでは2次活動の質は高まることはないし、逆に

*5
IADLは、「手段的ADL」と翻訳されている。家事、交通機関の利用、電話対応、金銭管理など、ADLの諸動作を組み合わせ、必要に応じて道具などを活用して行われる応用的な活動である。

活動範囲が狭いとしても利用者自身の役割の有用感が大きければ、２次活動の質は高いといっていいだろう。

　介護が必要になると、自分が他者から「介護してもらう」比重が大きくなり、「他者のために存在している」という実感が生じにくくなることが多い。このため、幸福感が低下し、QOLが損なわれて意欲の減退につながる。利用者本人が自分に合った生活上の役割を見出し、有用感が高まるような支援が求められる。

　役割をもつことが許されなかったり、他者の迷惑になっている（役に立てていない）と思わされる状況になったりすると、人は自分の存在価値を十分に肯定することがむずかしくなってしまう。そうなった場合に、いくら「あなたは存在するだけで価値がある」と説いても、本人の心には届きにくい。自分のためではなく、自分がやろうと思える何らかの役割がもてたとき、自分の存在価値にあらためて気付く場合が多い。例えば、高齢者が孫に菓子をあげ、孫が「おじいちゃん、ありがとう」と笑顔を返してくれたとする。自分の存在が孫に認識され、「祖父」という役割を実感できる場面の一つといえよう。このように、介護が必要な人も大勢の中の一人としてではなく、この世にただ一人の「私」として他者に認識される体験が重要である。

　これも、❶１次活動で示したのと同様に、どんな２次活動がその利用者にとってふさわしいのかは背景因子によって個別性があるので、利用者一律に同じレクリエーションや作業を企画しても、必ずしも個別の２次活動が充実するわけではない。

❸３次活動

　１次活動と２次活動が、それぞれ「自分のため」「他者のため」という感覚を多少なりとも伴う活動であるのに対して、そのような制約を払いのけて、ただ楽しんで自由を感じられる活動が３次活動である。各種遊びや娯楽、レクリエーションなどの活動がそれに該当する。

　注意が必要なのは、趣味活動は、余暇に行われ、３次活動の一つとしてとらえられるものだが、報酬を伴って他者との関係を軸に行うときには、純粋な３次活動というよりも２次活動に軸足が置かれる場合もあるということである。また、例えば、子育ての一環として親が自分の子どもと遊ぶことは、「子どものため」という親の役割としての２次活動に軸があるように見えるが、親という役割から離れて純粋に遊びに興じる瞬間というものも多く見受けられるだろう。このように、完全な自由に

なれる活動というよりも、２次活動も兼ねて、その一部が自分の３次活動にもなっているという場合もある。

いずれにせよ、「自由を感じられる」機会を日常生活でもつことが重要である。１次活動と２次活動だけに大きく時間が割かれた生活を続けることは、義務的な生活感が強くなってしまい、「充実した生活を送りたい」という意欲の喪失につながりかねない。

介護が必要になると、他者と交流する２次活動の機会が疎外されやすくなる。他者と会う機会が少なくなることは、役割を感じられにくくなることにつながり、２次活動が狭まることを意味する。１次活動の面でも、他者からの介助が増加することで、自分で心身を整えることができるという実感ももちにくくなり、１次活動の充足感も低下する。

しかしながら、１次活動と２次活動が減少することで、時間が余ることにより３次活動が増加するわけではない。むしろ、自分で行うという「活動」の意義が薄れるほど、不自由さが大きくなり、その結果、３次活動に向けた意欲も減少に向かいがちである。

これら日常生活の活動の３側面をQOLの観点から見ることで、介護福祉職が利用者に対して行うべき生活支援の全体像をつかむことができる（**図４－２**）。

まずは、ADLや睡眠などの１次活動の支援が重要である。ただし、利用者自身が自分の心身のメンテナンスができているという実感をもてるようにするためには、利用者自身ができる部分を介護福祉職が取りあげてしまうことなく、むしろ利用者ができることを増やしていく方向性での支援が必要である。

また、２次活動の支援では、コミュニケーションだけを目的とした交流の場づくりだけに終始せず、そこで何かしらの役割づくりのきっかけを意図的に用意したり、介護福祉職とのやりとり自体で利用者が役に立っているという実感をもてるような工夫が必要となる。これら１次活動と２次活動の充実に合わせて、しがらみのない純粋にその利用者が楽しんで自由を感じられる機会を日常生活に取り入れていく３次活動の支援が必要である。

これら日常生活の活動の３側面をバランスよく充実させ、本人を取り巻く環境整備も合わせて工夫し、何よりも利用者本人の自発的な活動を含む利用者主体の介護が求められる。そのためには、利用者の生活歴などの個人因子を十分にふまえた個別ケアの志向が前提となる。

＊6
本双書第14巻第1部第1章第1節6参照。

（3）「老化」を理解した生活支援

「老化」^{＊6}とは、加齢に伴って心身機能が低下することをいう。身体的成熟は、成人期前期にピークを迎えその後緩やかに機能低下し、60代になると、その特徴が多くの人にみられるようになる。すべての人にみられる緩やかで不可逆的な機能低下を、「生理的老化」という。生理的老化の過程が著しく加速され、病的状態を引き起こすものを、「病的老化」という。

老化は個人差が大きく、年齢が同じであっても、遺伝的要因や生活歴、ライフスタイルなどによって異なり、老化によって介護が必須になるわけではない。しかし、後期高齢者など年齢を重ねるほどに、多かれ少なかれ生理的老化は進行し、また疾病を発症するリスクも次第に大きくなるため、病的老化も起きやすくなり、高齢者に介護が必要となることが多い。

❶身体機能の変化と生活支援

生理的老化によって、体力が低下する。体力とは、何らかの行動を起こし、それを持続、あるいは調整する機能だけでなく、外部のストレス要因から身体を守る防衛機能も含まれる。これらには、身体構造でいえば、筋・骨格系や神経系の機能低下が大きく影響している。それ以外にも、循環器や呼吸器、消化器、腎・泌尿器、代謝・内分泌系、血液・免疫系など身体内部の目に見えにくい部分の機能低下も進行する。

したがって、病気などもなく一見元気な状態であっても、瞬時の出来事に対応しきれず事故につながったり、気温などのわずかな環境変化が身体に大きな影響を与えたりして、急激に機能低下が進行する可能性も念頭に置いた介護が前提となる。

こうした身体機能の低下によって、大きく影響を受けるのが日常生活の活動の一側面である1次活動である。それは、ADLの低下という形で表面化し、その活動が縮小するほど、機能低下が進行するという負のサイクルに陥りがちである。したがって、利用者本人が身体機能に無理の生じない範囲で、できている活動を可能な限り維持するだけでなく、ほんのわずかでも自分の心身をメンテナンスしようという意思をもち、セルフケアが充実していくように、介護福祉職には意識的に支援することが求められる。

❷心理的機能の変化と生活支援

　老化によって感覚器の機能が低下することに伴い、五感（視覚・聴覚・味覚・嗅覚・触覚）いずれもが低下する。五感の低下は、生理的な機能低下にとどまらず、例えば、視覚・聴覚の低下に伴って外出を避けたり、対人関係に悪影響を及ぼしたり、2次活動の減少を引き起こすことも多く見られる。

　人間は、感覚器から外部環境の情報を得ることによって、安心感をもって活動に取り組むことができるようになる。感覚器の機能が低下することは、不安や恐怖といった心理をもたらし、生活の活動全体が縮小しかねない。介護福祉職が行う自立を志向した見守り的な支援の必要性の一端がここにも見られる。

　また、外界の情報が取り入れにくい、あるいは誤った情報処理が行われてしまうことは、他者からの疎外感、孤独感につながりやすい。例えば、ADLの動作に支障がなく、物静かで落ち着いている高齢者の場合は、介護の必要性が一見わかりにくいが、心理的に孤独感が深まっていくと、2次活動や3次活動の範囲が縮小し、その結果として要介護状態が進行することにつながる場合がある。

　知能にも老化による影響の特徴がみられる。知能とは、新たな情報を知識として身に付けたり、論理的に思考したりして、経験を知識として、日常生活上の課題に応用していく能力のことをいう。新たな学習や環境への素早い順応といった流動性知能[7]は、神経・生理的機能とかかわりが強いため、老化による機能低下がみられる。それに対して、言語の意味・内容の理解や運用など、過去の経験から得た知識をいかす結晶性知能[8]は、社会文化的要素が大きく関係するため、加齢によってわずかな機能低下がみられるものの、青年期の水準をほぼ維持する場合が多いといわれている。

　したがって、心理的機能面だけから見ても、利用者は常に支援を受けるだけの存在とはいえない。利用者の豊富な人生経験から支援する側が学びを得られるということも理解して介護にあたることが重要である。

❸社会的機能の変化と生活支援

　老化によって、身体機能や心理的機能が低下することは自然の推移といえるが、社会的機能は老化によって直接的に機能低下するとはいえない。身体機能や心理的機能の低下によって引き起こされる、2次活動や3次活動の範囲の縮小が社会的機能の低下につながることがままあるた

＊7
流動性知能は、動作性知能ともよばれ、新しい環境に適応するために、新たな学習を行い課題を解決する能力のことをいう。

＊8
結晶性知能は、言語性知能ともよばれ、過去の経験から得た知識や技能をいかして課題を解決する能力のことをいう。

第4章

め、それらの機能低下に対する生活支援は前述のとおり重要である。

　高齢期には、定年退職など社会的役割からの引退の時期となる。あるいは、親しい家族や友人たちとの死別などに遭遇することも増える。利用者本人の身体機能・心理的機能の変化とは別に、このような社会関係の変化、特に「喪失体験」が、生活全体に影響を及ぼすことになり、QOLの低下につながる恐れがある。

　特に、成人期に一定程度以上の社会的成功をおさめた高齢者ほど、引退後の喪失感が大きくなることは想像に難くない。それまで多くの人のサポート役になってきたと自負してきた自分が、社会関係と生活環境の急激な変化によって役割が逆転し、高齢者としてサポートを受ける側になったという感覚になることで、それを受け入れられずに新たな役割獲得が妨げられる恐れもある。

　老化に伴う心身の変化や社会関係の変化に応じて、新たな役割獲得を支援することが重要である。この円滑な役割獲得のためには、重層的なソーシャルサポートネットワークの構築が鍵になる。

　高齢期には、職場の人間関係など社会的な役割が減少して、人間関係の範囲が縮小しがちである。それに伴いソーシャルサポートの範囲も狭められる。高齢になる前から、近隣にとどまらない地域全体の当事者同士によるネットワークはもちろん、趣味など興味・関心によるエリアを限定しないコミュニティのネットワークなど、重層的なネットワーク形成を促すかかわりが重要となる。

（4）認知症を理解した生活支援

　認知症とは、アルツハイマー病や脳血管疾患など、何らかの要因でもたらされる脳の器質的変化によって、認知機能に障害が発生し、ときとして行動上の症状あるいは心理的な症状をもたらして、多かれ少なかれ日常生活に支障が生じる状態をいう。認知機能とは、人や物や場所、時間などを知覚して認識したり、理解や判断など思考したりする機能である。

　認知症には、アルツハイマー型認知症、血管性認知症、レビー小体型認知症、前頭側頭型認知症など、さまざまな種類がある。その種類によって症状の出方に特徴が見られるが、まずは、共通してよく見られる症状の全体像を理解する必要がある（**図4-3**）。

　認知機能が障害されることによって、記憶障害、見当識障害、理解・判断力の障害、遂行機能障害などの症状が起こる。これらの症状は、まとめて「中核症状」とよばれることもあり、原因疾患の違いによらず、

*9
本双書第3巻第4章第6節及び第14巻第2部第7章第4節参照。

*10
器質的変化とは、身体の組織や細胞が何らかの要因によって損傷し、もとの形態に戻らない状態に変わることをいう。

*11
見当識（けんとうしき）とは、自分の置かれた状況を理解することである。見当識障害になると、時間や場所や人がわからなくなる。

*12
遂行機能とは、更衣や調理など何らかの行動を行う際に、段取りを考えながら首尾よくその行動を進める能力のことである。

〈図4-3〉BPSDを含めた認知症の症状の全体像

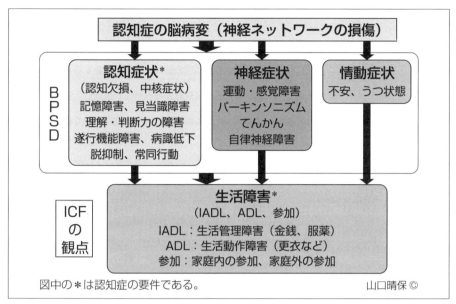

（出典）山口晴保・伊東美緒・藤生大我『認知症ケアの達人をめざす―予兆に気づきBPSDを予防して効果を見える化しよう』協同医書出版社、2021年、18頁

これらの症状を呈する場合がほとんどである。

一方、徘徊、暴言・暴力、不潔行為などの行動症状や、不安・焦燥、抑うつ、易怒性（いどせい）といった情動症状などが起きる場合がある。これらの症状を行動・心理症状（BPSD：Behavioral and Psychological Symptoms of Dementia）という。BPSDは、脳病変だけでなく物理的・人的な環境要因や心理状態などさまざまな因子から影響を受けて起こるため、どのような症状が、いつ起こるのか、どの程度なのか、また、ほとんど症状が起きないこともあれば頻発することもあり、個別あるいは、ときと場合によって様相が大きく異なる。

また、脳の病変部位によって、運動・感覚障害やパーキンソニズムな[*13]どの神経症状が起きる場合もある。

❶1次活動、2次活動に対する生活支援

このような個別で多様な症状を呈する認知症であるが、ADL・IADLなどの活動に大きな支障を生じる場合が多い。これら活動の支障に対しては、それぞれの行為を細かいステップに分け、「できること」と「できないこと」と、その程度を明確にすることが求められる。

例えば、調理がうまくできない場合であっても、調理しようという意欲の問題なのか、献立が立てられないのか、道具の操作がうまくいかな

*13
パーキンソン病以外の原因疾患で生じる、パーキンソン様症状のことをいう。動作緩慢や無動・寡動に加え、筋強剛、振戦（しんせん・ふるえ）、姿勢保持障害などを呈する。

〈表4－1〉 ステップに分けて考えた「炊事」－生活障害の視点から－

ステップ	症状	認知障害など	対応
料理をしようと思う	自発的に料理をしようと思わない	アパシー、うつ、時間の見当識障害	朝日を浴びて日中にデイサービスを使用するなど、普段の活動性を向上し、生活リズムをつくる。料理の時間に言葉かけをする。
献立の考案	料理名が思い浮かばない	意味記憶の障害	料理名や写真を提示して選択してもらう。
冷蔵庫の中身の把握	賞味期限切れのものが多い	近時・遠隔記憶障害	介護者が管理、賞味期限を大きく書く。買い物リストを使い、同じ物を買わないようにする。
材料・道具の準備	必要な材料・道具がわからない 収納場所がわからない	意味記憶の障害、近時・遠隔記憶障害	介護者と一緒に準備をする。収納場所がわかるように写真やラベルで明記する。
道具（包丁や鍋など）の操作	道具の使い方がわからない 巧緻動作が難しい	失行、巧緻動作能力低下	模倣、言葉かけなどで適宜補助をする。リハビリテーションなどで反復練習する。
味つけ 下ごしらえ	調味料の見分け・配分がわからない	失認、意味記憶の障害	容器に名前を大きく書く。介護者と一緒に行う。
火元の管理	火をかけたことを忘れて鍋を焦がす	近時記憶障害、注意障害	タイマーをかける。火の管理は介護者が行う。
盛りつけ	コップにご飯をよそう	失認、意味記憶の障害	事前に茶碗などを用意する。コップに盛りつけていても食べにくそうでなければ問題視しない。
食事の配膳	ふらふらして運べない	バランス能力低下、筋力低下、注意障害	介護保険サービスを利用してリハビリテーションを行う。介護者と一緒に反復練習する。
片づけ	食器をそのままにしておく	近時記憶障害	食事後の挨拶⇒片づけ、を習慣づける。
全体を通して	段取りがわからない	実行機能障害	複数のことを同時進行せず、ステップごとに作業を進める。ホワイトボードや紙などに実施手順や遂行状況を確認できるように書いておき、チェックする。

（出典）山口晴保、伊東美緒、藤生大我『認知症ケアの達人をめざす－予兆に気づきBPSDを予防して効果を見える化しよう』協同医書出版社、2021年、108頁

いのかなど、細かく作業を切り分けて、その原因と対応方法を検討する必要がある（**表4－1**）。

　その上で、単にできない部分を手助けするにとどまらず、「できること」に焦点を当て、強みを活用することが利用者の自信につながり、認知症の症状軽減にも寄与することとなる。

　また、1次活動がうまくいかないことに加えて、家庭内外における2次活動への参加の機会が失われ、これまで当たり前のようにできていた行動に支障が出るだけでなく、役割喪失が起きる場合がある。それまでの「他者のため」になっているという役割の喪失感をもつことは、BPSDを引き起こす場合もあり、新たな役割の獲得に向け、家庭内外を問わず、2次活動への参加の機会を確保する支援が求められる。

　また、2次活動への参加促進による役割獲得を円滑に行うためには、

BPSDの症状発現を抑制する必要がある。BPSD発症には、前述のようにさまざまな要因が影響するため、その要因を可能な限り把握し、個別に対応することが求められる。

その中でも、BPSD抑制に寄与するのは、心理的な不安や喪失感、心配事などを解消し、心の安定を図ることである（**図4－4**）。利用者が「自分は他者のためになっている」という思いをもつことで自信を取り戻し、「今、ここにいる」という居場所を確保することになる。それが利用者の尊厳の維持につながる。

❷家族介護者の介護負担軽減と地域における認知症理解の促進

認知症の場合、家族に介護負担が重くのしかかり、近隣住民は偏見から不安感を募らせることも少なくない。特に、BPSDの程度によっては、家族介護者の介護負担に大きな影響を及ぼし、改善のきざしがみられず長期間にわたる場合には、ときに絶望感までもたらすこともある。認知症以外の利用者の生活支援でも家族の介護負担を考えることは重要だが、認知症の場合はその負担度合いが非常に大きくなることを想定する必要性がある。

認知症という疾病に対する偏見はいまだ根強く、認知症の理解を地域

〈図4－4〉 BPSDの背景因子と予防・治療

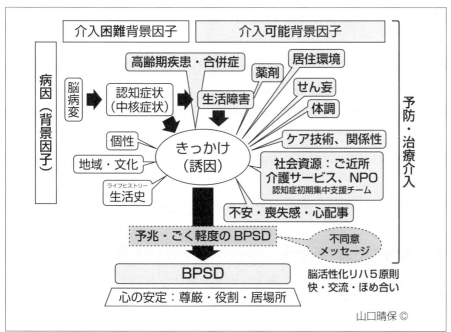

（出典）山口晴保、伊東美緒、藤生大我『認知症ケアの達人をめざす―予兆に気づきBPSDを予防して効果を見える化しよう』協同医書出版社、2021年、32頁

*14
家族への支援については、本書第9章第4節3参照。

*15
認知症の人とその家族、住民、保健・医療・福祉の専門職など、地域のさまざまな人たちが自由に気軽に集い、認知症の悩みや苦労を分かち合ったり、共に楽しい時を過ごしたり、ときには専門職に認知症の相談をしたりできる、認知症の人のための居場所づくりである。「認知症施策推進総合戦略（新オレンジプラン）」の中心施策としても位置付けられており、全国の各地域で取り組みが進んでいる。

*16
障害者福祉の理念については、本双書第4巻第1部第2章参照。

*17
障害者基本法第2条第1項参照。

全体の課題としてとらえる必要もある。介護福祉職による生活支援でも、利用者とその家族に対する支援の視点にとどまらず、地域における生活範囲の拡張の視点をもった支援が求められる。[14]

そのためには、保健・医療・福祉の専門職間の多職種連携にとどまらない、地域住民を含めたさまざまなサポート間の連携促進が重要である。地域住民のあたたかなまなざしによる見守り体制があることで、利用者が地域で安心して暮らせるという実感をもつことにつながる。

また、そうした地域での安心感だけでなく、利用者や家族が地域の一員として当たり前の社会生活を送るための取り組みとして、近年さまざまな地域で行われている「認知症カフェ」[15]のような、自由で気軽に集い楽しめる地域の空間づくりが重要となる。そのような場での生活体験は、利用者本人の3次活動の充実につながり、QOL向上に寄与する。

（5）障害を理解した生活支援

障害者への生活支援において最も重要なことは、個別の日常生活上の支障の把握である。障害には、次に述べるようなさまざまな医学的側面あるいは法制度上の分類がなされているが、そうした分類ではとらえきれない個別性があり、支援の前提として障害名で支援方針や方法を固定化してはならない。[16]

❶わが国における障害の分類とそれぞれの特徴

わが国における障害のおおまかな分類として、身体障害、知的障害、精神障害、難病の大枠でとらえられる場合が多い。障害者支援制度の基本となる法律である障害者基本法における障害者の定義は、「身体障害、知的障害、精神障害（発達障害を含む）その他の心身の機能の障害（以下「障害」と総称する）がある者であって、障害及び社会的障壁により継続的に日常生活又は社会生活に相当な制限を受ける状態にあるもの」とされている。[17]

それぞれの分類ごとの障害特性の概略を理解することが重要である。

①身体障害

身体障害には、視覚障害、聴覚・平衡機能障害、音声・言語・そしゃく機能障害、上肢・下肢・体幹等の肢体不自由、内部障害といった、さまざまな身体上の障害を含んでいる。さらに、内部障害には、心臓機能障害、腎臓機能障害、呼吸器機能障害、膀胱・直腸機能障害、小腸機能障害、ヒト免疫不全ウイルスによる免疫機能障害、肝機能障害

を含んでいる。内部障害は外部から身体構造的障害が見えにくく、日常生活の支障に対する支援の必要性が一般に理解されにくい場合があり、注意が必要である。

②知的障害

　知的障害は、わが国では法律上の定義はされていない。医学的には、発達期（おおむね18歳ころまで）に生じ、①読み書き、計算、論理的な思考、知識や問題解決といった概念的領域、②対人コミュニケーションや社会的判断、自己制御などの社会的領域、③金銭管理や行動の管理などの実用的領域という、3つの領域における「知的機能」と「適応機能」との両方に障害があるものをいう。つまり、知的機能の課題だけでなく、コミュニケーションや生活環境上の適応にも課題が生じることに注意が必要である。

　なお、適応機能に障害があるものを「発達障害」とよび、知的障害と区別しているが、知的な遅れを伴う場合もある。発達障害は、行動や認知の特性により、自閉スペクトラム症（自閉症、アスペルガー症候群を含む広汎性発達障害）（ASD）、注意欠如・多動症（ADHD）、限局性学習症（SLD）などの障害に分類される。

③精神障害

　精神障害者は、「精神保健及び精神障害者福祉に関する法律」において、「統合失調症、精神作用物質による急性中毒又はその依存症、知的障害、精神病質その他の精神疾患を有する者」と定義されている。統合失調症、うつ病などの気分障害、不安障害や、アルコールなどへの嗜癖による依存症などの精神疾患そのものに治療が必要であるが、それだけでなく、日常生活や社会生活上にも大きな制限・制約を受けやすいため、医療以外の生活支援が必要になる場合も多い。

④難病

　治療方法の確立していない疾病による心身の障害、いわゆる「難病」もわが国の法制度上障害者の範疇に含まれている。各種難病によって引き起こされる生活上の支障に対する生活支援も必要となる。

　このように、障害特性は多岐にわたり、障害者への生活支援としてひと括りにはしにくいものである。また、障害の種別だけでなく、先天性か後天性かという障害発生の時期による違いもある。

　生まれつき身体的な障害のある人は、その日常生活上の工夫などにより利用者本人にとって当たり前の生活が身に付いている場合が多い。し

たがって生活支援では、その人なりの生活の仕方を無理に変えることなく尊重することが重要となる。

それに対して、病気・ケガや事故などによる後天的な障害であれば、それまでのその人なりの生活をいや応なく変える必要性に迫られることになる。したがって、具体的な生活上の工夫のアドバイスはもちろんのこと、つらい心情や努力などに対する受容・共感的理解などの心理的支援が重要になる。

また、障害の有無にかかわらず、乳幼児期から老年期に至る各発達過程により生活課題は異なるため、個別の発達過程に応じた支援が求められる。

一方で、どの障害も、日常生活や社会生活上の支障に対する支援には共通するものもある。例えば、日常生活用具や補装具の活用の視点がある[*18]。義肢装具や車いすなどは、障害者にとって身体の一部となるものであって、その活用によって不必要な他者からの介入を最小限にし、利用者本人の主体的生活の実現に大きく影響するものとなる。

また、内部障害や難病による障害においては、例えばストーマ造設、在宅酸素療法、人工透析、ペースメーカーなど、医療機器の日常的な使用を要する場合も多い。そのため、介護福祉職と医療職との密接な連携による生活支援が必要となる。

❷障害の特性に応じた生活支援

本項冒頭から述べているように、介護福祉職によるQOLの向上をめざすことと生活支援の方向性はどの障害にも共通しているが、1次活動・2次活動・3次活動の3側面のそれぞれについては、障害の特性に応じて次のような特徴を理解した支援が求められる。

①1次活動の支援

ADLなど1次活動の制限は、障害特性によるだけでなく、障害の程度によっても大きく異なり、生活支援において個別のアセスメントが重要である。そのなかでも特に顕著な特徴として、内部障害や精神障害あるいは難病などの疾患を原因とする各障害で、その日そのときの病状に影響を受け、日常生活の自立度が不安定な場合が多いことがあげられる。日々必要に応じた生活支援に融通をもたせることが重要である。

また、生活支援の最中に利用者の変化に気付く機会の多い介護福祉職は、生活の変化から病状の悪化をいち早く予測できる立場にもあることを意識することが重要である。ふだんはできていることができな

*18
どちらも障害者が利用する福祉用具であるが、日常生活用具が既成の用具で、一定程度共通して用いることのできる用具であるのに対して、補装具は、身体機能の補完・代替のために個別に適合を要するという特徴がある。わが国における障害者制度では、下記のように、給付対象の用具が分類されている。
日常生活用具：介護・訓練支援用具（特殊寝台等）、自立生活支援用具（入浴補助用具等）、在宅療養等支援用具（ネブライザー等）、情報・意思疎通支援用具（点字器等）、排泄管理支援用具（ストーマ装具等）、居宅生活動作補助用具（住宅改修費）。
補装具：義肢、装具、座位保持装置、盲人安全つえ、義眼、眼鏡、補聴器、車いす（電動も含む）、歩行器、歩行補助つえ（T字状・棒状のものを除く）、重度障害者用意思伝達装置、座位保持いす、起立保持具、頭部保持具、排便補助具など。
本書第7章第5節参照。

いときなどには、疾病の悪化等が見られないか、いつも以上に注意深く観察し、医療職との連携を図ることで、疾病の重症化予防にも寄与することになる。

②2次活動の支援

2次活動の本質である「役割をもつ」ということについて、障害者のライフサイクルに応じて、重点を置いて支援すべき内容が異なる。例えば児童期であれば、就学の機会が保障され社会関係を学ぶ時期であり、障害児が安心して通学でき学習の機会を得るための就学支援を提供することとなる。成人期には、就労支援や社会参加の機会の保障など、個別のライフサイクルに応じた2次活動の支援を行う。また、生涯を通じて、友人づくりや役割獲得のための支援も重要である。

これらの2次活動を進める上で障害者にとって特に重要な支援の一つに、外出支援・移動支援があげられる。例えば、視覚障害者の外出時に目的地との行き来を円滑にするために介護福祉職が付き添って支援することや、知的障害等による行動障害がある場合には移動時の安全確保のために移動支援をすることなどがあげられる。

また、良好な人間関係の確保・維持による社会的活動の推進のためのコミュニケーション支援が重要である。聴覚障害や言語障害だけでなく、知的障害や発達障害、精神障害など多くの障害において、コミュニケーション障害を伴う場合には、なおさらである。

前述したような補装具等の活用はもちろん、介護福祉職のコミュニケーション技術によって、利用者の意思を的確に把握して、利用者の声を代弁（アドボカシー）[*19]し、具体的な支援につなげていく必要がある。

③3次活動の支援

3次活動の支援は、障害者への介護福祉職による生活支援において重要な位置付けがなされている。3次活動そのものが知的機能を含む精神機能の回復に有効であるため、レクリエーション活動として精神科病院などにおける作業療法等治療の一環としても行われている。

日常生活における3次活動は、レクリエーション活動だけに限定されているわけではない。個別の利用者の興味・関心や嗜好に応じて、自由に楽しめる遊びや趣味活動、行楽などを積極的に生活に取り入れることでQOL向上につながる。しかし、障害によるスポーツ等運動を伴う余暇への参加が、障害に対する偏見などによって制約される場合もあり得る。前述した移動支援やコミュニケーション支援などによって、さまざまな社会的障壁から生じる生活上の支障に対処することが重要である。

*19
アドボカシーとは、自己の権利を主張することが困難な人に代わって、支援者がその人の権利を表明する代弁機能をさす。また、利用者本人が自己の権利や利益を守るための自己決定ができるように情報を提供するなどの意思決定支援に代表されるようなエンパワメントの機能のことも含める。これらの権利擁護に加えて、まちづくりへの参加など対外的な活動を通して、政策形成や社会づくり、社会変革に結び付けるような政策提言までアドボカシーに含めることもある。

第2節 支援関係の基本

1 介護における支援関係とは

（1）支援関係の形成

　介護とは、利用者の尊厳を保持しながら自立を支援することである。目的は、利用者の自立の実現にある。その目的を達成するために、一定期間利用者に介入し、支援を行うことになる。支援者（介護福祉職）と利用者との間には、支援関係が結ばれることになり、その関係の良し悪しによって、介入結果が左右される。

　このように支援関係は、友人関係などの一般的な人間関係とは異なり、あくまで利用者の自立という目的達成のために、支援者は支援を提供し、利用者はそれを受けるという、相互の契約に基づいて結ばれる特殊な関係である。したがって、支援関係をよりよいものにすることは、介護福祉職にとって目的達成のために必要不可欠なことである。この支援関係において、支援者と利用者とが相互に信頼し合い、心の交流が成立している状態であることを、対人援助職の専門用語では「ラポール（rapport）」とよぶこともある。これは、本来は「橋を架ける」という意味であり、支援者と利用者との意識間に意図的に橋を架けることで、双方の情報共有や共感を促進させるという意味合いで用いられる。

　よりよい支援関係を形成するための必要条件は、両者の間に主従関係や上下関係が強調されることなく、できる限り対等な関係に近付くことと、相互に信頼関係を形成していくことである。

（2）利用者本位の原則

　利用者の尊厳の保持を実現するためには、「利用者本位」「利用者主体」[20]を貫き通す必要がある。利用者本位の原則は、支援者本位の支援を戒めるためのものである。例えば、支援者の都合でサービス提供日時を変更したり、利用者本人が「トイレに行きたい」と言っているのに、「おむつをしているからおむつに排泄してもいいよ」と言って説得しようとするなど、支援者の都合や価値観を押し付け優先して、利用者の思いや権利を損なうようなかかわりが支援者本位の支援である。

　利用者に対して支援者中心のかかわり方をしてしまう根底には、利用者は支援を受ける弱い存在だととらえる保護思想や、利用者の存在を劣

*20
利用者本位とは、支援者の価値観・価値基準や都合によって支援するのではなく、利用者の立場や気持ちを尊重し、利用者の視点に立って支援の方法・内容を検討し支援していくことである。

ったものだとみなして軽視する劣等処遇や優生思想のもとになる考えを支援者がもってしまうことが考えられる。こうした考えや発想が、上下関係の構図をつくってしまう。この構図は、支援する者とされる者というサポートの授受の一方向性に起因した自然発生的で無意識のものといえる。ここから主従関係が派生し、支援者が主で利用者が従たる立場に陥ってしまう恐れがある。逆に、不必要に支援者がへりくだって、利用者や家族を主人とみなし、言いなりになってしまうことも、よい支援関係とはいえない。

　しかし、支援者と利用者という立場上、友人関係などのように完全に対等な関係を形成することは困難である。したがって、支援者が意図的に対等な関係に近付くように、コミュニケーション技術を用いて介護を行うことが重要となる。

（3）信頼関係の形成

　よりよい支援関係には、両者の信頼関係が重要である。信頼関係には、利用者から支援者に対する信頼と、支援者から利用者に対する信頼という、双方の信頼が成立する必要がある。

　よりよい支援において信頼関係を必要とする原理は、問題を実際に体験しているのは利用者自身であって、支援者はそれを体験していないから、本人に教えてもらう立場にあると考えることである。つまり、支援者は利用者からその体験を語ってもらうしか、その問題を把握することはできないし、その解決の鍵も利用者自身の手に握られている。こうした原理から、支援者が主体にはなり得ないのである。

　利用者は、支援者を信頼できて初めて本音を話すことができ、協同して問題解決にあたっていけることになる。信頼できる介護福祉職から受ける介護は、安心してアドバイスや指示を受け入れることもでき、心身がリラックスした状態で利用者から身を委ねられることにより、安全性も高まる。利用者は支援者に対する信頼感が持続すると、自己効力感が高まり自尊心を取り戻すことにつながる。また、意欲も高まり、未来の可能性を信じることができるようになる。したがって、支援者には、利用者から信頼されるように努めることが求められる。

　支援者もまた、利用者を信頼する必要がある。支援者の信頼とは、利用者がよりよい状態に変化していく、自立に向かって変化していく可能性を信じることである。それは、介護の専門性がもたらす確信であり、決意でもある。課題が解決するのだと支援者が確信することは、利用者

に対して安定感のある介護を提供することにつながる。

　仮に、支援者が課題解決を疑問視していたり、なかば諦めていたりすると、真剣さがなくなって、介護の方針があいまいになるなど、支援者は自信をもって介護が提供できなくなる恐れがある。それは利用者の不安につながり、利用者からの信頼を損ねることにもなりかねない。支援者は、利用者が自立に向けて変化する可能性を信じ、その可能性を実現するよう知識と技術に基づく介護を提供する存在でなければならない。

　また、利用者にとっては、自分がよりよく変化する可能性を信じられるようになること、自分のことを深く理解してくれる介護福祉職という存在を生活の伴奏者として自立の実現に向けて努力できるようになることが重要である。ただし、利用者が前向きになるためには、介護福祉職の専門性のある介護技術やコミュニケーション技術によって、よりよい状況に着実に変化しているという実感をもってもらうことが望まれる。

2　介護における支援関係づくりの基本的な考え方

（1）支援関係づくりの基本

　支援関係づくりは、利用者と出会った時点ですでに始まっており、支援終了に至るまでずっと継続する。

　支援を開始する前に、利用者の基本情報を得られることも多いが、そのような情報から、予備的共感（準備的共感）を行っておくことも、スムーズな支援関係づくりを行うために重要である。予備的共感とは、利用者の置かれている立場や状況について、事前情報から推測して共感的な理解をすることである。もちろん、これはあくまでも予測であって、出会ってから具体的に利用者の思いを本人から聴いていく過程で、必要に応じて修正を加えながら実態に即した共感をしていく必要がある。

　この予備的共感は、具体的には利用者への「配慮（気配り）」という形で表明される。配慮は、ときとして接遇などの礼儀作法としてとらえられることが多いが、介護福祉職が支援関係形成のために行う専門性に基づいた配慮は、礼儀作法としての意味合いにとどまらない。礼儀作法は、社会的態度（マナー）であり、こちらがへりくだって相手への謙譲の意を示すことで良好な社会的関係を結びたいという意思表明である。一方、介護福祉職が行う利用者への配慮は、より積極的に利用者に関心を示し、その人の思いを否定することなく尊重して共感する態度をもつことによって、利用者との対等な関係を志向し、相互の信頼関係を強く

していくことを目的として行うものである。

　ロジャーズ（Rodgers, C. R.）が提唱したカウンセリングの一つである[*21]クライエント（来談者）中心療法[*22]における3原則の一つとして、「無条件の肯定的配慮（積極的関心）」があり、先に述べた配慮に共通するものである。また、これが「受容」とよばれているものの本態であるともいえる。

　もう一つの原則に、「共感的理解」がある。これも、よりよい支援関係を形成していくための基盤となるものである。共感的理解では、利用者の過去の出来事や情報ばかりに集中するのではなく、目の前にいる利用者をよく観察し、利用者の言葉、口調、動作など「今、ここ」で起こっている事実を大切にして、利用者の気持ち、状況などに関心をもつことから始まる。利用者が何に対して、どのように感じているのか、「あたかも」利用者が体験しているのと同じように思いを感じ取り、それを共有することで共感が成立する。

　この共感的な理解において重要なのが、「積極的傾聴」である。これは、介護福祉職が身に付けるべきコミュニケーション技術の中でも、支援関係形成において最も重要視されるべきものといえる。傾聴は、利用者の話の腰を折ったり、水を差したり、早とちりせずに、真摯に利用者の話に耳を傾け、言葉そのものの意味だけでなく、利用者の感情や価値観なども感じ取ろうとすることである。

　利用者の話を真剣に聴くことは、介護福祉職の聴く態度にも表れる。例えば、うなずきや相づちは、利用者の話に同意したり感嘆したり話を促したり、そのタイミングや振り方の強さなどによって、聴いてもらえている、理解してもらえているという利用者の実感につながる。それ以外にも、表情やアイコンタクト、身ぶり、声の抑揚、声の速さ、間の置き方、沈黙などあらゆる非言語的コミュニケーションが、傾聴しているか否かを利用者に伝えるもとになる。

　積極的傾聴は、こうした聴く技術だけでなく、質問の技術も重要になる。基本となるのは、介護福祉職の推測で「〜に違いない」と勝手に解釈をせずに、利用者本人に質問しながら、何が起こっているのか、それに対して何を考えているのか、具体的に聞き出すことである。

　また、利用者のペースに合わせることも共感的理解をする上で必要である。具体的には、利用者の呼吸・声・言葉・姿勢などに支援者が意図的にペースを合わせていく。ただし、利用者に対して高齢者だから、障害者だからといったレッテルを貼り、常にゆっくりしたペースを意識す

*21
クライエントとは、カウンセリングなど相談を主とした支援を行う専門領域において、支援者に相談を依頼してきた人をよぶことが多い。本書では、介護福祉場面における「利用者」のことと読み替えて差し支えない。

*22
クライエント（来談者）中心療法（Client-Centered Therapy）は、ロジャーズが創始・提唱した心理療法の一つ。ロジャーズは、不適応や精神疾患は、自己概念と経験的自己の不一致から生じると考え、真の自己と対話することで成長や適応に向かうとした。この過程を支援するカウンセラーには、次の3つの態度が求められる。
①無条件の肯定的関心
②共感的理解
③自己一致（純粋性・真実性）

第4章

　るといった固定的な考えでは、個別の利用者との共感は実現しない。利用者を個別に観察した上で、そのつどペースを合わせることが重要である。

　また、利用者に対してねぎらいの言葉をかけることは、支援関係において必要不可欠である。ねぎらいは、利用者全体を肯定する態度である。ねぎらいの気持ちを介護福祉職がもつには、利用者の言動への理解が必要である。理解の前提となる考え方として、利用者は自分なりに工夫や努力を続けている人であり、すべての行動には肯定的な意図があり、役立つ場面があるととらえることで、利用者への敬意が生み出される。

　利用者が置かれている状況をしっかりと把握し、その状況において利用者がとっている行動や抱いている気持ちに共感して理解を示すことが、ねぎらいである。ねぎらいには、①プロセスをねぎらう（「気が進まないのに、がんばって自分でやろうと努力されたのですね」など）、②支援者が感じた利用者への敬意を率直に伝える（「そんな大変な状況で、よくやってこられたと感心しています」など）、③利用者への期待を伝える（「○○さんには期待しています」など）といった、さまざまな形が想定される。

（2）支援関係を形成するための原則

　よりよい支援関係には、共感的理解や積極的傾聴といった技術は必須条件となるが、その前提として支援関係の基本的態度が重要な要素となる。バイステック（Biestek, F.P.）は、支援者と利用者との援助関係をよりよいものにするための支援者がふまえるべき原則を提唱している（表4−2）。彼は、カトリック教会の司祭であると同時に、ソーシャルワーク博士号を取得し、大学教員にもなった人物である。厳密にいえば、このバイステックの原則はケースワークという相談面接を手段としたソ

〈表4−2〉バイステックによる「援助関係を形成する7原則」

新　訳	従来の訳
クライエントを個人としてとらえる	個別化
クライエントの感情表現を大切にする	意図的な感情表出
援助者は自分の感情を自覚して吟味する	統制された情緒的関与
受けとめる	受容
クライエントを一方的に非難しない	非審判的態度
クライエントの自己決定をうながして尊重する	自己決定
秘密を保持して信頼感を醸成する	秘密の保持

注：「援助」「クライエント」は出典のままとする。
（出典）F. P. バイステック、尾崎　新ほか 訳『ケースワークの原則〔新訳改訂版〕−援助関係を形成する技法』誠信書房、2006年、27頁をもとに筆者作成（新訳と従来の訳を統合）

ーシャルワークにおける原則であり、介護場面を想定したものではない
が、その内容は介護福祉職にも共通した原則であるといってよい。これ
らの原則を守ることで、利用者との信頼関係を深め、自立という目的に
向けてよりよい支援関係を形成することができる。

　以下、このバイステックによる「援助関係を形成する7原則」について、
介護における利用者とのかかわりから見ていく。

❶「クライエントを個人としてとらえる（個別化）」

　この原則では、利用者一人ひとりがそれぞれに異なる「その人らしさ」
を有していると認めて理解し、それぞれの利用者に合った支援の原則と
方法を適切に用いることを求めている。ただし、この原則はそうした抽
象的な理念にとどまらず、支援場面でプライベートに配慮したり、約束
の時間を守ったり、支援に向けて事前に準備をしたり、利用者のもてる
力を活用したりするなど、利用者の個別性に応じた利用者主体の支援を
意味しているといってよい。（1）で述べた肯定的配慮（積極的関心）は、
この原則を体現したものである。

❷「クライエントの感情表現を大切にする（意図的な感情表出）」

　この原則では、介護福祉職は利用者の感情表現を妨げたり、非難する
のではなく、介護という目的をもって耳を傾けることを求めている。と
きには、利用者が感情を表出しやすいように積極的に刺激したり、励ま
すことも大切である。

❸「援助者は自分の感情を自覚して吟味する（統制された情緒的関与）」

　この原則では、支援者である介護福祉職の感情のもち方について述べ
ている。まずは利用者の感情を理解し、介護という目的を意識しながら、
適切な形で反応することを求めている。介護福祉職は、自分の感情を無
意識に利用者に投げかけることは慎む必要がある。

❹「受けとめる（受容）」

　この原則では、利用者の好感をもてる態度ともてない態度、肯定的感
情と否定的感情、建設的な態度・行動と破壊的な態度・行動など、利用
者のありのままを感知し、利用者全体にかかわることを求めている。先
に述べた肯定的配慮（積極的関心）という意味にあたる。ただし、利用
者の社会的に逸脱した態度・行動を認めることではない。介護福祉職の

第4章

価値観で善悪を判断することなく、ありのままの現実を、関心をもって把握するという意味である。

❺「クライエントを一方的に非難しない（非審判的態度）」

この原則では、利用者のもっている判断基準を多面的に評価していく必要はあるものの、介護福祉職の価値観で善悪を判断し、処罰や責任追求などの判断をすることがないよう求めている。注意すべきは、介護福祉職が内面で考えたり感じたりしていることが表情や態度に反映され、それらは利用者に自然に伝わるものであることを意識する必要があるということで、利用者理解による「受容」を促進することがこの原則の実現にもつながるといえる。

❻「クライエントの自己決定をうながして尊重する（自己決定）」

この原則では、利用者が自ら選択し決定する自由と権利をもっていることを、介護福祉職が具体的に認識することを求めている。また、利用者が活用できる資源を、地域や利用者自身の中から発見して、その資源を活用する力を高める支援もこの原則に含まれる。

❼「秘密を保持して信頼感を醸成する（秘密の保持）」

秘密の保持とは、法律に規定される個人情報保護という視点とは異なり、利用者が専門的な支援関係の中で開示する秘密の情報を、介護福祉職がしっかりと保全することをさす。この原則は、介護福祉職の倫理的な義務でもあり、介護サービスの効果を高める上で不可欠な要素である。しかし、利用者本人や他者に不利益や何らかのリスクを生じさせる恐れがある場合には、上司や同僚、あるいは他の専門職とも必要な情報を共有し、必要な対処方法をチームとして検討していくことが重要である。

これらの原則すべてに共通することは、利用者が尊厳を保持して自立した日常生活を営むことができるように支援するという介護の目標を常に意識しながら、これらの原則に基づいて利用者とのよりよい支援関係を築いていこうとする認識を常に自覚する必要があるということである。

参考文献
● F.P.バイステック、尾崎　新ほか 訳『ケースワークの原則〔新訳改訂版〕－援助関係を形成する技法』誠信書房、2006年

📖**BOOK**

学びの参考図書
● 竹内孝仁『医療は「生活」に出会えるか』医歯薬出版、1995年。
　ADLや役割、主体性といった概念の、介護における展開の可能性について具体例をもとに論じられている。利用者にとって「日常生活」とはどのような意味をもっているのかという「生活論」を検討する際に参考となる書籍である。

第5章
コミュニケーション技術

学習のねらい

　介護は、利用者の身体に直接ふれながら同時にその人の「思いや気持ち」にふれながら支援していく活動である。適切なコミュニケーション技術を用い、利用者と気持ちを共有しながらかかわることによって信頼関係を深めていくことができる。

　よりよい支援関係を形成するためには、利用者を理解しその人に応じた適切なコミュニケーション技術を活用できるようになること、さらには支援にかかわる介護福祉職間、多職種間の連携・協働が必要不可欠である。

　そのために第1節「コミュニケーションの基本」では、コミュニケーションの意義と目的、役割を学び、その基本的技術と具体的支援場面での活用について理解する。

　第2節「介護におけるチームのコミュニケーション」では、介護におけるチームのコミュニケーションと情報の共有化、具体的な方法を理解する。

第1節 コミュニケーションの基本

コミュニケーションは、意識的に、あるいは無意識のうちに情報を伝え受け取るなかで、感情を共有し関係性を築いていく活動で、人が生きていく上で欠かすことができない基本的な活動である。

1 コミュニケーションの意義、目的、役割

コミュニケーションは基本的な活動であり、人と人が出会った瞬間から始まっている。まずは、出会った瞬間の第一印象で、無意識のうちに双方から自然な形で自己表現を発信し受け取っている。これを、非言語的コミュニケーション（ノンバーバルコミュニケーション）という。

次に、「あいさつ」という言葉を双方が発し受け取っている。これは、言語的コミュニケーション（バーバルコミュニケーション）である。さらに、このあいさつとして発した言葉には、声の大きさやトーンなどの違いがあり、これを準言語的コミュニケーション（ノンバーバルコミュニケーションに含まれる）という。

このように、コミュニケーションには、伝達経路（チャンネル）がある（**表5−1**）。出会った瞬間から無意識と意識的なレベルでの情報伝達を繰り返すコミュニケーションが始まり、このことを通して、お互いの感情を共有し理解を深め関係性を築いていく。このことを日々の生活の中での出来事を通して思い浮かべてみると、コミュニケーションが自然に行われていることをあらためて感じることができる。

伝達経路からみると、ノンバーバルコミュニケーションである言葉以外のコミュニケーションによって伝達されることは、バーバルコミュニ

〈表5−1〉コミュニケーションの伝達経路（チャンネル）

●バーバルコミュニケーション
・言語的コミュニケーション
　　会話、筆談、手話、メールなど
●ノンバーバルコミュニケーション
・準言語的コミュニケーション
　　言葉の強弱・アクセント・抑揚・スピードなど
・非言語的コミュニケーション
　　表情、姿勢、服装、アイコンタクト、しぐさ、ボディランゲージ、ボディタッチ、対人距離など

（筆者作成）

ケーションである言葉がもつ意味よりも多い。「暑い」「しんどい」「怖い」などの言葉を、ノンバーバルコミュニケーションを意識して発すると、その伝わり方の違いが実感できる。

　例えば、「うるさいよ」と発言した際、穏やかに小さな声で伝えるのと、きつい口調で大きな声で伝えるのでは、伝わり方が異なる。このように、ふだん私たちは、無意識にノンバーバルコミュニケーションを発信しているが、発信者にその気がなくても受け手によっては「きつい口調で怒られた」と受け取られることもある。そのため、コミュニケーションにおいては、十分に相手のことを考慮したノンバーバルコミュニケーションを意識して発信することが大切である。

（1）介護におけるコミュニケーションの意義

　介護におけるコミュニケーションの対象は、利用者と利用者を中心とした周りの人々（家族・親類・近隣住民・友人など）や、利用者支援に携わる多くの専門職など多岐にわたる。

　これらの利用者や利用者を取り巻く人々と、円滑にコミュニケーションを図ることによって良好な人間関係を形成し、利用者の情報や目標を共有する。このことを通して、利用者が望む生活の実現に向けた支援につなげることが、介護におけるコミュニケーションの意義である。

（2）介護におけるコミュニケーションの目的

　介護におけるコミュニケーションの目的を、対象別に整理する。

❶利用者とのコミュニケーションの目的

　利用者とのコミュニケーションは、介護において必要不可欠である。まず、このコミュニケーションにおいては、情報を収集しアセスメントを繰り返す中で、利用者理解を深め感情が共有でき、「安心できる環境」「相談しやすい環境」が整い、信頼関係（ラポール）が築ける。このことにより、利用者は心の奥にある真の思いを語ることができる。

　そして、日常生活場面で、利用者は介護者に安心して身を任せることができ、利用者に合わせた介護の提供につながる。また同時に、いつもと違うことに気付くことができ異常などの早期発見につながる。

　さらに、利用者に合わせたコミュニケーションにより、利用者の尊厳が護られ、その人らしさを大切にした質の高い介護が提供でき、「自己実現」[*1]につながる。このように、コミュニケーションの目的は段階的に

*1
アメリカの心理学者マズロー（Maslow, A.H.）による欲求5段階説の最上位の欲求で、最も人間的な欲求のこと。

〈図5－1〉利用者とのコミュニケーションの目的と展開

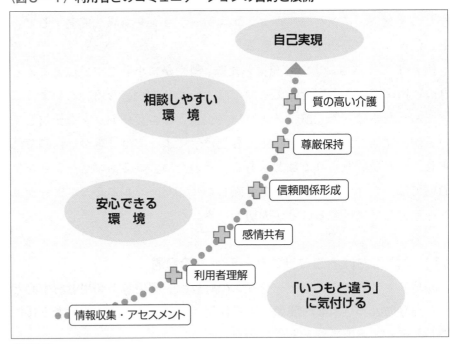

（筆者作成）

高めていくことができる（**図5－1**）。

❷家族とのコミュニケーションの目的

　利用者にとって家族の存在やかかわりはそれぞれ異なるが、長年一緒に過ごした夫婦の場合にはお互いがお互いを必要とする愛すべき存在であり、子どもはこの世の中において自分以上に大切な存在となっている場合が多い。しかし、現代では家族の形態も多様化してきており、戸籍上や血縁関係だけで判断することはできない。利用者にとって「家族」と思える関係かどうか、このこともふまえて、「利用者の家族」をとらえておくことが必要である。

　介護福祉職は、利用者の家族と良好なコミュニケーションがとれることで、利用者と家族間の人間関係を調整し、家族の思いを理解でき、家族が抱える悩みや不安などへの家族支援につなげることもできる。そして、家族から利用者の新たな情報を得る機会にもなる。

　さらに、介護福祉職が家族と良好な関係を築けることが、利用者の安心感にもつながる。

❸多職種とのコミュニケーションの目的

　介護福祉職が多職種（介護支援専門員〔ケアマネジャー〕、看護師、

理学療法士、作業療法士、管理栄養士、医師など）とのコミュニケーションを図ることで、それぞれの専門的な立場からの情報が得られる。利用者支援の目標（ゴール）が多職種で共有でき、利用者の望む生活に向けた支援につながる。

❹介護福祉職間のコミュニケーションの目的

　介護福祉職間では、円滑なコミュニケーションにより、利用者や業務に関する多くの情報が共有できる。そして、良好な人間関係が形成されることで、ストレスが軽減し働きやすい職場環境につながる。このような働きやすい職場環境が、介護の質の向上に影響を与える。

　反対にコミュニケーションが円滑に図れない場合は、人間関係をうまく築くことができず、強いストレスを抱えることにより、介護の質の低下を招くことがあり、離職につながることもある。

（3）介護におけるコミュニケーションの役割

　コミュニケーションは無意識にも行われる活動であるが、介護におけるコミュニケーションは必要不可欠であり、利用者主体を意識し、利用者と利用者を中心とした周りの人々との情報交換や感情の共有、人間関係の形成から、利用者の自己実現に向けた支援につなげていく役割がある。さらに介護福祉職にとっては、他者との関係性の中から他者の感情や思考を知り、自分自身の考えを深めるなど、自己理解や自己の成長につながる役割もある。

❷ 介護場面におけるコミュニケーション技術（基本的技術と留意点）

（1）コミュニケーションの基本的技術

❶傾聴・受容

　話を「聞く」のではなく「聴く」ことが重要で、よき聴き手になり、「傾聴」することが大切である。

　「傾聴」は、コミュニケーションの基本的な技法の一つで、相手から「わかってもらえた」「理解されている」と感じてもらえる聴き方である。そのためには、自分主体ではなく相手主体に、相手の立場に立って考えられる価値観を身に付けておくことが重要である。

　そして、相手が話しているときはうなずくなどの非言語的コミュニケ

ーションを意図的に発するとともに、相手が発した言葉を否定せずに「受容」する言葉と、話のポイントを相手に伝えることが大切である。否定と受容の例として、利用者が「死にたい」と発した場合、「そんなことを言わないでください」と否定しないで、「死にたいぐらいつらい思いをしているのですね」と受容するということである。このように傾聴し受容することにより、話をよく聴いていることが相手に自然に伝わる。

❷共感

アメリカの心理学者イーガン（Eagan, G.）によると、「共感」は第一次共感と第二次共感の２つのレベルに分けることができ、第一次共感を「基本的共感」といい、第二次共感を「深い共感」という。

第一次共感は、相手の話したことから、そこに含まれている思いを受け止め、それを言葉にして応答する技法である。

第二次共感は、相手が言葉として表出していない心の中の思いも含めて洞察した上で応答する技法である。共感を意識的に相手に伝えることで、相手は「言葉に表出していない思いまでくみ取ってくれた」と感じ、このことが深い信頼関係の形成につながっていく。

共感を深めるための技法としては、イーガンが示したSOLER（ソーラー）の技法がある。「あなたに十分関心をもっている」と、相手に自然に伝えることができる身体面の５つの動作のことである。

S（Squarely）：相手とまっすぐに向き合う
O（Open）：腕組みなどの防御をしないで、開いた姿勢をとる
L（Lean）：相手のほうへ少し身体を傾ける
E（Eye contact）：相手と適度に視線を合わせる
R（Relaxed）：リラックスして話を聴く

❸納得・同意を得る上での技法

利用者が考えを整理して問題に向き合えるよう、納得・同意を得るためのコミュニケーションの技法の基本として、明確化、焦点化、要約、直面化の４つがある。

①考えや疑問を明らかにする技法

・明確化の技法：相手の話す内容にまとまりがなく具体的でない場合に、質問をして、相手にその内容をはっきりさせる技法。

・焦点化の技法：話したい内容に焦点を合わせて受け止め、話の内容を整理して、重要な点を相手に返す（フィードバック）技法。

・要約の技法：話の内容・意味・感情などを総合的に理解し、要点
をまとめて相手に伝える技法。
②問題に向き合い取り組むことを促す技法
・直面化の技法：今現在の言動が今後及ぼす結果や影響について伝
え、相手が深く考え、行動するきっかけをつくる技法。

❹質問の技法の種類
①閉じられた質問（クローズドクエスチョン）
　相手が「はい」か「いいえ」で、あるいは2～3語の短い単語で
答えられる質問の仕方。
②開かれた質問（オープンクエスチョン）
　自由に話して回答を得るときに用いる質問の仕方。
③重複する質問
　1つ質問をして同時に異なる質問をする質問の仕方。また、2つ
の選択肢を提示して選んでもらう質問の仕方。
④矢継ぎ早の質問
　答えが返ってこない間に、続けて次々に質問をする質問の仕方。
⑤評価的な質問
　自分自身の価値判断に基づいて質問をする質問の仕方。

（2）コミュニケーションの留意点

　介護場面では、コミュニケーションの基本的技術を、コミュニケーションの対象となる利用者やその家族の状況などに合わせて、臨機応変に活用することが重要である。その中で、介護福祉職として心がけておくべき、以下のような留意点がある。
・相手を大切な存在として位置付け、深く知りたいと思う。
・相手が主体であることを意識して、相手に合わせる。
・状況に応じて質問の技法を選択して用いる。
・自己の価値観を押し付けず、相手の答えを尊重する。
・相手の答えを誘導するような質問は避ける。
・相手が回答を嫌がる場合は無理やり答えを求めない。
　コミュニケーションが円滑に図れない場合について、これらの留意点を振り返ってみると、円滑に図れない理由がわかることが多い。例えば、笑顔になってほしいと思い声をかけて怒られた場面を想像してみると、相手に笑顔になってほしいからと、知らず知らずのうちに自分の気持ち

を押し付け、相手が主体ではなく、自分が主体になっていたと考えられる。自分が求める答えを期待するのではなく、あくまでも相手が主体で、相手が何を求めているかが重要である。

3 コミュニケーション障害のある人への対応

　コミュニケーション障害とは、言語・視覚・聴覚・認知機能などに何らかの支障があることによって、情報のやりとりに障害を来し、コミュニケーションが成立しない状態をいう。このような場合は、その障害を理解した上で、その人なりの障害の特徴に合わせてコミュニケーションの図り方を工夫することが大切である。

（1）言語障害
❶失語症
　大脳の言語中枢の損傷により、「話す能力」「聞いて理解する能力」「読んで理解する能力」「書く能力」に支障が生じた状態を「失語症」という。言語中枢の損傷部位により、失語症のタイプと障害の特徴は異なる。

　運動性失語[*2]（ブローカ失語）は、話す能力の障害が重く、言いたいことが話せず、たどたどしい話し方になる。一方で、感覚性失語[*3]（ウェルニッケ失語）は、聞いて理解する能力の障害が重く、流暢で多弁であるが錯語（言い誤り）が多い。さらに、全失語は、書く能力や読んで理解する能力の障害が重く、あいさつや残語（限られたいくつかの言葉の繰り返し）は可能であるが、相手の言うことが理解できない。

　失語症の人とのコミュニケーションでは、声をかけても返答がない、質問したことと異なる返答がある、話している言葉の意味が理解できないなど、コミュニケーションをとってしばらくしないと気付かないことが多い。そのため、相手の表情や話し方などノンバーバルコミュニケーションをよく観察し、時間をかけてその人にとって理解できる方法を確かめながらコミュニケーションを図ることが大切である。

【留意点】
・話すことができないからと、安易に文字盤を使わない。
・筆談の際に、漢字のほうが意味の違いが伝わりやすいこともあり、安易に平仮名で書く方法を選択しない。
・自尊心を傷付けないように、子どもに話すような言葉を使わない。
・伝えるときは、一気にすべてを伝えない。

＊2
言葉の理解はできるが、言葉を発することができない失語である。

＊3
言葉の理解はできないが、発語は滑らかである。言い間違いや造語が目立つ場合がある。

・孤立しないように、他者との会話の橋渡しをする。

・相手に完璧な発語を求めない。

・相手が話したいことを推測しながら聴く。

【工夫する点】

・伝わらないときは、繰り返し伝える。

・一音ずつ区切らない。

・普通の声の大きさで、ゆっくりと伝える。

・閉じられた質問（クローズドクエスチョン）や、カードなどを活用して伝える。

・ジェスチャーなどノンバーバルコミュニケーションを活用する。

・相手が話しやすい言葉の発語を促す。自分の名前など習慣的な言葉や具体的な物の名前、歌、「いろはに」などの順列の言葉、「うん」「いや」などの感動詞（応答）、など。

❷構音障害

発声は、肺から吐き出された呼気を使って、喉頭にある声帯を振動させて音声をつくり出す。*4 この音声をもとに、さまざまな構音器官（口唇、舌、口蓋など）によりつくり出されるのが構音であるが、正確な構音ができない場合や、語音をつくる過程の障害を「構音障害」という。

構音障害の主な症状は、ろれつが回らず発音がはっきりしない、声が出にくい、声がかすれる、大きな声が出ないなどである。そして、語音を他の語音と置き換えて発音することや、サ行音がタ行音やシャ行音に、ラ行音がダ行音あるいは抜かして構音する場合などがある。例えば、「サンマイオロシ」が「シャンマイオロシ」に、「ラクダ」が「ダクダ」になるなどである。

言葉が聞き取れなかったときにあいまいな返事をすることは、相手を深く傷付けるだけでなく、トラブルにもつながる。相手の発した言葉を理解したいと強く思い、相手の発する言葉が理解できるよう心がけて聴くなど、真摯に相手と向き合う姿勢が大切である。

聞き取れなかったときは、正直に「聞き取れなかったので、もう一度ゆっくりお話しください」などと、聞き取れなかったことのお詫びの言葉とともに、もう一度話してほしい気持ちを伝える。どうしても聞き取れない場合の工夫として、書字が可能な場合は筆談する。*5 ジェスチャーや五十音表、音声機器（トーキングエイドなど）等を用いることもある。*6 *7

また、語音が置き換わることを理解し、推察しながらよく聴き、「○

*4
この動きが妨げられた状態を発声障害という。

*5
文字を書いて情報を伝えること。

*6
五十音を一枚のカードなどに書いたもの。

*7
キーボードに文字を入力すると音声出力される会話補助装置。

○ですか」と自分が聞こえた言葉を相手に伝える。

（2）視覚障害

　人が五感（視覚・聴覚・触覚・嗅覚・味覚）で受け取る情報量のうち、7〜8割は視覚情報だといわれている。視覚機能に障害がある場合のコミュニケーションでは、主に聴覚に頼ることになるため、言葉の使い方が大事になる。

　視覚障害がある人の立場に立ち、見えないことや見えにくいことを意識して言葉を選択する必要がある。「あれ」「これ」「それ」「どれ」など、見えていることを前提にして用いる言葉は使わないようにする。また、後ろから急に声をかけたり、複数で話しかけたり、大きな声を出したりすると、不安を与える。必要なことを、具体的な言葉でわかりやすく伝えることが大切で、情報量が多すぎてもわかりにくい場合がある。

　さらに、誰に対して声をかけているのかわからない場合があるため、先に名前を呼んでから用件を伝える。例えば、歩行介助の場合は「○○さん、左に曲がります」などと、名前を呼んでから具体的な方向を伝える。

（3）聴覚障害

　人が五感で受け取る情報量のうち、1〜2割が聴覚情報だといわれている。聴覚に障害がある場合のコミュニケーションでは、音から情報を得ることがむずかしく、視覚に頼ることになる。手話[*8]、口話[*9こうわ]、筆談などの手法を用いることが多い。

　これらの方法は、人によって組み合わせて用いることが多く、聴覚障害がある人の立場に立ち、聞こえないことや聞こえにくいことを意識して、相手が望む手法を理解する必要がある。また、口話の場合は、相手が見える位置で、口を大きく開けてゆっくりリズミカルに、目線を合わせて表情豊かに話すことを心がける。

（4）認知症

　認知症[*10]の中核症状として、短期記憶障害、見当識障害、判断力低下、実行機能障害、失語・失認・失行があり、精神的に不安定になると行動・心理症状（BPSD：Behavioral and Psychological Symptoms of Dementia）が出現する。行動症状として、暴言・暴力・弄便[*11ろうべん]・徘徊[はいかい]・異食・夕暮れ症候群などがあり、心理症状として、抑うつ・妄想[*13]・幻覚[*14]・睡眠障害などがある。

---

*8
手指動作を使う視覚言語のこと。

*9
口の動きから言葉を読み取ること。

*10
本書第4章第1節2（4）参照。

*11
便を素手でさわったり、衣服にこすりつける行為のこと。

*12
夕方から夜間にかけて、焦燥、攻撃性、妄想的言動、徘徊などが増悪すること。

*13
現実にはあり得ないことを信じ込んでしまうこと。誤ったゆるぎない信念から、「財布を盗られた」などの被害妄想がある。

*14
実際にはないものをあるように感じること。視覚、聴覚、嗅覚などさまざまな感覚で現れる。

　その人にとってわかりやすい言葉でコミュニケーションを図ることや、精神的に安心できるかかわり方、環境の提供によって、BPSDは軽減し、中核症状の進行が緩やかになる。反対に、その人にとってわかりにくい不適切なコミュニケーションをとることや、精神的に不安定になるかかわり方によってBPSDは悪化し、中核症状の進行が加速するといわれている。そのため、認知症の人へのかかわり方はとても重要である。

　相手を不安にさせないためのコミュニケーションとしては、①うそをつかない、②否定しない、③ごまかさない、④子ども扱いしない、⑤怒らない、⑥押し付けない、⑦あきらめない、⑧わかりにくい言葉を用いない、などに留意することが必要である。

　一方、精神的に不安定になる要因としては、落ち着かない場所などの環境的要因や体調不良などがあるが、個別性が強く、一人ひとり理由（不安要因）が異なる。そのため、BPSDがみられる場合は、その人なりの理由をコミュニケーションによって理解し、理由が把握できたら、その不安要因が軽減するようなコミュニケーションをとり、安心感が得られるようにかかわることが大切である。

　さらに、不安要因が軽減した段階で、その人が安心できるコミュニケーションをとる。その例に、認知症を患っても理解しやすい話題として、長期記憶を活用して思い出にはたらきかけるというコミュニケーションの展開（回想法の活用）がある。その際、一人ひとりの生活歴を盛り込み、コミュニケーションの基本である傾聴・受容・共感を意識し、昔の思い出を話してくれたことへの感謝の気持ちやほめる言葉も積極的に伝える。さらに、質問攻めにせず、相手を尊重して敬意を払いながら、リラックスして話せるように努める。そうすることで、笑顔で思い出を語ってくれることが多い。

　言葉による問いかけを理解しにくい重度の障害がある場合は、五感を刺激する物として、写真や音楽、映像などを活用したり、非言語的コミュニケーションを意識的に活用したりすることで、相手の思い出が一瞬にしてよみがえることもある。このようなコミュニケーションが展開できれば、安心感が継続しBPSDは軽減する可能性がある。

　一方で、例えば幻視[*15]に対するコミュニケーションにおいては、基本的な対応は同じであるが、幻視が消えるように対応することが重要である。例えば「虫が天井から落ちてきた」という場合には、「どんな虫ですか」など幻視が悪化するような質問は避け、「虫は払いましたよ」と幻視が消えるように対応する。

*15
実際には存在しないものが見えること。

第2節 介護におけるチームのコミュニケーション

1 チームのコミュニケーションと情報の共有化

（1）チームのコミュニケーションの重要性

*16
『広辞苑 第7版』岩波書店。

　チームとは、辞書によると「共同で仕事をする一団の人」[16]とある。具体的には、ある目的に向かって協働するグループのことをさし、共同で作業する人々の集まりやスポーツの団体競技などが当てはまる。

　このチームの関係を円滑に築いていくためには、かかわる人たちの連携・協働が不可欠となる。例えば、サッカーというスポーツ競技では、11人でチームを構成し、1つのボールをめぐって相手チームと攻防を繰り広げるが、皆が同じ動きをするわけではない。フォワード、ミッドフィルダー、ディフェンダー、ゴールキーパーとポジションが分かれ、それぞれの基本的な役割や専門が決まっている。ゲームの際には、それぞれの専門性を活かして各々の役割を遂行しながら、かつ、他のポジションの専門性を引き出し、チーム全体として機能するようコミュニケーションを図りチーム力を高めている。

　介護においても、介護福祉職だけで利用者の生活を支えていくことは不可能であり、保健・医療・福祉に関係する多くの専門職と、利用者本人、家族、ボランティア等を含めてチームを構成し、それぞれの専門性を活かし合い、連携・協働して支援にあたっている。

　例えば、寝たきり状態にある利用者に対して、離床して座って生活するということを目標にした場合、ベッドから起こして車いすへの移乗を介助するのは介護福祉職であるが、座位をとる上での健康状態の把握、注意点等を医療職に確認して助言を受けたり、あるいはその利用者の有する身体機能を活かした介助法等をリハビリ専門職から助言を受けることもある。また、離床の目的づくりとして、アクティビティ活動や外出支援にかかわるボランティアの力を借りることもある。そして何よりも、当事者である利用者の意思や家族の意向を尊重して支援していくことになる。このように、離床するという目標に向かって利用者本人を中心に、さまざまな専門職や関係者が存在し、チームを形成して支援していることがわかる。

チームによる支援を展開していく場合、何よりもチームのコミュニケーションが求められる。異なる専門性をもつ多職種が連携していくためには、他の専門職がどのような仕事を担い、役割と機能をもっているのかを理解するとともに、それぞれの専門職間において互いを尊重し、信頼関係が築けていることがよい支援を行うための要件となる。

そして、チームメンバー間で目標を共有して同じベクトルに向かって進んでいくことが大切である。それぞれが場当たり的な対応をとると、利用者の混乱を招くことになりかねない。チームのコミュニケーションが円滑に図れ、互いの専門性を活かしながら協働していくことによって、質の高い支援ができるのである。

チームにおけるコミュニケーションを強化し、質の高い支援を展開していくためには、多種多様な専門職の役割と機能を理解し、それぞれの専門職の機能を融合させ、チームとしての機能を最大限に発揮させていくチームマネジメントが必要となる。

このチームマネジメント[*17]は、管理職や介護支援専門員、相談員等がリーダーとなってまとめていくこともあれば、それぞれの専門職種間で合議の上、展開していく方法もある。いずれにせよ、適切なチームマネジメントを行い、チーム力を高めていくことが大切である。

（2）介護における情報の共有化と適切な取り扱い

チームのコミュニケーションを円滑に図り、チームメンバー間で共通した理解をもつためには、何よりも情報を共有していくことが大切である。利用者の身体的・精神的な状況・状態の変化はもちろんのこと、生活に対する希望、抱えている不安や悩み、さらには家族の要望や意向などの情報を随時交換しながら共有していくことが求められる。それにより利用者に対して統一した支援を継続的に提供していくことが可能になるといえる。

介護における情報をチームメンバー間で共有していくための方法には、記録によるもの、申し送りやミーティング時に行われる報告や連絡、会議やカンファレンスの場での話し合いや必要に応じて行われる相談などがある。それらの方法を状況に合わせて適切に選択し、共有化を図っていくことになる。

このようにチームメンバー間で情報を共有していく際には、利用者のプライバシーに関して漏洩（ろうえい）などのリスクが高くなるという問題が生じる。利用者の情報が関係のない第三者に漏れることは決してあってはならな

*17
チームメンバー間のコミュニケーションを強化し、質の高い支援を展開していくために、多種多様な専門職の役割と機能をふまえ、各専門職の機能を調整・融合させていくこと。

第5章

い。チームメンバー間で個人情報保護等のための情報の適切な取り扱いと秘密保持に関する共通理解を図り、十分留意しながら情報の共有を深めていくことが求められる。

　現在、記録のIT化が進み、コンピューターを導入して記録し、保存することが可能である。利用者の情報を一元的に管理することができ、チームメンバー間での情報共有は、施設のみならず、在宅、さらには地域における連携の強化におおいに役立ち、支援の質を向上させていくために必要不可決なものとなっている。しかし一方で、第三者への情報漏洩のリスクがあることを忘れてはならず、セキュリティの強化に努めていくことが必要となる。

2 チームのコミュニケーションの具体的方法

　チームのコミュニケーションを図っていく方法としては、記録、報告・連絡・相談、会議などがある。

　以下に、それぞれの意義や具体的方法を示す。

（1）記録

❶介護の記録の意義

＊18
ソーシャルワークにおける記録については、本双書第10巻第４章第７節参照。

　介護の記録は、利用者に対してよりよい支援をチームとして組織的・継続的に提供していくためのものである。記載された情報はチームメンバー間で共有され、情報の伝達・交換が行われることで、利用者への支援を組織的・継続的に行うことができ、利用者のよりよい生活をつくることが可能となる。

❷介護の記録の目的

　「介護記録」には、利用者の身体的・精神的状態、生活状況や活動状況などが記載される。その内容を振り返り分析を進めていくことで、その人に合ったよりよい支援のあり方を検討することができ、介護の質と専門性を高める上で重要な役割を果たしている。

　また、介護記録は、利用者や家族も閲覧することができるものである。日々の生活の証となり、支援の質を保証するものとなり得る。利用者と介護福祉職をはじめとした多職種、家族をつなぐツールとなって、相互のコミュニケーションを深めることが期待できる。

　介護記録は、さらには教育や研究のための資料となり、また万が一、

介護による事故が発生した場合や訴訟となった場合には、法律上の証拠書類ともなり得るものである。

❸介護の記録の種類

　介護の現場では、さまざまな記録が存在する。介護福祉職が記載する主な記録の種類をあげると、第一に、介護サービス提供に関する「介護記録」がある。利用者の日々の生活状況とともに、行った介護とそれに対する利用者の反応と評価をまとめたものであり、介護内容を検討していく上で最も基本的な情報となる記録である。

　第二に、利用者の健康状態を表す「バイタルチェック表」、食事や水分の摂取量を記す「摂取量チェック表」、排尿・排便の状況を表す「排泄チェック表」などがある。これらの記録を通して客観的な情報をもとに心身の状態を把握し、適切な対応を図っていくことになる。

　第三に、「業務日誌」がある。その日の業務内容、行われた行事やレクリエーション、活動内容などを記載する。

　第四に、ケアマネジメントや介護過程に関連する記録がある。「アセスメントシート」や「介護計画」「実施記録」「評価記録」等があり、これらの記録を検証していくことで、利用者のよりよい生活、よりよい支援のあり方を検討する。

　第五に、その他の記録として、サービスに対する苦情に関する記録、身体拘束や虐待に関する記録、「ヒヤリ・ハット報告書」（インシデントレポート）、「事故報告書」（アクシデントレポート）、会議やカンファレンスの議事録などがある。

❹介護記録の書き方と留意点

「介護記録」を書くにあたっては、次の点を押さえることが求められる。
①誰が読んでも正しく内容が伝わる

　介護場面のそのときどきの状況を読み手に正しく伝えるためには、その場面が具体的にイメージできる再現性のある記録が求められる。

　よく見かける記述として、「不穏が続いた」「気分不快の訴えあり」「体調不良の訴えあり」「暴力行為が見られた」「徘徊が見られた」等々、状況や状態を省略して表現されることがあるが、いずれもそのときの利用者の様子や状態を正確に表現しているとは言い難く、その場面の情景が読み手に詳しく伝わらない。記録の際の表現は、安易な省略は避け、具体的かつ客観的に記述していくことが大切である。

②５Ｗ１Ｈをふまえる

　読み手に必要な情報を正確に伝えていくためには、文章を書くときの基本ともいえる５Ｗ１Ｈ、いつ（When）、どこで（Where）、誰が（Who）、何を（What）、なぜ（Why）、どのように（How）の６つの要素をふまえることが求められる。文章の構成としては、「いつ」→「どこで」→「誰が」→「何を」→「どのように」の順に書いていくとわかりやすく、必要に応じて「なぜ」という理由を加えて記述するとよい。

③事実と推測は区別して示す

　観察から得られた事実をありのままに書くことで、客観的事実を明らかにすることが大切である。しかしながら、客観的事実のみでは記録者がその状況をどのようにとらえ、判断して行動したのかが伝わらない。

　一方で、記録者が「感じたこと」や「思ったこと」は推測であり、そのときの利用者の心情を正確に表しているかは不明である。

　そこで客観的事実に記録者の主観に基づく推測も付け加えておくことが求められる。その際、事実と主観が入り混じってしまうと本質が見えにくくなるため、まずは事実を述べ、その上で推測であることを別に示す工夫が必要となる。

（2）報告・連絡・相談

❶報告・連絡・相談の意義

　介護の現場での報告・連絡・相談は、チームメンバー間でのコミュニケーションを円滑にし、協働して支援を進めていくために必要不可欠なものといえる。報告・連絡・相談が密に行われている組織では、必要な情報の共有が図れ、気持ちを一つにしてチーム全体で利用者の支援や業務にあたることが可能になる。

❷報告・連絡・相談の目的

　報告・連絡・相談は、チームメンバー間の情報共有により支援の質が向上することを目的とする。個々のメンバーが抱える問題や課題を明確にし、相談に対して助言や指導をすることで解決が図られるとともに、個人のスキルアップが期待され、ひいてはチーム全体の力が底上げされていくことにつながる。それにより利用者のよりよい生活を実現することをめざしている。

❸報告・連絡・相談の方法と留意点

①内容を整理して正確に報告する

　報告は、職務上の事柄について、その結果を伝えるものであり、チームのリーダーやメンバーに対して行うものである。また、命令や指示を出した人に対して、その結果報告を行うことなどもある。

　交替勤務制をとる職場であれば、勤務交替時に、次の勤務者に勤務中に起きた出来事や状況の引き継ぎが必要となるため、申し送りとして報告が行われる。

　通常の報告とは別に、トラブルや事故を起こした場合や、利用者や家族からの苦情があった際には、迅速な対応が求められるためすぐに報告することが必要である。

　報告には、口頭で行うものと文書（報告書）で行うものがある。どちらの方法をとることが望ましいのかは、状況によって判断して行うようにする。

　報告の際は、内容を整理して、相手に何を伝えればよいかを明確にして、必要な情報を正確に、かつわかりやすく伝えるように心がける。

　そのためには、まず結論を先に伝え、その後経過を述べると伝わりやすい。経過を述べるときは、先にふれた５Ｗ１Ｈの要素を順序よく押さえて伝えていくことが求められる。

　また、客観的事実とともに、それに対して自分が考えたこと、判断したことなども含めて報告するよう心がける。

②状況に応じて適切な方法で連絡を取り合う

　連絡とは、辞書によると「①互いにつらなり続くこと。②互いに関連すること」とある。この意味から考えると、連絡はチームメンバー間における連携を強め、関係性を深めていくために重要であるといえる。

　介護をしていく上では、多職種同士の連絡のほか、利用者の家族と連絡をとることが多くある。状況に応じて適切な連絡をとり合うことで、円滑なコミュニケーションを築いていくことが可能となる。

　連絡の方法には、対面での口頭によるもののほか、電話、メール、メモなど多くある。連絡する内容、時間帯や相手の都合などを考慮して、連絡方法を選択する。

　連絡内容は、５Ｗ１Ｈの要素をふまえて伝えていくとわかりやすい。

③相談により意見を求め意見を出し合う

　相談とは、支援や業務を進めていく中で、判断に迷うことやわから

＊19
『広辞苑 第７版』岩波書店。

第5章

ないことがあったときに、指示・助言・指導などの意見を求めることであり、そうすることで課題を解決していくことができる。

また、相談を通してお互いの意見を出し合うことで、支援のあり方や仕事の方法を見直し、新たな考えや仕事の方法の改善に取り組んでいくためのきっかけとなることが期待される。

介護現場においては、介護福祉職同士による相談のほか、多職種間で意見を求めたり意見を出したりしながら相談を進めていくことにより、その時々の課題解決を図るとともに、チームとしての力を高めていくことが可能となる。

相談をする際は、誰にいつ相談するのかを考え、相談内容を明確にしてから伝えるように心がける。さらに、相談する相手に内容が的確に伝わるよう、よりわかりやすく説明することが求められるため、必要に応じて資料などを準備して臨むことも大切である。

また、相談した際に受けた助言や指導内容、話し合って決めたことについては記録として残す。チーム全体で共有することが必要な場合は、報告や連絡を通して全体での周知を図るようにする。

（3）会議

❶介護における会議の意義

会議とは、関係者が一堂に会して議論を行い、物事を決定することである。

介護の現場は、多職種のチームメンバー間による連携・協働によって利用者の支援にあたっている。日常の業務の際には、報告・連絡・相談を通してコミュニケーションを図り連携しているが、組織全体で現状の課題や問題を共有したり、またその解決策を検討したりするために会議を開催している。また、今後の方針等を決定する場合にも、会議を開催して全体での議論を進めていくことが大切である。

複数の人が集まることで多くの意見や考えが出されることが期待され、多職種それぞれの専門性に基づく意見をふまえて検討を重ねる中で、最善・最適な決定をすることが可能になる。

❷会議の種類と内容

介護現場においては、利用者への支援に関係するものから施設や事業所の運営、地域の課題に関するものまで、さまざまな会議が行われている。その主な種類と内容は以下のとおりである。

①ミーティング

　それぞれの専門職種内で問題を解決することを目的とした話し合い、各種委員会などの下で行われたりする話し合いなどがこれにあたる。

②カンファレンス[*20]

　利用者の現状の生活課題を明らかにして、今後の目標と介護内容を決定するなど、よりよい支援のあり方を検討する場である。ケアプランや介護過程に基づくアセスメント、計画立案の検討・評価・修正なども行われる。

③サービス担当者会議[*21]

　介護支援専門員が招集し、居宅サービス事業者の担当者が集まり、それぞれの専門的見地から意見を出し合い議論し、支援の方針と目標を決定する。利用者本人やその家族も出席することができる。

④地域ケア会議[*21]

　介護支援専門員、保健・医療・福祉の有識者、民生委員やその他の地域の関係者、関係機関・団体により構成され、市町村または地域包括支援センターに設置される。高齢になっても住み慣れた町でその人らしい生活を継続していくことのできる地域包括ケアシステムの実現に向け、高齢者への支援の充実とそれを支える社会基盤の整備を目的としている。

⑤自立支援協議会[*22]

　地域の障害福祉に関する包括的・予防的システムづくりのため、地域における障害者等への支援体制に関する情報を共有し、地域における障害福祉にかかわる関係者との連携を図るとともに、地域の実情に応じた体制を構築することを目的に設置される。

❸会議運営の留意点

　会議は、ただ関係者が集まり話し合いをすれば結論が出るというものではない。決められた時間内で効率よく中身のある議論を展開していくためには、まず事前の準備が大切である。

　会議の目的を明確にして、あらかじめ議題を提示し、必要な資料があれば配付しておく。参加者は、その資料に目を通し、自分の考えや意見をまとめておくようにする。

　発言する際は要点を絞って行い、人の意見を聴く際は傾聴に努めることが大切である。

　チームメンバーは対等な関係であるということを念頭におき、職種、

*20
本双書第10巻第4章第9節参照。

*21
本双書第3巻第4章第2節5参照。

*22
本双書第4巻第3部第2章第2節4参照。

役職の有無や経験年数にこだわらず積極的に意見を出し合うことが求められる。また、少数であっても優れた意見があることをふまえ、多数の意見に流されることなく、生産的な議論のもとに合意が図られるようにする。

そして、会議で決定したことについては、その後についての振り返りの場を設け、評価することでよりよい支援へとつなげていくことが重要である。

参考文献
● 富川雅美『よくわかる介護記録の書き方 第 3 版』メヂカルフレンド社、2011 年
● 竹田幸司「明快！ 介護記録のツボとコツ」『ふれあいケア』全国社会福祉協議会、2015 年 5 月号・6 月号・7 月号連載
● 京都府社会福祉協議会 監修、津田耕一『福祉職員研修ハンドブック』ミネルヴァ書房、2011 年
● 介護福祉士養成講座編集委員会『最新・介護福祉士養成講座 5　コミュニケーション技術』中央法規出版、2019 年
● 黒澤貞夫・小熊順子 編著『介護福祉士養成テキスト 7　コミュニケーション技術 人間関係の形成と実践技術』建帛社、2009 年
● 川原経営総合センター 監修、大坪信喜『福祉・介護の職場改善 会議・ミーティングを見直す』実務教育出版、2013 年

第6章

介護過程

学習のねらい

　本章では、介護過程の意義・目的を理解し介護過程の実際、チームアプローチのあり方について学ぶ。

　介護過程とは、利用者の望むその人らしい生活の実現に向けて、介護福祉職が行う利用者の生活課題を解決するための科学的介護実践のプロセスである。

　利用者の多様な生活課題に応じたその人らしい生活支援を可能にするためには、「介護過程の専門技術」をもって、介護過程を展開していくことが必要不可欠である。

　そのために第1節「介護過程とは」では、介護を必要とする人の支援における介護過程の意義と目的、その必要性について理解する。

　第2節「介護過程の実際」では、介護過程におけるアセスメント（情報の収集、情報の解釈・関連づけ・統合化）、介護計画の立案、実施、評価のそれぞれの内容を理解する。

　第3節「介護過程とチームアプローチ」では、介護過程における多職種連携の必要性とその実際を理解する。

第1節　介護過程とは

1 介護過程の意義

（1）介護過程とは

　介護過程とは、「利用者の望む生活の実現に向けて、生活課題を解決するために取り組む、科学的介護実践のプロセス」をいう。

　利用者の多様な生活課題に応じたその人らしい生活支援を可能にするためには、「介護過程の展開技術」が介護福祉職の専門技術として必要不可欠となる。それは、介護過程を展開することが、利用者の生活課題を解決するためのプロセスそのものだからである。

（2）介護過程の全体像

　介護過程の全体像は**図6-1**に示すとおり、①アセスメント（情報収集と情報の解釈・関連づけ・統合化）、②介護計画の立案、③実施、④評価、のプロセスで構成される。

　このプロセスを繰り返すことによって、利用者の生活課題の解決に向けた科学的介護実践が可能となり、個別ケアの充実につながっていく。

（3）介護過程の意義

　介護過程の意義は、利用者の抱える生活課題を抽出し、その人の望む生活の実現に向けて支援の方向性や方法等を探究することにある。それによって、利用者それぞれに異なる生活支援において、個別ケアの方向

〈図6-1〉介護過程の全体像

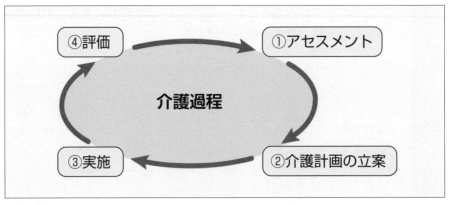

（筆者作成）

性や具体的な介護方法を示すことが可能となり、根拠のある介護実践へとつながっていく。

　それは、今日の社会福祉においてめざされている「個人の尊重」（日本国憲法第13条）を理念に「自己決定権」を保障し、その人のめざす生活や人生の実現に向けて、生活の主体者である利用者とともに取り組むプロセスでもある。

２ 介護過程の目的

　介護過程の目的は、利用者の抱える生活課題を解決し、利用者が自分らしい生活の実現をめざすことにある。今日の利用者像は、加齢に伴う心身機能の低下にとどまらず、多様な健康状態や生活状態にあり、介護の多様化、重度化を呈している。このような利用者像に対して、その人の状態なりに自分らしく生きることを支えるのが目標指向型介護である。目標指向型介護を実践するためには、介護過程の展開に基づく介護実践が不可欠となる。

　図６−１に示したとおり、介護過程は「①アセスメント[*1]」から始まる。ここでは、介護福祉職の気になる点や一部分だけを観察するのではなく、利用者の生活の全体像を把握することが求められる。生活の全体像をとらえるからこそ、アセスメントにおいて何がどのように絡み合い生活課題を引き起こしているのかが明確になる。生活課題が明確になることで、「②介護計画の立案」において課題を解決するための介護目標を設定することができる。

　この段階に至ると、介護目標を達成するために何をどのような方法で実践したらよいのか、介護福祉職の行為として具体化できる。それにより、介護チームの一人ひとりが介護計画に基づく介護実践の「③実施」が可能になる。

　介護目標の達成をめざした介護福祉職の介護の実施は、「④評価」の対象となる。評価とは、介護実践により介護目標がどの程度達成されたのかを判定することをいう。

　このような一連の介護過程の展開によって、利用者の生活課題を抽出し解決する取り組みが可能となり、利用者の心身の状況に応じた個別ケアを提供できる。

*1
ソーシャルワークにおけるアセスメントについては、本双書第10巻第2章第3節参照。

第6章

3 介護過程の必要性

（1）根拠のある介護実践と介護過程

　今日の介護実践に問われているのは、"根拠（エビデンス）のある介護実践"である。それはまさに介護過程の展開に基づく科学的介護実践をさしている。ではなぜ、根拠のある介護実践が求められるのだろうか。

　社会福祉基礎構造改革（平成12〔2000〕年）以降、これまでの介護は「介護」から「介護サービス」へと、位置付けが変わったといえる。社会福祉基礎構造改革では、福祉に対する考え方のパラダイムが大きく転換し、日本国憲法第13条の個人の尊重を法的根拠に「福祉は国民の権利である」と明示された。この考え方をもとに、高齢者福祉の領域では介護保険制度が整備され、介護保険で提供される「介護サービス」として、今日の介護実践は位置付けられている。その介護保険制度では社会保険方式が導入され、保険料の拠出（権利）に見合う介護サービスの提供（義務）が求められている。

　さらに自らの意思によってサービスを選択し利用する、生活の主体者としての利用者像が明示されている。[*2] つまり、介護実践の場において、利用者と介護福祉職は権利／義務の対等な関係で対峙しているともいえる。

　「介護サービス」としての介護実践は、利用者の権利を保障する役割を担っている。そのため、提供された介護実践が「利用者の心身の状態に応じた介護」として適切であるのか、その根拠を示すことが求められる。日々提供される介護実践が、提供場面においてどのような役割を担い、利用者の何につながっているのかについて、介護福祉職が認識できている場合とそうでない場合では介護実践に大きな違いが生じる。そこには、「介護福祉とは何か」「介護福祉の理念や倫理とは何か」を理解していることと合わせ、介護福祉職の専門性が問われることになる。

（2）チームで取り組む介護実践と介護過程

　根拠のある介護実践は、介護福祉職で構成される介護チームという組織によって担われている。そのため、介護チームメンバー全員が利用者一人ひとりの介護実践において何がめざされ、何を、どのようにすることが必要なのか、個別ケアの詳細を共有する必要がある。その共有のツール（道具）として「個別介護計画」を立案し、介護計画に基づく介護実践をチームで取り組んでいく。

＊2
社会福祉基礎構造改革（平成12〔2000〕年）によって、福祉サービスの「利用者」という概念が「社会福祉法」の条文に新設された。旧社会福祉事業法では、「要援護者等」「被援護者等」という語が用いられていたが、これらの用語は、福祉サービスを必要とする者が、自らの意思によってサービスを選択し利用する主体とされていないことを表しているものである。これに対し、「利用者」は福祉サービスを介して事業者と対等な立場にあるものとして位置付けられた。

　日々の実践で、特定の介護福祉職や時間帯に限って計画に基づく実践が行われても、介護目標の達成度を高めることにはつながりにくい。その意味からも、介護実践の時系列的な記録にとどまらず、アセスメントも記入された介護記録の充実が求められる。

　また、実践活動を通しての気付きや疑問点を互いに出し合うケースカンファレンスを開催し、よりよい介護実践へと介護チーム全員で取り組むためのチーム・組織づくりも重要な鍵となる。チーム全体でよりよい介護をめざして取り組んでいるというメンバー間の充実感や専門職としての自信は、チーム全体を活性化しチームメンバーが育つための有用な基盤となる。

　このような介護チームにおいては、メンバー個々に「介護福祉とは何か」を自らの介護実践を通して体得し、高い倫理観が醸成される。先輩が望ましい介護福祉職像の役割モデルを果たすことで、後輩は先輩の後ろ姿を直接的に見たり、かかわり合いをもったりしつつ、自立した専門職として成長することにつながっていく。介護チームにおける介護実践の質をより高めることが、介護福祉職に求められる資質向上の責務といえるだろう。

第2節　介護過程の実際

　ここでは、介護過程における①アセスメント（情報収集と情報の解釈・関連付け・統合化）、②介護計画の立案、③実施、④評価のそれぞれの内容を理解することをねらいとする。

1 アセスメント

（1）情報収集

　情報収集とは、意図的な「観察」により、利用者の生活の全体像をとらえることをさす。何のためにどの情報が必要なのかを考え、利用者のできないこと（マイナス面）だけでなく、その人自身が何かに取り組もうとする気持ちや潜在能力の有無、その人を取り巻く人的・物的環境の強み（ストレングス、プラス面）などに着目し、生活の全体像をとらえる。

*3
本書第4章第1節1参照。

　その代表的なツールとして、国際生活機能分類（ICF）[*3]が推奨されている。

　ICFでは、生活の全体像を以下の6つの構成要素で示している[1]。

・個人因子：その人固有の特徴（年齢・性別、生活歴、ライフスタイル、価値観等）を観察する。

・健康状態：病気やけがだけでなく、高齢・妊娠・ストレス等の生活機能の低下を引き起こす可能性のあるもの、身体系の生理的機能の変調等、すべてを含む広い健康上の問題を観察する。

・心身機能・身体構造：体のはたらきや精神のはたらき、体の一部分の構造の状態を観察する。

・活動：歩行・食事・更衣・洗面・排泄・入浴等の身の回りの行為だけでなく、さまざまな家事行為、社会参加のために必要な行為について観察する。

・参加：仕事（職場）・家庭での役割、地域社会への参加等について観察する。

・環境因子：物理的な生活環境や人的な環境、社会的な環境（医療・保健・福祉・介護などに関するサービス、制度・政策）について観察する。

「観察」には、直接的観察と間接的観察があり、コミュニケーション技術も含めて観察技術を駆使する必要がある。

直接的観察とは、利用者と直接的にかかわり合いをもちながら自己の五感を介して情報を収集する方法である。直接的観察においては、何を観察するのかが意識されていなければ、たとえ事実として顕在化していたとしても、その事実を情報としてキャッチすることができず、表面的で部分的な、正確性を欠く情報収集になりやすい。そのため、専門的知識にバックアップされた意図的な観察能力が求められる。また、このような観察にあたっては、利用者本人及び家族との人間関係が影響を及ぼすため、コミュニケーション能力を高め、信頼関係の構築に向けた取り組みが求められる。

一方、間接的観察とは、記録類やチームメンバー、他の職種からの情報提供等による情報収集をいう。相互にチームの一員としての責任や役割を自覚し、情報の共有を意識した個別記録、ケースカンファレンス記録等を充実するよう取り組む。それらの記録類が情報源として活用され、同時に、チームメンバーや他の職種からの報告・連絡・相談を介した情報の共有が可能になる。このように間接的観察は、チーム及び多職種間のコミュニケーションの良し悪しに影響を受ける。リーダーシップ、フォロワーシップに基づくよりよいチームワークの形成と、多職種間における相互の専門性を尊重し合うパートナーシップが求められる。

（2）情報の解釈・関連づけ・統合化

情報収集のツールや書式はさまざまであっても、専門的知識を活用して、利用者の生活状態にどのような課題が生じているのか、または生じる可能性があるのか、収集した情報を介護福祉の視点から解釈することで、課題を抽出することができる。

この段階で、どの情報がどのような意味を有すると解釈するかによって、次の段階である介護計画立案に大きく影響を及ぼす。アセスメントにおいて、どのような生活課題を有する人ととらえるか（対象理解）が、介護過程の方向性を決めるといっても過言ではない。ゆえに、客観的で妥当性のあるアセスメントを行うにあたっては、多岐にわたる専門的知識を統合して取り組むことが重要である。

ここでは、情報の解釈を進めやすくするために3つのアセスメントの視点を設定している。その根拠2点を以下に示す。

1つめは、社会福祉士及び介護福祉士の義務規定（社会福祉士及び介

第6章

護福祉士法第44条の2、誠実義務）で「その担当する者が個人の尊厳を保持し、自立した日常生活を営むことができるよう（中略）誠実にその業務を行わなければならない」と定められていることである。

　2つめは、21世紀における社会福祉の理念について、「社会福祉の目的は、（中略）個人が人としての尊厳をもって、家庭や地域の中で、障害の有無や年齢にかかわらず、その人らしい安心のある生活が送れるよう自立を支援すること[*4]」とされていることである。

＊4
中央社会福祉審議会社会福祉構造改革分科会、「社会福祉基礎構造改革について（中間まとめ）」（平成10〔1998〕年6月）。

　介護福祉は社会福祉の一領域であるため、社会福祉の理念は介護福祉の理念でもある。つまり、自立支援は介護福祉の理念でもあり、介護福祉職として利用者へかかわる方向性を示している。

　以上のことから、自立支援（その人らしい生活の支援）を上位目標として、その上位目標から中位目標を抽出し、それをアセスメントの視点として紹介する。

❶自立を拡大する視点

　「自立を拡大する視点」の考え方は、利用者のもてる力を最大限発揮しつつ、生活の活性化が図られているかを探る視点である。

　具体的には、生活の営みにおいて利用者がもてる力を発揮できているか、発揮する上で支障・困難な状態はないか、適切な福祉用具の活用ができているか、自己の意思表示ができる状況にあるかなどについて、該当する情報から分析・解釈をする。

❷尊厳を保持し快適さを高める視点

　「尊厳を保持し快適さを高める視点」の考え方は、身体的・心理的な苦痛がなく、一人の人間として尊厳を保持した生活の継続性が図られているかについて探る視点である。

　具体的には、プライバシーや自尊心が保持されているか、これまでの生活スタイルや価値観が維持されているか、その人らしさを損なう状態を招く状況はないかなどについて、該当する情報から分析・解釈をする。

　その人らしい生活の継続に向けては、特に「ライフスタイルに関する自己決定権」と「生命・身体に関する自己決定権」が、福祉サービス利用者の重要な権利である。ライフスタイルとは、1日24時間をどのような生活リズムで過ごすのか、その時間の中で繰り返される生活の営みに対してどのような考え方や方法を生活習慣として、また自分らしさとして獲得してきているのかなどの生活スタイルをさしている。介護を必要

とする状態にあったとしても、日々の生活をどのように過ごしたいのか、利用者の意思を尊重し、その人らしい生活の継続に向けて「ライフスタイルに関する自己決定権」の保障が求められる。

「生命・身体に関する自己決定権」においては、人生の最終段階におけるエンドオブライフケア[*5]に伴う延命治療の拒否をはじめ、何をどのようにしたいのかなど本人の意思を尊重し、自らの人生の完成に向けて「生命・身体に関する自己決定権」を保障することが重要である。

❸安全を守る視点

「安全を守る視点」の考え方は、身体的・心理的・環境的な安全や安心が確保されているかについて探る視点である。

具体的には、健康の状態を悪化させている原因や二次的に悪化を招きそうな状況の有無、生活を営む上でリスクマネジメントを必要とする状況の有無について、該当する情報（利用者の生活の全体像）から解釈する。

以上を、図式化したのが**図6−2**である。

このように、介護福祉の理念をアセスメントの3つの視点に具現化し、情報を解釈して生活課題を抽出したアセスメントの例示を、**表6−1**に整理した。

*5
これまで使用されていた終末期は、病状による医学的判断によって決められるものであり、終末期ケア・ターミナルケアの対象となる時期が、医学的判断によるのに対して、エンドオブライフケアでは、身体的状況による医学的判断だけでなく、本人の選択によっても左右される。人生の最期まで尊厳を保持した意思を尊重した人間の生き方に着目した医療をめざすことが重要であるとの考えにより、人生の最終段階におけるケアをエンドオブライフケアと表記する。平成30（2018）年3月厚生労働省「人生の最終段階における医療・ケアの決定プロセスに関するガイドライン」については、本双書第13巻 第2部 第2章 第6節3を参照。

第6章

〈図6−2〉介護福祉の理念を具現化したアセスメントの視点

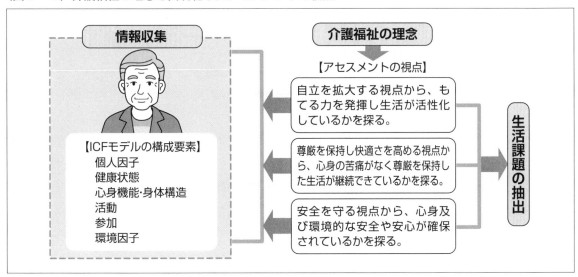

（筆者作成）

〈表６−１〉アセスメントの例示（事例）

アセスメント		
情　報	情報の解釈、情報の関連づけ・統合化	生活課題の抽出
（個人因子） ①Yさん、65歳、男性、会社員（今年度末で退職予定） ②退職後の生活について家族と話題にしている時期に脳梗塞を発症し、リハビリテーション治療等を経て回復したが、後遺症として右片まひ・失語症がみられる。 ③２年前に職場の健康診断で、血圧が高めと指摘され、生活指導を受けたことがある。 ④会社仲間と釣りに行くのが趣味だった。 **（健康状態、心身機能）** ⑤７月に脳梗塞を発症、後遺症（右片まひ・失語症）がある。 ⑥こんな状態で自室から出たくないと言う。 **（活動・参加）** ⑦左手（健側）を使って生活動作を行えるようになったがぎこちない。 ⑧移動はつえを使い、ゆっくりであれば可能だが、見守りが必要。 ⑨排泄は自室にてポータブルトイレ使用。 ⑩家族における夫・父親である。 **（環境因子）** ⑪介護老人福祉施設（ユニット型）に入居して２か月。自宅はマンション７階 ⑫家族は55歳の妻（交代制の仕事）と、33歳の息子（未婚・帰宅が遅い）の３人暮らし。 ⑬週に１回、リハビリテーションに参加している。	**A　自立を拡大する視点** ⑤⑦⑧⑨より、左手（健側）の活用にて新たな生活動作を獲得しようとしている過程にあり、前向きな姿勢がみられる。しかし、⑥の言葉から、自室にこもりがちであり、現在の自分の身体状況を受け止めることができていないことが推察される。家族やスタッフ以外の交流がなく、唯一⑬の利用のみで生活空間が縮小している。⑬で他の利用者と、特に当事者間の交流の機会ができると障害受容のきっかけにもなるのではないか。また他者との交流も増え、生活空間も拡大することにつながるのではないか。 **B　尊厳を保持し快適さを高める視点** ①②④より、老年期の身体状況に応じた生活動作の再獲得、役割の喪失による新たな生活・人生設計が必要であり、⑤の状態なりに自分らしさを取り戻せるよう、⑩⑫の家族とともに支えていく必要がある。 ⑤⑥より自尊感情が低くなっている。そのため、他者と接する気になれず、本来もっている活動的な様子がみられず、自分らしさを損なう状態にあると予測される。また⑤の失語症、ぎこちない動作に対する無力感や喪失感など心理的苦痛が大きくなっているのではないか。 **C　安全を守る視点** ⑦⑧より、動作が不安定となり転倒、転落などの事故の危険性がある。 ②③⑦より、高血圧のコントロールが必要であり、大きな変動をきたすと脳梗塞の再発の可能性がある。	A−１ 生活空間が縮小している。 A−２ 障害の受容ができていない可能性がある。 B−１ 役割の喪失に伴う新たな生きがいを見出せていない。 B−２ 自尊感情が低く自分らしさを損なう状態になっている可能性がある。 B−３ 無力感、喪失感による心理的苦痛が大きい。 C−１ 転倒・転落事故の危険性がある。 C−２ 脳梗塞の再発の可能性がある。

（筆者作成）

２ 介護計画の立案

　　介護計画の立案とは、アセスメントによって明確になった生活課題を解決するために、介護目標の設定と目標達成のための具体的支援内容及びその方法を考え、介護計画として組み立てることである。

　　これは、介護過程の展開における第２段階であり、第１段階のアセスメントで生活課題が明確になることで、介護目標の設定が可能となる。

（1）介護目標の設定

　介護目標の設定にあたっては、まず抽出された生活課題が、どのアセスメントの視点から導き出された課題であるかを再確認する必要がある。

　本節では、「自立を拡大する」「尊厳を保持し快適さを高める」「安全を守る」の３つをアセスメントの視点として提示しており、自立・快適・安全の方向性があいまいにならない目標設定とする。

　目標の表現にあたっては、利用者の生活課題が解決した場合の生活像を予測し、それを文字で表現する。例えば、「安全を守る」というアセスメントの視点から抽出された「動作が不安定で転倒・転落事故の可能性がある」という課題に対して、「安定した動作で転倒・転落を防止できる」という目標設定ができる。その際、介護目標の主語は利用者であることを念頭に設定する。

　また、生活課題の解決に向けた実践が、どの程度の期間をめどに取り組まれるのか、評価が行われる時期を設定する必要がある。その期間によって、長期目標（６か月から１年程度）、短期目標（数週間から数か月程度）を設定し、実践及び評価が繰り返されていく。この介護目標は、**図６−１**の第３段階の介護計画に基づく「実施」における、介護実践の根拠（エビデンス）を示すものとなる。

　また、介護目標は、利用者がめざす生活像でもある。介護福祉職の一方的な介護計画ではなく、本人や家族の意思を反映させ、ともに取り組める計画であることが望まれる。

（2）介護計画の立案

　介護計画の立案にあたっては、生活課題の優先度を検討する。優先度の判断は、身体的・心理的・社会的に利用者の生きる力を損なう程度の大きさや緊急性の高いものによる。

　表６−１に、事例として示したＹさん（65歳、男性）のアセスメントにおいて、次のような生活課題を抽出した。

　Ａ）「自立を拡大する」視点から、A-1：生活空間が縮小している、
　　　A-2：障害の受容ができていない可能性がある。

　Ｂ）「尊厳を保持し快適さを高める」視点から、B-1：役割の喪失に伴う新たな生きがいを見出せていない、B-2：自尊感情が低く自分らしさを損なう状態になっている可能性がある、B-3：無力感、喪失感による心理的苦痛が大きい。

　Ｃ）「安全を守る」視点から、C-1：転倒・転落事故の危険性がある、

C-2：脳梗塞の再発の可能性がある。

以上のA-1からC-2の7つの生活課題について優先順位を考えてみよう。

Yさんの生活がA-1の状態にあるのは、A-2、B-2、B-3のことが関係していると予測される。C-1、C-2も身体の安全面から大切ではあるが、緊急性があるという状況ではない。よって筆者は、A-2、B-2、B-3に対する目標設定を第1位に位置付ける。

A-2、B-2、B-3は、A-2を主にした共通する一つの目標設定で統合できるのではないかと考える。一定の期間を要するだろうと推測されるが、A-2、B-2、B-3の課題解決の過程で、A-1の改善やC-1、C-2の対応も進めやすくなると考え、第2位にC-1、第3位にA-1、第4位にB-1、第5位にC-2の目標設定とし、5つの介護目標を設定した。

このように、アセスメントや介護目標の設定においては、何をどのように考えるかによって、見解は同じではない。だからこそ、直接的・間接的観察が重要であり、関係者間のケースカンファレンスが求められる。

介護計画は利用者がめざす生活像に向かって、介護チームと利用者が共有するための重要なツール（道具）であり、共通理解ができる表現であることが重要である。そのためには、5W1H（いつ／When、どこで／Where、誰が／Who、何を／What、なぜ／Why、どのように／How）を明確にして、共通の用語で共通の理解ができ、共通の行為ができるレベルで明示することが必須である。

介護計画の立案では、医学モデルと社会モデルの統合モデルをもとに考える。[*6] 今日の高齢者像は、生活習慣病や加齢現象に伴うロコモティブ[*7] シンドローム（locomotive syndrome：運動器症候群）、認知症など、何らかの医療サービスを必要としつつ福祉サービスも必要な状態にある人が多くなっている。そこでは、利用者へのはたらきかけと同時に、環境へのはたらきかけが求められる。例示すると、**図6－3**の考え方をさしている。

*6
障害のとらえ方として、医学モデルでは障害は個人の問題ととらえ、解決は治療・リハビリテーションによるとする。社会モデルでは障害は社会によってつくられた問題ととらえ、解決は社会の環境改善によるとする。

*7
平成19（2007）年に日本整形外科学会によって新しく提唱された概念。「運動器の障害のために移動機能の低下を来した状態」を表す。運動器とは、身体を動かすためにかかわる組織や器官のことで、骨・筋肉・関節・靭帯（じんたい）・腱・神経などから構成されている。本双書第14巻第1部第4章第4節7（3）参照。

〈図6-3〉障害をとらえる医学モデルと社会モデルの統合の例示

医学モデルでは、障害は個人の問題

障害を病気・外傷やそのほかの健康状態から直接的に生じるものであり、専門職による個別的な治療という形での医療を必要とするものと見る（障害は異常）。

解決をめざす問題志向型

障害への対処は、治癒あるいは個人のよりよい適応と行動変容を目標とする（解決は、治療・リハビリによる）。

Yさん
脳梗塞の既往あり

2つのモデルを使いこなすことが重要！

社会モデルでは、障害は社会によってつくられた問題

基本的に障害のある人の社会への完全な統合の問題として見る（障害は個性）。

解決をめざす目標志向型

障害への対処は、障害のある人の社会生活の全分野への完全参加に必要な環境の変更を社会全体の共同責任とする（解決は、社会の環境改善による）。

（出典）諏訪さゆり・大瀧清作『ケアプランに活かす「ICFの視点」』日総研出版、2005年、111頁を一部改変

3 実施

　介護過程の第3段階の「実施」とは、介護計画に示された介護目標の達成を意識した介護実践をいう。つまり、介護計画に基づく実施である。

　このような実施ができて初めて、"エビデンスのある介護実践"として成立することになる。エビデンスのある介護実践とは、実施の根拠、さらに実施の根拠である介護目標設定の根拠について、説明可能な介護実践をいう。

　その介護目標が、何を根拠に設定されたかについては、どの情報から抽出された生活課題をもとに設定されたのかを、アセスメントの思考のプロセスをたどることで説明可能である。このように介護過程の展開を逆回りにたどることで、実施の根拠や介護目標設定の根拠を明確にできる（**図6-4**）。

　そして、それらの根拠を明確にして生活課題の解決に向けて取り組む介護実践が「科学的介護実践」である。介護福祉職としての介護実践は、科学的介護実践能力が担保されていることで、専門技術として位置付けることができる。

　今日の介護実践では個別ケアがめざされている。個別ケアにおいては、個別介護計画に基づく介護実践が求められる。一人ひとりの状態に応じたケアを提供するためには、どのような介護目標をめざし、どのように実践するかを、介護チームのメンバーが共通に理解する必要がある。

〈図6－4〉科学的介護実践（実施の根拠を明確にする介護過程の展開）

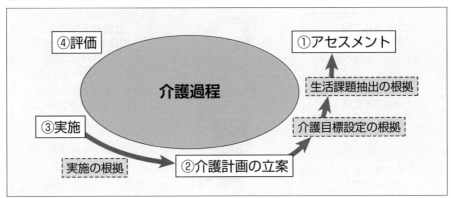

（筆者作成）

＊8
ソーシャルワークにお
ける記録については、
本双書第10巻第4章第
7節参照。

　その上で、介護過程の第3段階「実施」において留意すべき点は、介護実践[*8]の記録である。記録にはその目的に応じて、多様な種類がある。主な記録の種類と目的は、**表6－2**のとおりである。

　表6－2に示したように、介護実践の内容・目的に応じて記録として明文化し保存することで、介護実践の証明としての機能を付加することになる。そのような意義を有する介護記録の記入にあたっては、次の点を押さえることが求められる。

〈表6－2〉介護記録の種類とその目的

種　類	目　　的
フェイスシート	利用者の概要を把握する。
アセスメントシート	利用者とその環境に関する情報を系統的に収集し、それらを分析・解釈することで、介護を必要とする人が抱えている課題を明確にする。
個別介護計画書	利用者の介護目標を設定し、達成のために必要な支援内容・方法を確認する。
経過記録	利用者への介護実践の過程・経過を把握する。
業務日誌	日々の介護業務の概要を把握する。
実施評価表	個別介護計画に沿った実施過程の評価を含め、介護福祉サービス過程全体を評価したもの。
日常介護チェック表	日常的に観察把握が必要な内容について、記録時間の短縮のためチェック形式で記入されたもの。
ケアカンファレンス記録	利用者への適切な支援活動を行うために、関連職種の参加を得て行われる事例検討を中心とした会議の記録。
事故報告書	介護実践の全過程において発生する事故のすべての記録。
ヒヤリ・ハット報告書	利用者に被害を及ぼすことはなかったが、介護の現場でヒヤリとしたりハッとしたことの記録。

（筆者作成）

① 読みやすく、わかりやすく書く：楷書で簡潔明瞭に、読み手が介護場面を具体的にイメージできるように記入する。

② 内容によって記録の形式を変える：５Ｗ１Ｈの要素をふまえ、逐語録記録を活用する。

③ 事実を書く：観察・物証等により確認された客観的事実と、その事実に対する記録者の推測や見解等の主観的事実を記入する。

④ 必要なもののみを書く：何を記録として残すかの判断を要する。

⑤ 介護福祉職の専門性が問われる記録である：介護福祉職の意図的な働きかけと利用者の反応を記入する。

⑥ 社会的責務を自覚して書く：サイン・押印などにより、記録内容の責任の所在を明らかにする。

　以上のように、介護記録は重要であるが、守秘義務、個人情報の保護を念頭におく必要があることを忘れてはならない。

*9
逐語録記録とは、その場の発言を一言一句そのまま記録する方法。それにより言葉のニュアンスや話し手の口調まで再現でき、文字にすることで客観的に把握できる。

4 評価

　第４段階の「評価」とは、利用者の生活課題を達成するために設定した介護目標の達成度を検討することをさしている。

　評価にあたっては、介護目標の設定の根拠となった生活課題の確認と、その生活課題の根拠となった情報（事実）について観察する必要がある。介護計画に基づく介護実践を継続した結果、生活課題の根拠となった利用者の状態・状況にどのような変化が現れているのか、直接的・間接的な観察を行う。また、利用者自身はどのような思いや自覚があるのかなどについても観察を深める。その上で、介護目標の達成度、つまり生活課題の解決程度を判断する。

　介護目標の達成度が低いと判断される場合は、介護計画として組み立てた介護の方法が、利用者にとって適切ではなかったこと、効果的ではなかったことを意味している。そこで、効果的ではなかった背景には何が考えられるのか、ケア自体が利用者の状態に合致していなかったのか、あるいはケアを提供する方法に問題はなかったのかなど、利用者にとどまらず介護サービスの提供体制についても検討し、総合的に目標の達成度が低い原因を探る必要がある。逆に、達成度が高いということは、利用者にとって適切あるいは効果的であったことを証明している。

　介護目標の達成度が低い場合には、再度、介護過程のアセスメントを行い、介護計画の修正が行われることになる。そして一定の期間、修正

第6章

した介護計画に基づく介護実践を継続し、再評価を行うというプロセスを繰り返すことになる。

　この一連の介護過程の展開を繰り返すことによって、利用者の心身の状況に応じた介護実践の質が高まり、それが生活課題の解決につながっていく。

　利用者の状態は常に大小の変化をしており、一定ではない。介護計画を修正することをネガティブにとらえず、介護の質を高めるチャンスとポジティブにとらえ、質の高い個別ケアの提供に向けてチームで取り組むことが求められる。

引用文献

1）大川弥生『「よくする介護」を実践するためのICFの理解と活用－目標指向的介護に立って』中央法規出版、2009年、18～25頁

参考文献

● 障害者福祉研究会『ICF国際生活機能分類－国際障害分類改定版』中央法規出版、2002年
● 上田　敏『ICF（国際生活機能分類）の理解と活用－人が「生きること」「生きることの困難（障害）」をどうとらえるか』萌文社、2005年

第3節 介護過程とチームアプローチ

1 介護過程とケアマネジメントとの関係

（1）介護過程とケアマネジメント

　介護福祉職が介護実践を展開する際に、介護過程に基づいた計画的な実践を展開することの重要性は前述のとおりである。

　介護過程は、「利用者の望む生活に向けて、生活課題を解決するために取り組む、科学的介護活動のプロセス」であり、介護福祉職が、利用者の個別生活支援に取り組む際の思考と実践の過程を表すものである。利用者が尊厳を保ちつつ、その人らしく生活することを支援するという介護の目標を達成するために、利用者の生活全体のアセスメント（情報収集・情報の解釈・関連づけ・統合化）による課題の明確化を行い、介護計画を立案し、それに基づいた介護実践を介護福祉職がチームとして実践し（実施）、介護計画の目標の達成度等を評価・点検（評価）しつつ、継続的に支援を展開していくことであるといえる。

　しかし、ここで注目すべきことは、介護を必要とする利用者が自立的生活を実現するために、さまざまな専門職と家族などの身近な支援者から同時に支援を得ていることが多いことである。介護サービスにとどまらない多様な専門的サービスやインフォーマルな関係者からさまざまな支援が提供されることになる。その際、かかわる専門職や支援者たちが単独で、バラバラに支援を行うことは、利用者がその人らしい生活をすることを阻む結果につながる危険性がある。「利用者の生活ニーズ」を総合的、全体的に把握し、インフォーマルな支援を含めて連携を図りながら、計画的に支援していくことが特に専門職には求められている。[10]

　このような総合的・計画的支援は、介護保険制度や障害者自立支援制度において、制度として組み込まれている。これらの制度は、介護を必要とする高齢者・障害者等に対する在宅における生活を支援する仕組みである。介護保険制度における「居宅介護支援」「介護予防支援」「介護予防ケアマネジメント」や、障害者総合支援法に基づく「相談支援事業」がそれにあたる。また、このような総合的・計画的支援は、介護保険施設や入所型の障害者支援施設においても取り組まれている。

　ここでは、ケアマネジメントを、「多様な生活ニーズがあることにより、[11]複数の保健・医療・福祉等のサービスを組み合わせて利用することが必

*10
高齢者支援における多職種連携については、本双書第3巻第4章第2節参照。

*11
本双書第3巻第4章第3節及び第10巻第4章第4節参照。

要な利用者に対する総合的、継続的支援の方法」としてとらえることとする。

（2）介護過程とケアマネジメントの共通点と相違点

❶介護過程とケアマネジメントのプロセス

　介護過程とケアマネジメントは、生活を総合的にとらえたアセスメントをもとにして支援計画を立案し、それに基づいて支援し評価するという一連のプロセスを展開するという点において共通の考え方をもつものであるといえる。

　しかし、ケアマネジメントと介護過程には、以下の相違点があることに注意する必要がある。

　一般的に、ケアマネジメントの過程は、①入口、②アセスメント、③ケース目標の設定とケアプランの作成（計画の策定）、④ケアプランの実施、⑤利用者及びケア提供状況についての監視及びフォローアップ、⑥再アセスメント、⑦終結、とされている。⑥再アセスメントによって、③計画の策定へと戻るプロセスが継続的に繰り返されることになり、ケアマネジメントの必要性がなくなった場合は、⑦終結へ向かうこととなる（**図6−5**）。

　ケアマネジメントにおける「①入口」では、相談者の出会いの場面（イ

〈図6−5〉ケアマネジメントの過程

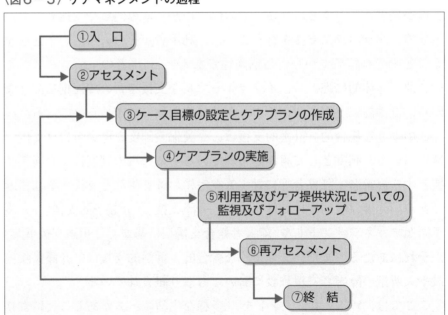

（筆者作成）

ンテーク・エンゲージメント）を経て相談の受付（インテーク）、ケアマネジメントによる支援が必要な人であるかどうかを判断する（スクリーニング）。単独のサービスの提供や支援によって生活ニーズが充足されるなどケアマネジメントの必要がない場合には、情報提供や他機関への紹介等を行うなどの支援を行い、ケアマネジメントのプロセスへとつながなくてよいこともある。

　介護過程においては、「①入口」におけるスクリーニングはプロセスに含まれない。

　介護保険制度の場合には要介護状態区分、障害者自立支援制度においては障害支援区分の確定に伴って、介護サービスが必要な利用者がケアマネジメントによる支援を希望することによって、契約を取り交わし、アセスメントへと展開されることとなる。

❷介護過程とケアマネジメントを担う専門職

　また、前述したように、介護過程は、実際に介護を担う介護福祉職が中心となって展開していくものである。しかし、介護保険制度、障害者自立支援制度においては、ケアマネジメントは、介護支援専門員（ケアマネジャー）[12]、相談支援専門員としての研修等を受けた登録者によって[13]展開されるものである。介護過程とケアマネジメントの相違点として、担う支援の主体が誰か、支援を受ける利用対象者はどのような状況か、その支援過程における計画の内容や範囲がどのようなものかについて理解する必要がある。

（3）居宅サービス・施設サービスにおける計画的支援の展開
❶在宅生活における計画的支援の展開

　在宅でサービスを利用しながら生活する利用者に対しては、介護保険制度や障害者自立支援制度においては、前述したように、制度的にケアマネジメントが組み込まれている。

　介護保険制度において、要介護者に対してケアマネジメントを担うのは介護支援専門員である。生活に関する総合的アセスメントに基づいて、利用者の生活の自立へ向けたケア目標と、主に利用するサービスの種類、利用頻度や内容の概略が「居宅サービス計画」[14]として示される。その居宅サービス計画に基づいて、居宅サービスを提供する事業所は、事業所ごとにサービス提供責任者等によって、アセスメント、介護計画の立案、実施、評価の介護過程を展開していくことになる。

*12
本書第3章第1節3（1）及び本双書第3巻第3章第2節3（2）参照。

*13
本書第3章第1節3（1）及び本双書第4巻第3部第2章第1節3参照。

*14
本双書第3巻第3章第2節3（2）参照。

また、要支援者等に対しては、「介護予防支援」として上記と同様にケアマネジメントによる支援が提供される。介護予防・日常生活支援総合事業における「介護予防ケアマネジメント」は、地域包括支援センターの職員によって支援が提供される。

障害者自立支援制度においては、障害者福祉サービスの利用を申請した障害児・者に対して、市町村が支給決定を行うに際し、指定特定相談支援事業者・指定障害児相談支援事業者のケアマネジメント従事者によって、サービス等利用計画や障害児支援利用計画の作成に向けた支援が行われる。なお、指定特定相談支援事業者以外の者が作成する計画案を代わりに提出することができる。

＊15
本双書第4巻第2部第2章第2節5（4）参照。

このように、ケアマネジメントにおける居宅サービス計画等に基づいて介護過程が展開されるという2段階の構造をもっていることを理解しておく必要がある。

❷施設サービスにおける計画的支援の展開

一方、施設入所者に対しても、同様に2段階の計画的な支援の仕組みがある。介護保険施設においては、介護保険法上、介護支援専門員による施設サービス計画の立案が位置付けられており、それに基づいて、介護福祉職によってアセスメント、介護計画の立案、実施、評価という介護過程が展開されることになる。

＊16
本双書第3巻第3章第2節3（2）参照。

介護保険施設の中でも特に介護老人福祉施設においては、施設サービス計画が介護にかかわる内容が中心となるために、施設サービス計画の内容と介護過程の展開における介護計画の内容が重複することが考えられるが、区別して理解していく必要がある。

障害者支援施設においても支援の仕組みは同様である。サービス管理責任者による施設障害福祉サービスに係る個別支援計画（施設障害福祉サービス計画）の作成が、障害者総合支援法によって位置付けられている。この計画をもとに、介護福祉職によって介護実践にかかわる個別の介護計画に基づいた介護過程が展開される。

＊17
本双書第4巻第3部第2章第1節3参照。

2 介護過程におけるチームケアと連携の実際

介護過程を展開する上では、まず、介護福祉職のチームによる実践が前提となる。居宅サービス・施設サービスを問わず、介護実践は、利用者に対して複数の職員がかかわることになる。その際には、介護福祉職

同士が、同じ介護目標に向かい、状況の共有と共通理解、「報告・連絡・相談（ほう・れん・そう）」などを綿密に行い、チームとして介護実践にあたることが求められている。

その上に立って、さまざまな多職種や地域における連携が求められることになる。

（1）施設介護におけるチームケアと連携の実際

介護保険施設や障害者支援施設などにおいて、介護過程を展開する上での連携の実際について述べる。

まず、介護過程を展開していく前提として、介護福祉職には施設サービス計画などを立案する担当者（介護保険施設の場合には担当の介護支援専門員となる）との連携が求められる。施設サービス計画の内容を理解して、介護計画との関連性を明確にする必要がある。またさらに、その際には、その利用者を支援していく他の専門職、例えば医師、看護師、リハビリテーション専門職等の保健・医療関係者などの支援の目標を共有し、支援内容の調整を図ることが必要となる。介護過程のすべてのプロセスにおいて、利用者にかかわる多種の専門職との連携は重要である。これらはケアカンファレンス等の場において、連携を深めていくことが求められてくる。

また、介護過程を展開する上でのプロセスにおける連携の必要性を考えてみよう。

まず、アセスメントから計画立案の段階における介護福祉職相互の連携の必要性についてである。介護福祉職間で情報を共有するとともに保健・医療関係者などから利用者の生活に関する情報を幅広く収集して、その上で利用者の視点から生活課題を見出し、それに基づいて介護計画を立案していくことになる。またその際には、介護福祉職は、利用者がこの過程に主体的に参加できるように支援し、利用者自身が意欲を高めて自立的生活をめざすことができるようにはたらきかけていく。

実施の段階においては、特に介護福祉職相互の密接な連携が重要となる。施設介護の場合には、多くの介護福祉職が一人の利用者にかかわることになる。介護過程は、ケアの方向性や方法・内容を統一していくことで、利用者にとってのQOLの向上をめざすが、その実現を左右するのは、実施段階で介護福祉職が介護計画を共通に理解しており、それに基づいて的確な実践ができるかどうかである。

また、利用者への支援は、そのつど利用者の心身の状況等の把握のも

とに実践が展開されなければならない。保健・医療関係者などとの連携によって、利用者の心身の状況やほかの専門職の支援状況などを十分に理解した上で、介護実践を提供していくことになる。

　評価の段階においては、目標の達成度や支援内容・方法の適切性を総合的にとらえるためには、介護福祉職が協働して評価にあたることが求められる。また、その際に他の専門職の視点からの評価を参考とすることも必要である。

　このように、介護過程の展開を通じて、利用者を中心として介護福祉職と日常生活にかかわる広い範囲の専門職による連携が図られている。また、その際には家族や関係者と連携する視点も欠くことができないものである。

（2）在宅介護におけるチームケアと連携の実際

　要介護者等が在宅で介護サービス等を利用しながら生活する際にも、ケアマネジメントによる居宅サービス計画等に基づいて、訪問介護系サービスや通所介護系サービスを提供する事業所は介護計画を立案し、それに基づいて支援することになる。

　介護保険制度による訪問介護においては、事業所のサービス提供責任者が訪問介護計画を作成し、利用者を担当する訪問介護員等に対して、個別介護計画の内容に基づいて支援するための指示をする。その際、実際に介護サービスを提供する訪問介護員等は、利用者の自宅などで一人で支援することが多く、さらに、複数の訪問介護員等が利用者への支援をすることも日常的なことである。このような状況において、訪問介護員が訪問介護計画に基づいた支援を展開するためには、訪問介護員等が相互の連絡・連携の仕方を明確にしておくことが求められる。

　また、サービス提供責任者は、利用者の状況と訪問介護員等による支援の状況について把握するとともに、居宅サービス計画を立案した介護支援専門員と、その計画を実施するほかの居宅サービス事業所、さらに、居宅サービス事業所に属する訪問介護員等の間で情報を共有し、連携・協働して支援を進めていく。この連携・協働において注意すべきことは、異なる事業所に所属している関係者が連携をスムーズに進めていくために、連絡や情報の共有・管理などの方法をあらかじめ確認しておくことである。

　通所系サービスについても、通所介護計画等の立案により支援が行われていく。事業所内外の関係者との連携を図り、支援が展開されていく。

　いずれにしても、在宅介護の場合には、複数の事業所、サービスを利用することも多いため、担当職員間の連携だけではなく、組織として連携・協働のあり方を検討しておくことが重要である。

（3）地域における連携

　以上のような多職種間における連携と同時に、「地域連携」という視点が重要となる。地域連携という言葉は、地域における多様な連携のあり方を示すものと理解する必要がある。

　介護にかかわるすべての専門職は、公的サービス等に限らず、地域社会におけるさまざまな社会資源を活用し、さまざまな利用者の生活課題の解決を支援する視点をもってかかわっていく。特に介護福祉職においては、介護過程の展開においても、家族や関係者のみならず、地域社会との関係を創造し深めていくことが、利用者にとって生活の範囲を広げ、質を高めていくことにつながる。また、利用者一人ひとりの状況に応じて、地域社会で孤立することなく充実した生活を送るために必要な社会資源を見出す視点をもち、利用者との関係形成を支援していく。こうしたことにも留意する必要がある。

　以上、チームケアと連携について施設介護と在宅介護に分けて述べてきたが、最も重要なことは、連携が形や言葉だけにとどまることなく、利用者の生活支援にとって何が必要であるかという視点、連携する目的は何かということを常に忘れずに取り組むことである。

第7章

生活支援技術の基本Ⅰ

学習のねらい

　本章生活支援技術の基本Ⅰでは、生活支援技術の意義などの基本について学ぶ。

　生活支援技術は、介護を必要とする人の尊厳を保持し、その人の能力に応じて主体的に自立した生活を営むとともにQOLの向上を図ることを目的として行われる介護の実践である。

　そのために本章では、まず、第1節「生活支援技術の意義と目的」で、生活支援技術の意義と重要性を学ぶとともに、それらが介護を必要とする人の尊厳や自立、安寧にどのように貢献するのかを理解する。第2節「健康的な生活習慣づくりへの支援」では、介護予防の視点から、健康に関する概念を学ぶとともに、健康を維持するための生活習慣づくりへの支援について理解する。第3節「社会生活を維持し、向上するための支援」では、社会生活を維持する方法と支援に関する知識、加えてその留意事項について理解する。第4節「住生活環境の整備と介護」では、住生活環境の整備の意義と目的、介護を必要とする人のアセスメントの重要性を学ぶとともに、住生活環境整備の基本を理解する。第5節「福祉用具の活用」では、福祉用具についての基本的知識と、その活用のポイントについて理解する。

第1節 生活支援技術の意義と目的

1 生活支援技術に求められる基本的考え方

　生活支援技術とは、介護を必要とする利用者個々の状態や状況に合わせ、適切な介護技術について判断し提供するための基礎的な知識と技術をいう。食事や排泄、移動、入浴、睡眠、家事や余暇などの生活行為全般について、生活支援技術を用いて支援し、利用者の自立した自分らしい生活の継続を支える。

　毎日の生活では、身の回りのことや、家事、仕事や趣味、余暇活動などの生活行為が繰り返される。それらのほとんどは、自分の意思で決定し、自分のやり方、自分のタイミングで行っている。毎日の生活行為を他者が代わりにすることを想像してみてほしい。何気ない生活行為ほど、自分らしいやり方、自分に合った方法で行われなければ、それはストレスとなる。

　生活行為を支援するには、利用者の意思が尊重された上での自立支援が基本となる。意欲的に生活するためのはたらきかけ、自分らしい生活を送るための支援方法について考え判断する知識、そして実践するための介護技術が必要となる。

　また、心身ともに変化する利用者自身の状態や、利用者を取り巻く環境に適切に対応する上で、介護福祉職チームや多職種で適切に連携していくためにも生活支援技術の習得が必要となる。

2 自立をめざす生活支援技術の視点

　生活の自立の支援のために介護はある。利用者がどのような状態、状況であったとしても、本人の意思を尊重し、その人が自分らしいと思う生活の実現をともに考えていく上で、次のような視点は欠かせない。

（1）利用者の生き方、意思を尊重する支援

　利用者の生活を支援する際に介護福祉職は、まず利用者本人が、どう生きたいか、どのような生活をしたいかを確認する。本人やその家族とかかわりをもつことで、今現在の利用者のことを知るとともに、これまでの生活歴について本人や家族から聞いたり、暮らしていた場所を観察

したりすることで情報を得て、その人がどう生きたいかを探りながら支援について考える。

　また、意思の疎通がむずかしい利用者であったとしても、関心をもって観察し、五感をはたらかせながらあきらめずにかかわる。そうすることが、相手の反応、些細な変化やサインから意思を察する、くみ取ることにつながる。

（2）生活意欲を引き出すための支援

　生活意欲、生きる意欲を引き出すために、はたらきかけるということは大変むずかしい。その意欲を引き出すために必要なのは、利用者をよく知ることである。よく知ることでその人の気持ちが動く言葉かけや、やる気にさせるかかわり方を考え実践することができる。

　また、利用者の潜在的な能力を見つけるには、集中して生活行為をよく観察する必要がある。本人のできること・できないこと、実際にしていること・していないことを見極め、どのようにはたらきかけるかを考えることが重要である。

（3）介護過程の展開

　利用者に対する生活支援技術を用いた介護は、データ等科学的根拠に基づき実施される。つまり、説明のできる介護が提供される。何をどこまで、どのような方法で支援するかについて、利用者本人に説明することは意欲の向上や安全にもつながる。

　また、介護福祉職チーム内だけでなく、連携する他の職種や利用者の家族にも説明ができなければならない。

　そして、日々の支援は、アセスメント→介護計画の立案→実施→評価が繰り返されている。常に情報収集を続け、そのデータが蓄積されて検証が重ねられる。そうすることで、より個別性の高いはたらきかけや支援方法につなげていくことができる。

（4）生命を維持するための支援

　食事や排泄、睡眠に関する介護は、利用者が自らの力で生活するための基盤となる。食べられない、排泄がうまくいかない、眠れないなどということは、人の活動に制限をかけ、また生命をも脅かす。

　利用者が自分の意思と力で生活をコントロールしていくことを支援するには、毎日繰り返される「食事」「排泄」「睡眠」などについての基礎

的な知識、介護のための技術を学ぶ必要がある。その上で、困難さの原因を追究し、改善のための工夫を考え、実践しながら、その人にとっての最適な支援について検証していくことが大切である。

　生きるために必要な基本的な部分が安定することは、利用者の活動の可能性を広げ、他者との交流などの社会参加の促進にもつながる。

（5）自分らしい生活を続けるための支援

　利用者が、家事などの生活の中で繰り返してきたことを自分で行うこと、自分らしいやり方で行うことは、気持ちの上での負担軽減につながり、家庭の中での役割をもつという自己有用感にもつながる。介護福祉職は、利用者本人が自分の力でやりたいこと・できることに着目しながら、その人に合った方法を考える必要がある。

　また、利用者の社交性の維持のための支援も重要であり、家や施設の中だけではなく、広く地域とかかわるという視点も忘れてはならない。そのための移動や移乗に関する知識や技術、福祉用具の活用などについても学ぶ必要がある。

　利用者の心身の状態は変化し続け、生活環境も天災などによっても大きく変化することもある。介護福祉職は利用者の変化の兆しをとらえ、状況に応じて情報を集め、そのときの利用者に一番適した支援について吟味し、その人が自分らしい生活と思える支援を考え、実践していくことが大切である。

参考文献
● 井上千津子 編、亀山幸吉・石田一紀・田中由紀子・白石雅一『新版・介護概論－生活の視点から導く介護の本質』みらい、2003年
● 本名　靖「生活支援技術の構造」『介護福祉』2016年春季号、No101、社会福祉振興・試験センター

第2節 健康的な生活習慣づくりへの支援

1 健康と健康状態

（1）健康の定義

　WHO（世界保健機関）は、1948年にWHO憲章前文で健康について "Health is a state of complete physical, mental and social well-being and not merely the absence of disease or infirmity." と定義した。その日本語訳は「健康とは、肉体的、精神的及び社会的に完全に良好な状態であり、単に疾病又は病弱の存在しないことではない。」であり、日本では昭和26（1951）年に紹介された。しかし、このような定義に当てはまる「健康な人」はいないであろう。誰しも虫歯があったり、腰痛があったりと何らかの支障があり、しかし、治療に専念する必要もなく、あるいはそうする気もなく日々を送っていることであろう。

　この定義の中には「社会的に完全に良好な状態」が含まれている。すなわち、「健康」とは個人の生物学的な状態のみならず、社会的な役割を果たすことも含まれる。また、自然環境や社会環境も健康に影響するので、「健康」とは、個人の問題ではなく、社会的問題でもあるとこの定義は述べている。

　この定義はその後改定の動きもあったが、結局は改定せず、1948年当初のままにとどまっている。その意図するところは、「健康であるべき」なのではなく「健康をめざすことが社会と個人に求められる」ということである。

（2）健康状態とは

　2001年に発表されたICF[*1]（国際生活機能分類）においては、「健康状態（変調、病気）」という言葉が使われている。これは病気や変調を含めてその人の健康の状態ととらえ、究極の健康と究極の健康でない状態（死）との間は連続のものであり、人はそのどこかに位置しているという考え方である。加齢や妊娠、障害等も健康状態の一つと考えることができる。

　「健康状態」が日々の暮らしに支障をもたらさない限り人々は自分を

*1
本双書第14巻第1部第5章第2節参照。

健康だと思い、不健康にならないようにさまざまな配慮をする。それゆえ、「健康」はどのような「健康状態」の人もめざすべき目標ということができる。

2 健康寿命

（1）健康寿命と平均寿命

健康寿命とは、2000年にWHOが提唱した概念で「日常生活に制限のない期間」をさす。人は、老いて心身の機能低下を来し、最後は要介護状態となる。それはやむを得ないことである。しかし、健康寿命の尽きた後の期間には医療費や介護費用が必要となり、費用負担が増大する。また、その個人にとってのQOLも低下する。

健康寿命が長いほど、そして平均寿命との差が少ないほど、それらの費用負担やQOLの低下を防ぐことができる。そこで、平均寿命の延伸を喜ぶだけでなく、健康で自立した期間、すなわち健康寿命の延伸が重要となる。「元気で長生き」とは誰もが望むところであり、その期間が健康寿命である。

（2）健康寿命の算出法

健康寿命は、厚生労働省が毎年行う国民生活基礎調査において、「あなたは現在、健康上の問題で日常生活に何か影響がありますか」や「あなたの現在の健康状態はいかがですか」の問いの回答から算出される。健康寿命の概念はわかりやすいものであるが、その平均値を算出することはむずかしい。なぜならば、日常生活に制限のない期間はあるときに急に切れるものではなく、「制限なし」と「制限あり」の期間は連続し、徐々に移行するものだからである。しかも、日常生活に制限があるかないかは、その人のとらえ方でも異なる。

健康や高齢化に対する施策に影響する重要な指標であるので、現実をよく反映した指標であることが望ましいが、諸外国でも同じような方法で行っており、現行ではこの方法によって計算されている。

（3）日本の平均寿命と健康寿命

日本人の平均寿命は、令和4（2022）年では男性81.05歳、女性87.09歳で世界でも1、2位を争う長さである。[*2] 昭和30（1955）年に比べ、男性でおよそ18年、女性でおよそ20年の伸びを示している。しかし、前年

*2
厚生労働省「令和4年
簡易生命表」。

と比べ2年連続で下回った。厚生労働省は新型コロナウイルス感染症
（COVID-19）、心疾患、老衰などの死亡率の変化がその要因と分析して
いる。健康寿命と平均寿命との差はあまり変化がない。

　一方、日本の少子高齢化は進行している。昭和25（1950）年には労働
世代12.1人で1人の高齢者を支えていたのが、令和4（2022）年には
2.0人で支えている。推計では、この数はさらに減少していくとみられる
ことから、健康寿命の延伸は、社会に課せられた大きな課題といえよう。

*3
令和元（2019）年の健
康寿命は、男性72.6歳、
女性75.5歳である。

*4
内閣府『令和5年版高
齢社会白書』。

3 健康的な生活習慣づくりへの支援の基本

　健康であるためには、社会的には公衆衛生の改善、病気の予防、感染
症の撲滅、医学・医療の進歩、啓発活動等が必要である。個人の努力と
しては、感染症やその他の病気の予防、病気にかかりにくい生活習慣、
運動習慣、予防接種の受診、健康診断の受診などがあげられる。

（1）健康づくり

　日本では昭和53（1978）年から10年間、第1次国民健康づくり対策が
行われた。①成人病予防のための一次予防の推進、②健康づくりの3要
素（栄養・運動・休養）の健康増進事業の推進（栄養に重点）を基本的
考え方とし、健康診断の実施による疾病の早期発見・早期治療及び市町
村保健センター等の基盤整備など、国民の健康を守るための環境整備が
行われた。

　昭和63（1988）年度より第2次国民健康づくり対策（アクティブ80ヘ
ルスプラン）が始まった。運動習慣の普及に重点を置いた健康増進事業
の推進を基本的考え方とした。

　平成12（2000）年度からは第3次国民健康づくり対策が始まった。こ
れが、「21世紀における国民健康づくり運動（健康日本21〔第1次〕）」
である。①「一次予防」の重視と健康寿命の延伸、生活の質の向上、②
国民の保健医療水準の指標となる具体的目標の設定及び評価に基づく健
康増進事業の推進、③個人の健康づくりを支援する社会環境の整備、を
基本的考えとした。WHOの提唱した健康寿命の概念とその延伸が基本
的考え方に取り入れられ、また、具体的な目標値を設定し、進捗状況の
管理ができるようにした。

　平成14（2002）年には健康増進法が制定された。この法律の目的は、「国
民の健康の増進の総合的な推進に関し基本的な事項を定めるとともに、

第7章

（中略）国民の健康の増進を図るための措置を講じ、もって国民保健の向上を図る」ことであり、国民、国及び地方公共団体、健康増進事業実施者の責務を示している。国民の責務としては、「健康な生活習慣の重要性に対する関心と理解を深め、生涯にわたって、自らの健康状態を自覚するとともに、健康の増進に努めなければならない」とされている。

　平成30（2018）年に一部改正が行われ、「望まない受動喫煙」をなくすことが目的の一つとして追加された。喫煙は合法的な行為であり、自己選択が可能であるが、受動喫煙は自己選択不能である。子ども、妊婦などの健康を守るためにも、よりいっそうの喫煙機会の減少をめざし、喫煙による健康障害を減らすことがこの法律の改正の目的であった。

（2）健康日本21（第2次）

　平成25（2013）年4月より「健康日本21（第1次）」の総括をふまえ、「健康日本21（第2次）（第4次国民健康づくり対策）」が始まった。その基本的な考え方は、**表7-1**に示すとおりである。

　健康であるためには、病気の予防と早期発見が重要である。

　予防のためには、感染症であれば、その感染症のまん延を防ぐために感染者との接触を避ける、流行地に行かない、手洗いの励行などや予防接種を受けることなどが考えられる。

　生活習慣に根ざす生活習慣病(ロコモティブシンドローム〔ロコモ〕等)

〈表7-1〉 健康日本21（第2次）の健康増進に関する基本的な方向

①　健康寿命の延伸と健康格差の縮小 　　生活習慣の改善や社会環境の整備によって達成すべき最終的な目標。
②　生活習慣病の発症予防と重症化予防の徹底（NCD（非感染性疾患）の予防） 　　がん、循環器疾患、糖尿病、COPDに対処するため、一次予防・重症化予防に重点を置いた対策を推進。国際的にもNCD対策は重要。
③　社会生活を営むために必要な機能の維持及び向上 　　自立した日常生活を営むことを目指し、ライフステージに応じ、「こころの健康」「次世代の健康」「高齢者の健康」を推進。
④　健康を支え、守るための社会環境の整備 　　時間的・精神的にゆとりある生活の確保が困難な者も含め、社会全体が相互に支え合いながら健康を守る環境を整備。
⑤　栄養・食生活、身体活動・運動、休養、飲酒、喫煙、歯・口腔の健康に関する生活習慣の改善及び社会環境の改善 　　生活習慣病の予防、社会生活機能の維持及び向上、生活の質の向上の観点から、各生活習慣の改善を図るとともに、社会環境を改善。

（出典）厚生労働省資料

であれば、生活習慣を改めることやそのための啓発活動が重要である。平成25（2013）年より始まったスマート・ライフ・プロジェクトでは、「禁煙」「適度の運動」「適切な食生活」などに加えて健診への参加の呼びかけを行っている。

　がんのように自覚症状なしに進行する疾患に対しては、健診による早期発見が重要である。そのほかにも、高血圧や糖尿病など放置すれば脳卒中やその他の重大な合併症をもたらす病気も、健診による発見と治療が必要となる。がんは医学の進歩によってその生存率は高くなり、「死に至る病」というよりは「慢性疾患」ともいえる時代となっている。

　老化による心身の衰えはやむを得ないものであるが、フレイルやロコモは病気ではないものの、進行すれば健康寿命は尽き、要介護状態が始まる。その進行を抑えるために、健康的な生活習慣づくりへの啓発・支援も重要となる。

　健康でありたいと思う気持ちは生き物としての本能であり、健康維持のための行動は個人の生活や嗜好に還元されがちであるが、制度・施策に負うところも大きく、そこに個人の生活習慣や努力が重なっている。個人の努力はその個人だけにとどまらず、社会にも影響する。

　このような観点から、人々の意識されない社会性を帯びたニーズの一つに健康への希求があると認識する必要がある。施策の利用、啓発による行動変容の促進が健康づくりの支援となる。

　令和6（2024）年より健康日本21（第3次）が始まる。令和4（2022）年に**表7-1**の各項目に対する評価が行われた。それに基づいて第3次では次の4つの基本的方向性が示されている。（1）健康寿命の延伸と健康格差の縮小、（2）個人の行動と健康状態の改善、（3）社会環境の質の向上、（4）ライフコースアプローチを踏まえた健康づくり。

　また、新たな視点として「女性の健康を明記」「自然に健康になれる環境づくり」「他計画や施策との連携も含む目標設定」「アクションプランの提示」「個人の健康情報の見える化・利活用について記載を具体化」が挙げられている。新しい目標としては、「睡眠時間が十分に確保できている者の増加」「COPD（慢性閉塞性肺疾患）の死亡率の減少」「『健康的で持続可能な食環境づくりのための戦略的イニシアチブ』の推進」「健康経営の推進」「骨粗鬆症検診受診率の向上」が示され、女性や高齢者の健康状態に配慮した目標となっている。

＊5
加齢に伴う予備能力低下のため、ストレスに対する回復力が低下した状態。要介護状態に至る前段階とされ、身体的脆弱性のみならず精神心理的脆弱性や社会的脆弱性などの多面的な問題を抱えやすく、自立障害や死亡を含む健康障害を招きやすいハイリスク状態を意味する。厚生労働省「高齢者の特性を踏まえた保健事業ガイドライン第2版」（令和元〔2019〕年10月）。

＊6
運動器の障害による移動機能が低下した状態。日本整形外科学会が提唱した。運動機能の衰えが寝たきりにつながることから啓発（ロコチェック）と介護予防のための運動（ロコトレ）を提唱している。

第3節 社会生活を維持し、向上するための支援

1 社会生活を維持し、向上するための支援の考え方

（1）社会生活

　人間は「社会的な動物」である。これは、人間という動物が日常生活動作（ADL）に難がなく、またコミュニケーション能力に問題がないとしても、それだけでは日々の生活が成り立たないということを意味する。

　人間関係という言葉があるように、私たちの生活は、「他者」との関係性の中で常に成り立つものである。社会生活とは、この他者との関係性を抜きに語ることはできない。

　このことは、2001年にWHO（世界保健機関）が提唱したICFの考え[*7]にも表れている。1981年の国際障害者年をきっかけに、障害は、個人の問題としてのみとらえるのではなく、個人を取り巻く環境との関係も含めてとらえるという考え方になったのである。ICFは、この考え方を理論的に整理したものである。

　私たちが健康で文化的な最低限度の生活（日本国憲法第25条）の権利を享受するためには、生命を維持する「心身機能」や「身体構造」、日常生活を支える「活動」、人生をよりよいものとするための「社会参加」といった要素が不可欠である。この要素が正常に機能するには、「個人因子」だけではなく「環境因子」も重要な役割を果たす。

　共生社会において、障害の有無などにかかわらず、一人ひとりが地域のなかで役割をもち、支え合い、社会に参加することが重要である。

（2）社会生活を維持し、向上する方法

　高齢者や障害者への支援は、施設中心の支援から地域生活を念頭に置いた在宅での支援に移行してきている。例えば、デイサービスは、高齢者・障害者の居場所や人とのかかわりの場などを提供し、「孤独感からの脱却」「機能訓練」「心のケア」などを図り、結果としてADLの低下による介護負担の増加を抑制することや、高齢者・障害者の社会参加の場の喪失を避けることにもつながるものとして推進されている。ICFの

視点にもあるように、利用者の身体的側面のみならず、利用者のこれまで培ってきた人間関係なども含めた環境をも考慮することが重要であり、利用者が社会生活を維持するための方策を利用者（家族）とともに考えていく必要がある。

2 社会生活を維持し、向上するための支援に関する知識

　高齢者や若年層を取り巻く社会問題としてあげられる「閉じこもり」「ひきこもり」「孤独死」は、人間関係の喪失という点で共通の問題がある。ここでは、社会生活を維持する上でのこれらの問題について考えてみたい。

（1）閉じこもり・孤独死

❶閉じこもり

　「閉じこもり」は一般的には状態像をさし、「日常生活の行動範囲が、自宅の中や庭などの狭い範囲に限定されてしまう状態」をいう[1]。高齢者の「閉じこもり」の背景には、心理的要因・身体的要因・環境的要因が存在する。

　平成12（2000）年に社会問題化した若年層の「ひきこもり[8]」と明らかに違う点は、その身体的要因にある。高齢者の「閉じこもり」は、身体機能の低下が主要因の一つとしてあげられる。例えば、足腰が弱まるなどの運動機能の低下により外出に支障を来す状態となり、日常の行動範囲が狭くなると、身体の機能低下を進行させ、「廃用症候群[9]」を誘発する可能性が高まる。

　「閉じこもり」の心理的要因や環境的要因にはさまざまなケースが考えられる。例えば、これまでの生活の中であまり社交的ではなく（心理的要因）、近所付き合いが希薄であった男性が、定年退職やリストラといった環境的要因により、前出の身体的要因と相まって、「閉じこもり」状態になるといったケースが典型例である。また、大規模災害等で、住み慣れた家や土地を離れ、避難所・仮設住宅等での避難生活や復興住宅などで新たな生活を始める場合などは、「閉じこもり」状態に陥りやすい。このことは、東日本大震災をはじめ各地で起こった自然災害からの復興の過程で直面している課題でもあり、さまざまな障害のために外出等が困難な障害者の地域生活支援の観点からも重要な課題である。

＊8
本双書第11巻第4章第4節7参照。

＊9
本書第8章第8節1参照。

＊10
「孤独」という言葉から
もわかるように、孤独
死は主に心理的な側面
が強調されているが、
厚生労働省調査で使用
される「孤立死」には、
環境も含めより広い意
味がある。本双書第3
巻第1章第2節1＊16
及び第8巻第1部第1
章第3節2参照。

❷孤独死

孤独死という言葉が社会的に広まったのは、平成7（1995）年の阪神・淡路大震災の復興過程においてである。被災地神戸を題材にして「孤独死」の問題を提示した額田　勲は次のように述べている。

「阪神大震災は、ホームレスとかホームヘルパーとか『ホーム＝家』にかかわる言葉がキーワードになる時代の高齢者の実像を赤裸々にあぶり出した。家庭を喪失、家事援助を必要とする『一人世帯』とか、高齢の介護者、被介護者の組み合わせの二人世帯の実態を知れば知るほど、近い将来二十一世紀の地域の高齢者の普遍的な像そのものを見る思いである」[2]。

額田の見る被災地神戸の仮設住宅での孤独死の特徴は、「①一人暮らしの無職の男性　②慢性の疾患を持病としている　③年収百万前後の低所得者」[2]であったが、東日本大震災の被災者（特に原発避難者）の状況は、避難先での認知症発症や自死など、より深刻な課題を我々に突き付けている。

孤独死の防止は、全国一律の対策ではなく、地域の実情に合った対策が必要である。厚生労働省は平成24（2012）年に「孤立死防止対策取組事例」を全国の自治体から集めて紹介している。これらの事例は、①見守り・実態把握の工夫、②民間事業者等との連携、③総合相談窓口の設置、④自主財源等の工夫、⑤住宅事業者との連携、⑥その他、といった類型化ができる。

また、内閣官房には孤独・孤立対策担当室が設置されており、具体的な対策として、「孤独・孤立対策の重点計画（令和4〔2022〕年12月26日孤独・孤立対策推進会議決定）」において、次の4つの基本方針が掲げられている。①孤独・孤立に至っても支援を求める声を上げやすい社会とすること、②状況に合わせた切れ目のない相談支援につなげること、③見守り・交流の場や居場所を確保し、人と人との「つながり」を実感できる地域づくりを行うこと、④孤独・孤立対策に取り組むNPO等の活動をきめ細かく支援し、官・民・NPO等の連携を強化すること、を柱に施策を展開している。

さらに、令和5（2023）年5月には孤独・孤立に悩む人を誰ひとり取り残さない社会、相互に支え合い、人と人とのつながりが生まれる社会をめざして、孤独・孤立対策推進法が成立した（令和6〔2024〕年4月施行）。

（2）地域で暮らすということ

　これまで見てきたように、人間にとっては、人と人とのつながりを前提とした社会生活を維持しなければならず、また「閉じこもり」「ひきこもり」や「孤独死」に代表されるような人間関係の喪失は予防する必要がある。そのためには、高齢者・障害者等へのADLの維持向上を目的とした介護・支援のみならず、人間関係を再構築し、その関係性をいかに維持するかを中心にした支援も必要になってくる。

　これは、支援者側からの一方的な思いだけでは成り立たず、利用者側にも必要なものだと考えてもらえるような、利用者の気持ちの醸成が必要になる。言い換えれば、利用者一人ひとりが「生きがいをもち」「幸福感、充実感を伴う日常生活を求めようと思う」というような意識をもてるようになることであろう。

　とはいえ、社会生活の維持が困難となるさまざまな要因がある。例えば、配偶者に先立たれたことで生きがいを失っていたり、身体機能の変化や衰えを感じながら、それを周囲に悟られまいとする意識があったりする。また、デイサービスやグループホームの利用時に、車体に事業所名が大きく記された送迎車が自宅前に止まることで、近隣住民の反応が気になることから、介護等のサービスを利用した社会参加に気持ちが向かないケースがみられる。

　1990年代以降、地域福祉のスローガンとして「施設から地域へ」といわれてきたが、この言葉をより定着・浸透させる役割が福祉職にもある。

3 社会生活を維持し、向上するための支援の基本と留意事項

（1）よりよい社会生活を送るための支援例～高齢者の場合

　老人福祉法第2条には「老人は、多年にわたり社会の進展に寄与してきた者として、かつ、豊富な知識と経験を有する者として敬愛されるとともに、生きがいを持てる健全で安らかな生活を保障されるものとする」（基本的理念）とある。

　生きがいについて、高橋正人は、「自分が生きていることや自分の存在に価値があると思うことで、幸福感、充実感を伴うものである」[4]と述べている。高齢者にこの幸福感、充実感を伴いながら自分の存在価値を認めて生活してもらうために、さまざまな施策が講じられている。その中心的施策としてあげられるのが、平成7（1995）年に施行された「高齢社会対策基本法」である。この中では基本的施策として、「就業及び

所得」「健康及び福祉」「学習及び社会参加」「生活環境」が掲げられている。

この中の「学習及び社会参加」施策は、老人福祉法第3条「老人は、老齢に伴って生ずる心身の変化を自覚して、常に心身の健康を保持し、又は、その知識と経験を活用して、社会的活動に参加するように努めるものとする」「老人は、その希望と能力とに応じ、適当な仕事に従事する機会その他社会的活動に参加する機会を与えられるものとする」にも合致するものである。これらの法的な根拠によりさまざまな事業が行われているが、前項などで見てきたように、私たちはこれら事業に参加できる高齢者のみならず、「取り残されている」高齢者に注意を向ける必要がある。

高齢者の生きがいづくりへのミクロ的な取り組みの一例としてマッサージを主とした「セラピューティック・ケア・サービス」*11がある。

セラピューティック・ケア・サービスは、ボランティアによるハンドケアと首及び肩のマッサージから成り立っているが、このサービスの重要な点は、マッサージのテクニックのみならず、利用者の話に耳を傾けること（傾聴）や共感・受容を重視している点にあり、結果として利用者の①満足感を高め、②自信と自尊心を増し、③緊張とストレスを減らすことで、それまでよりも前向きに物事を考えたり、より生き生きとした生活につながることをめざしている。

（2）よりよい社会生活を送るための支援例～障害者の場合

平成23（2011）年7月に成立した改正障害者基本法では、「可能な限りその身近な場所において必要な日常生活又は社会生活を営むための支援を受けられること」「社会参加の機会の確保」「どこで誰と生活するかについての選択の機会が確保され、地域社会において他の人々と共生することを妨げられないこと」といった社会生活を支援すべき基本的な理念が掲げられ、それを阻む「社会的障壁の除去」も明記されている。

このように、障害者や家族に対する支援を行うにあたって、まず必要なのは、私たちがもつ障害や障害者に対する偏見について自覚することである。偏見は、私たちの知識・認識不足、誤解や経験不足などに起因しているが、こうした、社会に広がる障害者に対する差別や偏見によって就労や社会参加の機会が不当に制限されやすいという課題がひそんでいることを知っておく必要がある。

*11
もともと英国赤十字社が1950年代に「病院でのビューティ・ケア」として始めたものであるが、1970年代に、高齢者、脳卒中患者、関節炎患者のリクエストを受けて考案された。1996年には、ボランティアのための標準的訓練コースを設置し、現在イギリスでは病院やホスピスでの活動が中心となっている。

（3）高齢者像・障害者像の意味の転換

❶利用者側の視点

　平成12（2000）年に、介護の社会化を根拠とした介護保険制度が導入されたが、春日キスヨは、具体的な「サービスの水準が『無償の家族介護を前提とし、それを補完する程度』とされる現状では、『介護問題』として提起されてきた問題点の多くは未解決のまま残されている[5]」と述べている。これには、介護保険法も老人福祉の関連法も、高齢者側の視点をあまり重視してこなかった側面が見てとれる。高齢者側の視点とは、「他者が自分をどう見ているのか」「自分の行動や言動が他者にどう理解されるのか」といった視点である。

　「車いすでの移動や散歩は嫌いではないが、自宅の近くは嫌だ」という利用者の声もある。これは、社会生活を維持するために必要な地域で暮らすことを妨げているケースである。こういった利用者や家族がサービスを利用できない心理的な要因と思われるものは、利用者や家族、サービス提供者の三者だけで解決できることではない。まだまだ、地域によっては、「介護は家族が行うもの」といった風潮があることも事実である。

　ある高校生が飛込競技の部活で、練習中に誤って頭部を強打し頚髄損傷になった。一命はとりとめたものの手足が不自由になり、本人がその現実を受け止めてリハビリに取り組めるようになるまで、半年以上を費やした。このように、あるがままに受け止めて、障害とともに生活していこうという気持ちに切り替えることは、容易ではない。

❷地域で高齢者・障害者を支える

　介護予防が標榜する「いつまでも元気な高齢者像」は、「高齢者像」の意味を転換させる上では有用なことでもある。

　金子　勇は、積極的高齢社会について述べる中で、「高齢者自身の『身体づくり』と『コミュニケーションづくり』が特に求められるし、社会システムの側では『エイジズムの解消[*12]』と『プロダクティブ・エイジング』（バトラー〔Butler, R. N.〕）のためのシステム再設計が重要になってくると思われる[6]」とし、元気な高齢者にスポットを当てる重要性を強調している。

　最新の生物学的知見では、人間の身体的な成熟期年齢が成人前期にあたるのに比べ、心理的な成熟期年齢は成人中期以降になるといわれている。

*12
エイジズムとは、広義では年齢により区分された集団への偏見や差別のことをさすが、狭義では高齢者に対する他の世代からの偏見や差別のことをいう。プロダクティブ・エイジングについては、さまざまな見解があるが、ここでは簡略に「生産的な意識をもって加齢すること」ととらえておく。

また、一般的な生命の寿命に対して、疾病等による心身の老化が少ない状態（サクセスフル・エイジング）である「健康寿命」や、死ぬ直前まで周囲に手助けをされずに生活できる死に方を意味する「PPK＝ピンピンコロリ」などといった言葉もある。しかし、このような社会の風潮は、介護が必要となった高齢者や家族に、社会からの「落伍者意識」「逸脱者意識」[*13]をもたせてしまう可能性があることも知る必要があろう。

障害者にとって、社会に出るということは、家庭内の役割とは異なり、さまざまな顔である社会的役割をもつことと言い換えられる。社会のなかで、さまざまな価値観をもった人たちと出会い、対人交流を通して、より深く確立した自己像をもつことにつながるといえる。こうした支援の実現は、一方向的な立ち位置からできることではない。支援をする側・受ける側の双方向の関係性が生まれることで、居場所が生まれ、社会参加の機会が広がり、意欲をもって社会参加していこうとする障害者本人の精神的な自立にもつながる支援になると考えられる。

私たちは、電車やバスの中で障害のある方や妊婦さんなどが立っていると席を譲るというのは当然のこととしてこれまで学んできたが、なかなかその行動ができないといった経験をしたことのある人も多いのではないだろうか。こうしたことが自然に行える社会であるためには、日頃から声を発し、自ら行動を起こすことのできる環境づくりを心がけることが大切である。

たとえ健康とはいえない状態であっても、介護保険や、障害福祉のサービスを軸に、インフォーマルを加えた多様な支援により、いつまでも主体的に自立生活を営むことができるという社会をめざす必要がある。そのためには、介護福祉職や地域の住民に、受け手・支え手という関係を超えた地域共生社会の意識を育てなければならない。と同時に、高齢者だからこそ、もしくは障害があるからこそ参加できて、社会貢献ができ、生きているという実感や存在を確認できる場所が必要であろう。

そして、社会生活を維持するためには、地域で高齢者を支えることの必要性への理解や、老いは誰にでも必然的に来るという認識、障害者には誰でもなり得るという認識、利用者個々にそれぞれの違った対応があるという認識をもとに、地域づくりを進めていく必要がある。

引用文献

1）竹内孝仁『介護基礎学』医歯薬出版、1998年、35頁

2）額田　勲『孤独死－被災地神戸で考える人間の復興』岩波書店、1999年、110頁

3）元木昌彦『孤独死ゼロの町づくり－緊急通報システムが実現する高齢化社会のセーフ
　ティネット』ダイヤモンド社、2008年、4頁

4）高橋正人「社会参加・生きがい対策と生涯学習」福祉士養成講座編集委員会 編『新版
　社会福祉士養成講座2 老人福祉論 第5版』中央法規出版、2007年、162頁

5）春日キスヨ『介護問題の社会学』岩波書店、2001年、6頁

6）金子　勇『地域福祉社会学－新しい高齢社会像』ミネルヴァ書房、1997年、262頁

7）H. S. ベッカー、村上直之 訳『アウトサイダーズ－ラベリング理論とはなにか』新泉社、
　1978年、17頁

参考文献

● 齊藤ゆか「生涯学習の観点に立った『中高年のキャリア開発』の可能性－プロダクティ
　ブ・エイジングの視点から」『生涯学習の観点に立った「少子・高齢社会の活性化」
　に関する総合的な研究』聖徳大学生涯学習研究所、2008年

● NHKスペシャル取材班・佐々木とく子『ひとり誰にも看取られず－激増する孤独死と
　その防止策』阪急コミュニケーションズ、2007年

● 日本セラピューティック・ケア協会『セラピューティック・ケア・サービス副読本』
　2005年

● 日本弁護士連合会 編『災害時における高齢者・障がい者支援に関する課題－東日本大
　震災から検証する－』あけび書房、2012年

● 芝田英昭『3.11を刻む－医療・介護現場から』文理閣、2013年

● 松村直道 編著『震災・避難所生活と地域防災力－北茨城市大津町の記録』東信堂、
　2012年

第4節 住生活環境の整備と介護

1 住生活環境の整備の意義と目的

　住生活を取り巻く環境には、自然環境（物理的環境）や社会環境がある。自然環境（物理的環境）は、太陽の光、水や土、空気、音などをはじめ、地形や気候、風土などの要素から構成される一方、社会環境は、人間が生活する上での人間関係や精神的側面などの要素から構成される。

　住生活を送るための基幹となる住まいは、外界の気候などから身を守るための安全性が確保された上で、健康的な社会生活を送ることができるための機能をもつ。また、視覚的な美しさなども含めて快適なものであることが理想であり、機能面の充実も重要である。

　そして、利用者の住生活環境の整備は、自立支援に配慮した利便性の質が在宅生活の継続に直結するため、とりわけ重要となる。

　以下に、住生活環境の整備の目的をあげる。

❶安全で安心できる場の確保

　人間は自然環境（物理的環境）に適応する能力を備えているが、その能力には限度がある。そうした風雨寒暑からの防御に努め、住生活では社会的ストレスから解放され安心できる場を確保することが必要となる。

❷健康的な社会生活を送るための配慮

　個人が生きがいや社会的役割をもって自立した生活を送る上では、近隣をはじめとした地域との交流などが不可欠である。住生活環境の整備は、そのような生活範囲の維持・拡大やQOLを高めるための基盤となる。

❸機能面の充実と快適性への配慮

　個人や家族の生活の場として、住まいの中での移動や家事がしやすいといった機能面の充実とともに、趣味活動や休息の場として、その好み等にも対応するなど、快適性にも配慮した環境整備が必要である。

　家族の生活の場として、育児・子育てなどの環境整備が必要となる場合もある。そのような場合にも柔軟に対応できる機能を整備することにより、個人や家族が不自由のない社会生活を継続することにつながる。

2 住生活環境の整備に関する知識と自立支援

利用者にとって、生活する上で生じる物理的な障壁が解消、緩和された環境（バリアフリー[*14]空間）を構築することが自立支援の一助となる。また、設計の段階から物理的な障壁が生じないように施されたユニバーサルデザイン[*15]も、心身の自立への効果が期待できるものである。

住居における改善策には、以下のようなものがある。

❶廊下などの拡幅

住居内で車いすを使用する場合には、車いす自体の幅と、車いすが直進及び直角に曲がる場面などを想定し、廊下や部屋の出入り口の幅は最低85〜90センチを確保する必要がある（**図7−1**）。

❷段差の解消

利用者や障害のある人の身体機能は、2〜3センチの段差でもつまずきやすいととらえることができる。そのため、転倒予防の観点から、住居の内外にある段差の解消が必要となる。

❸階段

階段は、勾配の緩和や手すりの取り付けのほか、段差の境目がわかりやすく、かつ滑りにくくなるように、色の付いた滑り止め材などを使用する（**図7−1**）。その他、階段昇降機[*16]を設置する方法もある。

❹勾配の緩和

階段の勾配のほか、玄関など住まいの内外に勾配がある場合には、それらが利用者の円滑な移動を妨げる要因となることが考えられる。そのため、勾配を緩和した住生活環境を整備することが必要となる。

❺手すりの取り付け

手すりには、Ⅰ型、L型、波型など複数の種類がある。取り付ける際には、使用する人の用途や設置する場所により、適切な物を選択することが大切である。

また、階段の手すりは両側に設置することが理想であるが、やむを得ず片側のみに設置する場合には、下りる際の利き手側に設置するとよい。

*14
バリアフリーは、公共の建物、段差の解消など、高齢者や障害者の移動上及び施設の利用上の利便性、安全性の向上の促進を図り、公共の福祉の増進に資することを目的としている。差別の解消や福祉意識の向上につながる意味で「心のバリアフリー」といった使い方もする。

*15
障害の有無や違いにかかわらず、すべての人々にとって使いやすい形状や、ハード面の環境整備などをいう。

*16
階段昇降機は、転倒リスクなどを軽減し、安全に他の階へ移動するための機器である。車いす用やいす式など、種類は多様となっている。

第7章

〈図7−1〉階段や廊下の環境整備のポイント

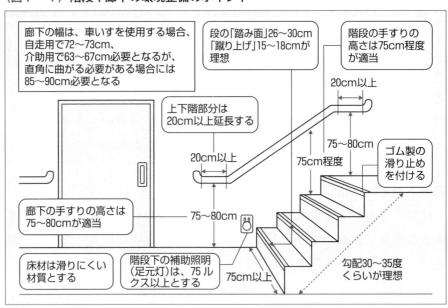

廊下の幅は、車いすを使用する場合、自走用で72〜73cm、介助用で63〜67cm必要となるが、直角に曲がる必要がある場合には85〜90cm必要となる

段の「踏み面」26〜30cm「蹴り上げ」15〜18cmが理想

階段の手すりの高さは75cm程度が適当

上下階部分は20cm以上延長する

20cm以上

20cm以上

75〜80cm

75cm程度

ゴム製の滑り止めを付ける

廊下の手すりの高さは75〜80cmが適当

75〜80cm

床材は滑りにくい材質とする

階段下の補助照明（足元灯）は、75ルクス以上とする

75cm以上

勾配30〜35度くらいが理想

（出典）医学情報科学研究所 編『クエスチョン・バンク 介護福祉士 国家試験問題解説2022』メディックメディア、2021年、196頁をもとに一部改変

❻出入り口のドアの改良

　住居に設置されている室内ドアの種類には、一般的に開き戸（片開き）や引き戸、折れ戸などがある。ドアの開閉による不慮の事故を防止する観点から、引き戸や折れ戸の設置が望ましい。

❼床材の変更

　住まいの床材には、フローリングや畳をはじめ、クッションフロア、タイル、石材、カーペットなど、さまざまな材質がある。住まいの中での転倒事故を防止するために、滑りにくい素材を選択するとよい。

3 住生活環境の整備の基本と留意点

（1）各室の考え方

　住まいにおける各室の考え方は、利用者が、過ごしやすく、在宅サービスを受けやすくするための住環境の工夫（**図7−2**）が大切である。また、同居の家族がいる場合には、家族間のプライバシー確保のため、生活空間の配置を工夫することも必要である。

❶居室

　居室は、個人の静養や趣味活動を行うなどの場であることが想定でき

るため、セキュリティの確保やプライバシー確保をすることが重要である。また、利用者の見守りがしやすい環境と、そのプライバシー確保とを両立することが大切である。

なお、寝室、寝具等の環境整備については、後述する。

❷居間

居間は、個人のくつろぎや家族の団らんなどの場所であるため、使用する時間も長くなり、転倒などの事故が発生する割合も多くなる。そのため、家具やテーブルの角や、電気コード類の配置などによって事故が起こらないように配慮する必要がある。

❸浴室

浴室は、住まいの中での死亡事故等が発生する割合が高い場所であることを念頭に置く必要がある。その原因の一つであるヒートショック[*17]を予防する対策として、浴室と脱衣室の温度差を小さくすることが重要で

*17
急激な温度変化による血圧の乱高下や脈拍の変動が身体に負担を及ぼすことで、心筋梗塞や脳血管障害の原因にもなる。

〈図7−2〉住生活環境の整備例

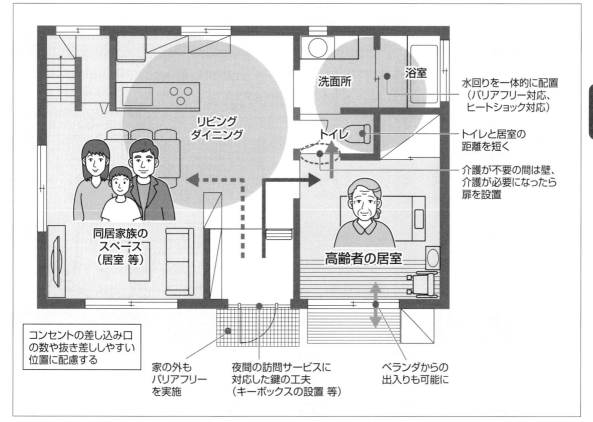

（出典）厚生労働省資料「第2回社会保障制度の新たな展開を図る政策対話（テーマ：住宅政策との連携）」、2019年、16頁をもとに筆者作成

ある。

　そのほか、転倒予防としてバスボードの設置や、浴室の床と浴槽を滑りにくくする配慮も大切である（**図7－3**）。

❹洗面所（洗面台）・脱衣室

　洗面所は、車いすを使用することを想定し、洗面台の高さや足元のスペースに加えて鏡の角度にも配慮する必要がある。

　座位と立位の両方で使用するので、高さの調節ができる洗面台の設置なども考慮するとよい。また、水栓は、身体機能の状況への対応や衛生面から、レバー式か自動の水栓が望ましい。

❺トイレ

　トイレは、寝室からなるべく近い場所に位置していることが望ましい。

　和式よりも洋式のほうが機能に多様性がある。便座などに寒暖差を緩和する設備や、足元が見やすい明るさの照明を設置することも大切である。必要に応じて、呼び鈴やブザーの設置も考慮するとよい（**図7－4**）。

〈図7－3〉**浴室の環境整備のポイント**

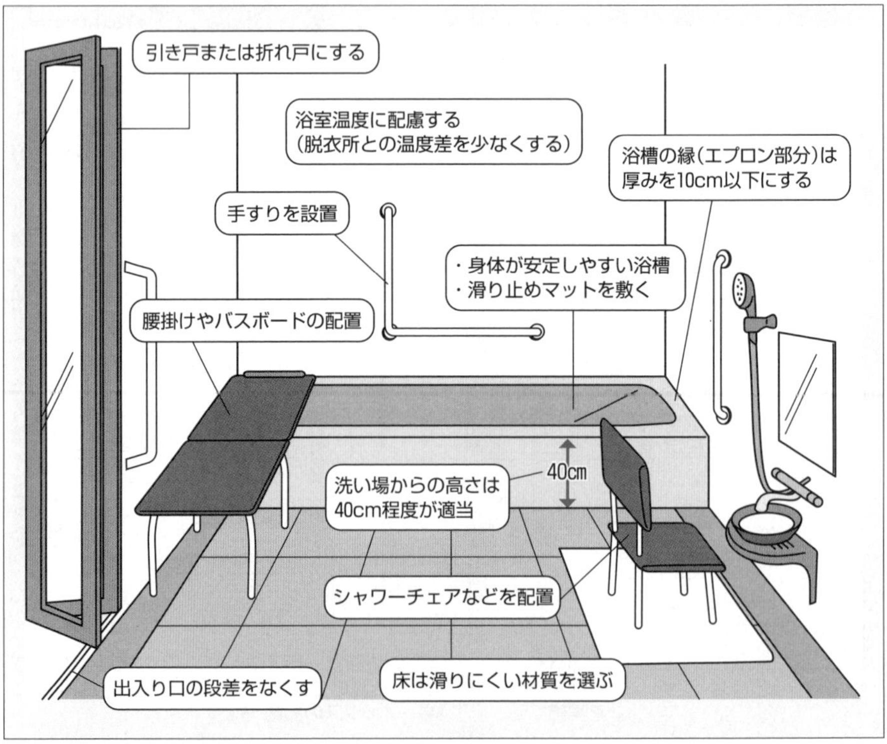

（出典）医療情報科学研究所 編『クエスチョン・バンク 介護福祉士 国家試験問題解説2022』メディックメディア、2021年、200頁をもとに一部改変

（2）快適な室内環境

　健康で快適な生活を長期的に継続するためには、介護が必要な状態となっても自立して自分らしく暮らせるように室内環境を整備することが大切である。快適な室内環境を整備するためのポイントを以下に示す。

❶音環境

　音は、毎日の生活の中から出るものである。音の種類や、音の出る場所や時間は一定ではなく、昼間は気にならない音でも、早朝や夜間には騒音に感じることもある。そのため、不快と感じる音を取り除いたり軽減したりするための対策が必要である。代表的な防音の方法には、距離減衰[18]、遮音[19]、吸音[20]、防振・制振[21]などがある。

❷光環境

　生活における光は、「作業のための光」と「娯楽や休憩のための光」に大別される。さまざまな行為に適切な光が設定できるように配慮する必要がある。

　また、窓や出入り口などから取り入れる自然光は、室内環境にとって

*18
音の性質のこと。距離が長くなるにつれて音のボリュームが小さくなる。

*19
空気中に伝わってくる音を遮断すること。鉄板、コンクリート、石膏ボードなどの素材を使用することが一般的である。

*20
音を吸収すること。吸音素材には、グラスウール、ロックウール、ウレタンフォームなどがある。

*21
振動するものから建物へ伝わる振動を制御すること。防振素材には、防振ゴムがよく使用される。

〈図7－4〉 トイレの環境整備のポイント

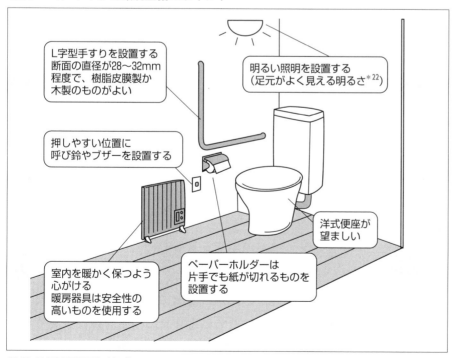

L字型手すりを設置する
断面の直径が28〜32mm程度で、樹脂皮膜製か木製のものがよい

明るい照明を設置する
（足元がよく見える明るさ[22]）

押しやすい位置に呼び鈴やブザーを設置する

洋式便座が望ましい

室内を暖かく保つよう心がける
暖房器具は安全性の高いものを使用する

ペーパーホルダーは片手でも紙が切れるものを設置する

*22
JIS（日本工業規格）では、廊下や階段より明るい75ルクスを推奨している。

（出典）医療情報科学研究所 編『クエスチョン・バンク 介護福祉士 国家試験問題解説2022』メディックメディア、2021年、198頁をもとに一部改変

大切な要素であり、利用者に開放感などの心理的効果をもたらす。

❸空気環境

換気の目的は、新鮮な外気を取り入れて、室内の空気を入れ換えることである。適切に換気をすることで、人体に有害となる物質を屋外に排出し、湿気によるカビやダニの発生を防ぐ効果がある。一般家庭における必要換気量は、居住者1人あたり1時間に30立方メートルといわれており、換気は2〜3時間に1回（5〜10分程度）の実施が目安となる。

❹温熱環境

室内で「暑い」「寒い」と感じることには、環境的な要素（温度、湿度、気流など）と、人間側の要素（服装、代謝量）とがある。前者について、快適な温熱環境を設定するには、エアコンや加湿器の使用などによりこれらの要素を適切にコントロールすることが重要である。

（3）寝室や寝具の環境整備―ベッドの整え方、寝具の衛生管理

介護を必要とする状態になると、ベッド上で過ごす時間が長くなる。そのため、ベッドは常に清潔であり、安全に配慮した環境が整えられていなければならない。[23] そのポイントを以下に示す。

*23
本書第8章第7節及び第8節参照。

❶ベッドの整え方

利用者が就寝時に使用する福祉用具（ベッド）のうち、一般的なものが特殊寝台（介護用ベッド、電動ベッド〔ギャッチベッド〕）である。これは、背上げ、脚上げ、背足連動、高さ調節など、利用者と支援する側双方にとって安全かつ安楽な環境を整えるために有効であるが、福祉用具も使用方法を誤ると危険な場合もあるので、注意が必要である。[24]

表7-2に安全に使用するためのポイントを示す。

*24
本章第5節参照。

❷寝具の衛生管理

寝具は、人が生活する上で欠かすことのできないものであり、その使用頻度も高く、特に利用者の状態によっては、一日の大半の時間、寝具を使用する場合もある。そのため、常に清潔に保つことが求められる。

また、感染症などの予防対策のためにも寝具の衛生管理は重要である。表7-3に衛生管理のポイントを示す。

〈表7-2〉特殊寝台の安全確認のポイント

項目	ポイント
すき間に注意する	・体の部位がはさまれないように、ベッド用グリップのすき間を確認する。 ・サイドレールのすき間を確認する。
転倒・転落に注意する	・マットレスの厚みに合わせた高さのサイドレールを設置する。 ・ベッドの高さは、介護するとき以外は常に低くする。 ・ベッド用グリップなどは必ず固定する。 ・ベッド周りは整理整頓しておく。
操作に注意する	・利用者の手足の位置を確認する。 ・ぶつかる物がないか確認する。 ・はさまる物がないか確認する。
その他	・手元スイッチは安全な場所に置く。 ・定期的に点検をする。

（筆者作成）

〈表7-3〉寝具の衛生管理のポイント

①衛生的な寝具を使用する。
②個別の寝具に、シーツ、ふとんカバー、枕カバーをかけて使用する。
③シーツ、カバー類は定期的に洗濯する。
④寝具は定期的に乾燥する。
⑤排泄物や嘔吐物で汚染した寝具は適切に消毒する。

（筆者作成）

第7章

参考文献

● 社会福祉学習双書編集委員会 編『社会福祉学習双書2021 第15巻 介護概論』全国社会福祉協議会、2020年
● 医療情報科学研究所 編『クエスチョン・バンク 介護福祉士 国家試験問題解説2022』メディックメディア、2021年
● 介護福祉士国家試験受験ワークブック編集委員会『介護福祉士国家試験受験ワークブック2021 下』中央法規出版、2020年
● 医療・介護ベッド安全普及協議会「続 医療・介護ベッドここが危ない!!」2020年
● 厚生労働省「2012年改訂版 保育所における感染症対策ガイドライン」2012年
● 国土交通省「高齢者、障害者等の円滑な移動等に配慮した建築設計標準」2012年
● 厚生労働省「福祉と住宅政策との連携について」2019年

第5節 福祉用具の活用

1 福祉用具活用の考え方

（1）福祉用具とは

　平成5（1993）年に「福祉用具の研究開発及び普及の促進に関する法律」が制定され、福祉用具とは「心身の機能が低下し日常生活を営むのに支障のある老人（中略）又は心身障害者の日常生活上の便宜を図るための用具及びこれらの者の機能訓練のための用具並びに補装具をいう」（同法第2条）と定義された。障害や傷病、加齢などの特徴に合わせて開発された福祉用具の種類は多岐にわたり、障害などがある多くの人の生活を支えている。

　福祉用具を使うことで、利用者がこれまでできなかったことができるようになったり、やりやすくなったり、活動に要する時間が短くなったりする。生活障害を補うことで、利用者がこれまで続けていた、あるいはそれまでは実現できなかった社会参加へと促してくれる。社会参加を拡大する上でも、福祉用具の種類と正しい使い方、利用者の障害特性と福祉用具とのマッチング、重大な事故を起こさないリスクマネジメントの観点等を知っておく必要がある。

（2）福祉用具活用の目的

　福祉用具を活用する目的は、以下のように大きく3つに分けることができる。

　①快適性・効率性

　　障害や疾病によって生活障害が起こると、これまで当たり前に行っていた活動に多大な努力や時間を要する。そのため、福祉用具を使うことで、必要となる努力が少なくなり、活動を安全かつ効率よく実現することにつながる。

　②社会参加

　　障害や疾病により自分のもっている能力を発揮できなくなると、身の回りの活動ができずに外出機会が少なくなり、家に閉じこもってしまうことがある。そのため、福祉用具を使うことで、障害や疾病で制限された活動が可能になり、外出機会を広げて社会参加を実現することにつながる。

③介護負担の軽減

　利用者への支援は、介護者にとって身体的・精神的な負担が大きい。福祉用具の利用は、障害がある人の生活の実現だけではなく、介護者の身体的・精神的な負担を軽減することにつながる。

2 福祉用具活用に関する知識

（1）福祉用具に関連する法律[*25]

❶介護保険法と介護保険制度

　介護保険法第8条において、福祉用具は「日常生活上の便宜を図る」「機能訓練を行う」「日常生活の自立を助ける」ためのものとされ、在宅サービスの一つと位置付けられている。[*26]

　介護保険制度で給付の対象となる福祉用具があり、それには貸与されるもの（福祉用具貸与）[*27]と購入費が支給されるもの（特定福祉用具販売）[*28]の2種類がある。貸与の対象は、利用する者が軽度者（要支援・要介護1）であるときには、福祉用具貸与費が算定できない場合があるので注意が必要である。また、利用者の皮膚が直接ふれる入浴や排泄に関する福祉用具の貸与はできず、購入の対象となる。

❷障害者総合支援法

　障害者総合支援法では、「補装具」や「日常生活用具」が給付される。「補装具」とは、「障害者等の身体機能を補完し、又は代替し、かつ、長期間にわたり継続して使用されるもの」で、義肢[*29]、装具[*30]、車いすなど（同法第5条25）[*31]をさす。「補装具」の中には、介護保険で貸与できるものもあるため、障害者総合支援法か介護保険法のどちらの制度を利用するのかの検討が必要となるが、原則的に介護保険法が優先される。

　また、「地域生活支援事業」[*32]の中に「日常生活用具」の給付等が位置付けられている。「日常生活用具」には、介護・訓練支援用具、自立生活支援用具、自動消火器、在宅療養等支援用具がある。

❸老人福祉法

　福祉用具の貸与・給付は原則として介護保険法が優先されるため、介護保険制度の対象となっていない火災報知器、自動消火器、老人用電話等は、老人福祉法に基づき貸与・給付が行われる。

*25
ここでの関連する法律については、厚生労働省ホームページ「介護保険における福祉用具」を参照。

*26
本双書第3巻第5章第2節3（1）参照。

*27
車いす、特殊寝台、歩行補助つえ、歩行器、移動用リフト、床ずれ防止用具、体位変換器、認知症老人徘徊感知機器、自動排泄処理装置など13種目。

*28
貸与になじまないもので、腰掛け便座や入浴補助用具、簡易浴槽、移動用リフトつり具、自動排泄処理装置の交換可能部分の5種目。

*29
本双書第4巻第2部第2章第2節4及び6（4）参照。

*30
四肢の一部を切断、欠損した場合に対し、その欠損部の機能等を補うもの。

*31
身体に取り付け、機能の代用をするもの。

*32
障害者総合支援法第77条、第78条に基づき、障害児・者が自立した日常生活または社会生活を営むことができるように、地域の特性や利用者の状況に応じて、柔軟な形で事業を実施することで、障害の有無にかかわらず国民が相互に人格と個性を尊重し安心して暮らすことのできる地域社会の実現に寄与することをめざしている。実施主体は市町村と都道府県（事業の全部または一部を団体等に委託または補助が可能）。

（2）福祉用具の種類

　福祉用具は、移動に関連するもの、排泄・入浴などの日常生活活動に関連するもの、コミュニケーションに関連するものなど、多くの種類がある。

　また、「自助具」^{*33}という生活補助具も福祉用具の種類の一つである。スプーンや箸、身体を洗うタオルなど、基本的な生活動作にかかわる道具が多く、利用者の習慣や癖に合わせて改良するなど、個別性が求められることも自助具の特徴である。

　「福祉用具情報システム」^{*34}では、約1万600点の情報が公表されている。

（3）福祉用具利用・導入に伴うマネジメント

　介護保険制度で福祉用具を利用・導入するためには、要介護者等に認定された上でケアプランにその必要性が明示される必要がある。ケアプランに基づき、福祉用具専門相談員^{*35}が、「福祉用具貸与計画」を作成する。

　また、利用・導入に向けては、介護支援専門員（ケアマネジャー）や福祉用具専門相談員だけではなく、医師、看護師、作業療法士・理学療法士・言語聴覚士、義肢装具士など多職種が、以下の4点に留意しながら、協働することが不可欠である。

①福祉用具の選定

　利用者の心身の状況、日常生活動作の自立の程度、理解力の程度、介護環境、住環境などを総合的に把握する必要がある。そして、利用者や家族の意思を確認すると同時に、活動範囲を広げるものか、介護者の負担を減らすものかなど、使用目的と福祉用具の特徴をマッチングさせることが重要である。

　なお、福祉用具の選定には、厚生労働省がガイドラインを示している^{*36}。

②福祉用具の使い方の指導

　福祉用具の使い方を間違えると、けがだけではなく、ときには命を落としてしまうほどの大きな事故につながる可能性がある。そのため、利用者だけではなく、家族など身近な使用者にも正しい使用法を説明する必要がある。利用者、利用者以外の身近な使用者が、福祉用具を使いこなせるかどうかを見極めることが重要なポイントとなる。

③福祉用具使用前や使用中の保守・点検

　福祉用具が十分に機能しているのか、破損・摩耗はないか、事故を起こす危険性がないかなど、実際に用具を点検する。

---

*33
病気や事故などで腕や足がまひしたり、加齢による身体機能の低下によって困難となった動作を補うための道具や装置。

*34
公益財団法人テクノエイド協会が行っている福祉用具の情報発信システムのこと（令和5〔2023〕年8月10日現在）。公益財団法人テクノエイド協会ホームページ「福祉用具情報システム」を参照。

*35
介護保険制度で指定を受けた福祉用具貸与・販売事業所に2名以上の配置が義務付けられている専門職である。他の介護保険サービス専門職と連携しながら、高齢者の自立した生活を福祉用具でサポートする。

*36
「介護保険における福祉用具の選定の判断基準について」（平成16〔2004〕年）。福祉用具の選定を行う場合の標準的な目安（ガイドライン）。

④モニタリング

　介護保険制度での福祉用具の貸与等の場合、介護支援専門員や福祉用具貸与・販売事業所にはモニタリングすることが義務付けられている。福祉用具が本来の目的どおりに使われているか、利用者の心身の状況や生活環境に変化は生じていないかなどを、利用者や家族から聞き取って評価することも必要である。

　なお、福祉用具に関する相談は、地域包括支援センターや居宅介護支援事業所などにするとよい。

３ 福祉用具活用の基本と留意事項

（1）起居動作に関連する福祉用具

❶特殊寝台（介護用ベッド・電動ベッド）

　特殊寝台（介護用ベッド、電動ベッド〔ギャッチベッド〕）は、押しボタン式スイッチの操作によって、背部または脚部床面の傾斜角度の調整、床面全体の高さの調整などができるものである。言い換えれば、その駆動機能は、背上げ機能や脚上げ機能、ベッドの上下機能などであるが、利用者の身体状況に応じたベッドを選択することが大切である。

　また、特殊寝台には、サイドレール（ベッド柵）、ベッド用手すり（介助バー、移動バー）、マットレス、テーブルなどの付属品がある。介護保険ではこれらを「特殊寝台付属品」として分類している。

　なお、マットレスは、特殊寝台上で利用者の身体を支えるものである。[*37] ベッドの背上げ、脚上げの機能に対応したものを選択する必要があるので、原則としてベッドのメーカーと同一の商品を使用する。

❷サイドレール

　ベッドのサイドレールは、利用者のベッドからの転落防止や寝具のずれ落ちを防ぐものである。サイドレールが固定されておらず差し込むだけのものと、体幹部ボトム（床板）に固定されているものがある。

❸ベッド用手すり

　ベッド用手すり（スイングアーム、介助バー、移動バー）は、ベッドの側面に取り付けて、寝返り、起き上がり、端座位、立ち上がりといった、起居動作の補助となる手すりである。片まひの場合は健側に取り付ける。介助バーの角度が利用者の動作にとって適切な角度になるように

*37
マットレスの種類については、本書第8章第8節2の図8−18を参照。安全確認については、本章第4節3（3）を参照。

第7章

調整する。

（2）移動動作に関連する福祉用具

❶車いす

　車いすは歩けない人や長時間の歩行が困難である場合に、座ったままで移動が可能になるものである。[38]自走用標準型、介助用標準型、リクライニング式[39]、ティルティング機能、モジュール型[40]などがある（**図7−5**）。

　また車いすは、自走（自操）式車いすと介助式車いすに大別される。自走式は、使用者自らが駆動・操作して使用することを主目的とした車いすで、重量があるため安定した走行ができるようになっている。介助式は、介助者が操作することを主目的とした車いすで、後輪が小さく軽量で、介助者の扱いやすいものになっている。

　車いすは福祉用具の中でも高い適合性が求められている。車いすを選ぶ場合は、使用する人の身体に合っていることが最も重要である。座面や背もたれの形状がぴったりと合い、足底がフットサポートについて安定した座位がとれることを確認することが求められる。使用する人の能力や使用する目的、環境、その人の好みなどを考えて細やかに調整する。

　さらに、調整が必要な場合は、専門家に相談し、調整後はあらためて正しい使用方法等を利用者や介護者等に説明することが重要である。

❷つえ

　つえは、歩行を補助するものとして広く使用されている。つえに体重をかけることで足にかかる負担を減らすことができる。また、両足とつえを使うと、身体を支える面積が増え、バランスが取りやすくなる。[41]

　つえには、T字型つえ、ロフストランドクラッチ、プラットホームク

＊38
車いすの種類や移動時の介護については、本書第8章第1節3（3）を参照。

＊39
シート（前面）とバックサポート（背もたれ）の角度を変えずに座面全体の角度を変えることができる。

＊40
各部分がパーツごとに取り外せるもの。利用者の身体に合わせて各部のサイズの調整や部品の交換が可能。

＊41
歩行の介護、つえ歩行については、本書第8章第1節3（4）を参照。

〈図7−5〉車いすの種類

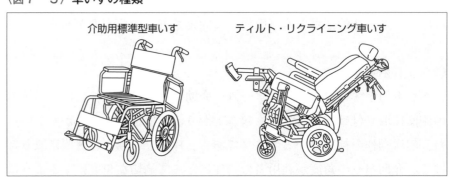

介助用標準型車いす　　　ティルト・リクライニング車いす

〈図7-6〉つえの種類

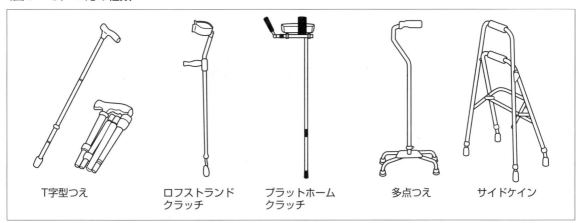

T字型つえ　　ロフストランド　　プラットホーム　　多点つえ　　サイドケイン
　　　　　　　クラッチ　　　　　クラッチ

ラッチ、多点つえ、サイドケインなどの多くの種類がある（**図7-6**）。
使用者の歩行能力、筋力、関節の動きの程度、使用環境、本人の希望な
どによって使い分ける。

❸歩行器・歩行車
　歩行器は、つえに比べて歩行の安定性は高く、バランスの低下や両下
肢の筋力が低下している人に適している。種類としては、固定式歩行器、
交互式歩行器、キャスター付き歩行器、ブレーキ付き歩行器、座面付き
歩行器などがある。選択の際は、使用者の身体状況に応じた高さや重量、
使用方法について専門家に相談し、指導を受けることが重要である。
　歩行車は、室内用はもちろん、屋外でも利用できる幅広い用途のもの
がある。三輪歩行車、四輪歩行車、シルバーカーなどがある。

❹移動用リフト
　リフトには床走行式、固定式または据置式がある。使用目的、用途に
よってさまざまな種類があり、移乗の動作や介護負担を軽減することが
できる。リフトには合わせて使うスリング（つり具）がある。スリング
も多種多様であり、安全・安心の操作ができるように講習会や実技指導
を受ける必要がある。

❺移動補助具
　①スライディングシート
　　スライディングシートは、摩擦が少ない素材でつくられており、マ
　ットレスと利用者の身体の間に敷き込んで使う。ベッド上で、下方に

ずり落ちた人を頭部のほうへ移動させたり、左右の移動や寝返りなどの体位変換時に使用し、人を持ち上げたりすることなく移動できるようにするものである。

②スライディングボード

スライディングボードは、ベッドから車いす等への移乗時に用いる福祉用具である。

身体に合ったサイズのシートやボードを選択し、介護に適切に活用できるようにすることが重要である。

（3）情報・コミュケーションに関連する福祉用具

❶視覚障害者のための機器

視覚機能を補うものとして、拡大鏡や音声案内、点字などがある。

拡大鏡（レンズ・ルーペ）は、文字や絵を拡大して見やすくするための補助具である。手持ち式は、凸レンズに持ち手がついており、細かな文字を読むことに適したルーペである。

本などの文字を拡大してモニター画面に映し出す拡大読書器もある。この拡大読書器は、本を読むだけではなく、携帯電話やスマートフォンの画面を操作する、裁縫で細かい作業（針の糸通しなど）をする、化粧の際の鏡代わりにするといった幅広い使い方もできる。

点字も視覚障害者の生活を補うものであり、点字器は点字を書くための用具で、点字板、点筆、定規で1セットになっている。音声案内も視覚障害を補うためによく使われている。小型送受信機を自身で操作することにより、音声案内を受けられる音声標識ガイドシステムがある。

❷聴覚障害者のための機器

聞こえにくさを補完する機器に、補聴器がよく使われている。補聴器は、既製品やオーダーメイドがあり、形状には耳あな型、耳かけ型、箱型（ポケット型）など多くの種類がある。

聴覚障害が重度な人には、これまでコミニュケーションボードなどを用いて伝えたい情報を文字にする筆談がよく使われてきた。しかし、近年の情報通信や機器技術の発展により、多くの選択肢が生まれてきた。テレビを観るときにはクローズドキャプション（文字字幕）の機能が使え、ニュースでは手話画像が入ったりしている。

固定電話では、受話器に専用の機器を接続すると通話を文字化することができる。パソコン、スマートフォン、タブレットでは、ビデオ通話

機能があるソフトウェアやアプリケーションなどのツールを使うことでテレビ電話のように対面で手話交信をすることができる。

❸肢体不自由者のための機器

　肢体不自由がある人には、本を読んだりできる書見台に加え、電話やパソコン、スマートフォンと連動させた文字盤やスイッチなどが開発されている。これらは重度障害者意思伝達装置の一つである。頸髄の脊髄損傷や筋萎縮性側索硬化症（ALS）などの疾患で人工呼吸装置を付けると声を出しにくくなる。その場合も意思伝達装置を使うことになるが、腕や手を動かすことができないときに、呼吸を用いてパソコンなどで操作するスイッチもある。

　障害の程度に合わせて、スイッチを大きくして操作ボタンを押しやすくしたり、ペンや鉛筆を持ちやすくした自助具を使ったりすることでも情報伝達とコミュニケーションを支援できる。

*42
脊髄損傷、切断、進行性疾患（筋ジストロフィー、脊髄小脳変性症など）、脳性まひなどによって、上肢、下肢ないし体幹に永続的な運動機能障害があり、日常的生活に支障をきたしている状態をいう。

（4）その他の福祉用具

　これまで紹介した福祉用具のほかに、屋内外の段差を解消する段差昇降機、階段昇降機などの外出支援を目的にした用具がある。

　また、楽に食事ができる介助箸、洗えない背中を洗う洗体道具、一人で爪を切れる爪切り道具、一人でメイクができる道具など、用途に合わせた自助具もある。

　近年では、車いすユーザーに人気のおしゃれで耐久性のあるデニムのパンツやスカート、障害者の肌に優しい肌着や下着などの衣類もあり、より快適に生活を楽しむための福祉用具が開発されている。

4 先進技術

（1）スマートデバイス

　タブレット端末やスマートフォンで使えるアプリが、視覚に障害がある人の生活に役立つ道具として活用されている。

　ルーペの代わりに、見たいもの（例えば、駅のホームにある列車発着案内情報ボードや路線図）をカメラでとらえて、モニター上で拡大させたり、白黒を反転させて見やすくしたりすることができ、簡単なボタン操作で表示色の切り替え（色の反転、カラーフィルターなど）ができることから、活用の幅が広がっている。

（2）ロボット介護機器

　超高齢社会を迎え、介護者の負担軽減を目的に、ロボット技術を活用した機器の開発が盛んに行われている。厚生労働省と経済産業省は、未来投資会議による議論をふまえて、平成24（2012）年に「ロボット技術の介護利用における重点分野」を定めた[*43]。その重点分野には移乗介助機器、移動支援機器、排泄支援機器、入浴支援機器、見守り支援機器がある。

（3）人工知能（AI）やIoTの活用

　これからの日本は少子高齢化に伴い、介護者の減少によって介護ロボットを含めた福祉用具の積極的な活用が見込まれている。AI[*44]やIoT[*45]の発展により、利用者の自己実現の幅は広がる。

　IoT機器、センサー、記録システム、コールシステムから得られた情報を集約しAI分析することで、利用者の安否や生活リズムを把握して健康的な生活のサポートができるシステムを開発している企業もある。また令和4（2022）年より、排泄予測支援機器が特定福祉用具販売の給付対象種目として追加された[*46]。これは利用者の健康だけではなく、介護者の負担を軽減することも可能にする。このようなAIやIoTを活用した福祉用具やシステムが今後普及していくことが予測される。

　先進技術の発展に合わせ、利用者には機器の使用法の理解などが必要となり、機器を扱ったことのない世代とのギャップにどれだけ対応できるのかが課題となる。しかし、どれだけ技術が発展しても、用具や機器を取り扱う人の心が大切である。

　個人の生活環境や習慣に合わせた福祉用具の活用に向けて、利用者と家族にどのようなニーズがあるのか、またその自己実現のために、ニーズに合わせてどのような福祉用具を選択するのか、支援者は導入後のフォローも含めて利用者と十分に話し合いながら支援していくことが重要である[*47]。

*43
平成29（2017）年に改訂。5項目追加。本双書第3巻第4章第7節参照。

*44
1956年にダートマス会議において「計算機による複雑な情報処理」を意味する名称として選択され、第1次の推論・探索の時代、第2次の知識の時代を経て、第3次革新の時代を迎えている。第3次革新の時代の特徴は、大量のデータを用いた「機械学習」や「ディープラーニング」の手法を用いることで画像認識や音声認識の精度が飛躍的に向上したことである。

*45
「Internet of Things」の略で、「モノのインターネット」という意味で使われている。離れた場所からモノ（センサー機器、駆動装置、家電製品、電子機器など）の状態を把握する役割や、モノ同士がさまざまなデータを相互に情報交換をする役割を果たす。

*46
利用者が常時装着した上で、膀胱内の状態を感知し、尿量を推定するものであって、一定の量に達したと推定された際に排尿の機会を居宅要介護者等またはその介護を行う者に自動で通知するものである（厚生労働省ホームページより）。

*47
このほか、テクノロジーを活用した高齢者支援については、本双書第3巻第4章第7節参照。

参考文献
● 社会福祉学習双書編集委員会 編『社会福祉学習双書2021 第15巻 介護概論』全国社会福祉協議会、2020年

第8章

生活支援技術の基本Ⅱ

学習のねらい

　本章生活支援技術の基本Ⅱでは、生活支援技術の基本として、利用者の日常生活を支える介護実践の方法について学ぶ。

　移動、身じたく、食事、入浴（清潔）、排泄といった日常生活の支援に加え、家事や睡眠の支援まで介護福祉職が身に付ける生活支援技術は多岐にわたり、一人ひとりの利用者の心身の状況に合わせて介護実践にあたることが求められる。

　そのために本章では、第1節「体位変換・移動の介護」、第2節「身じたくの介護」、第3節「食事の介護」、第4節「入浴・清潔保持の介護」、第5節「排泄の介護」、第6節「家事の介護」、第7節「睡眠の介護」において、それぞれの介護の意義と目的、介護を必要とする人のアセスメントの重要性を学ぶとともに、介護の基本を理解する。

　第8節「療養が必要な人の介護」では、療養が必要な人についての基本知識と、その介護の方法を理解する。

第1節 体位変換・移動の介護

1 体位変換・移動の介護の意義と原則

健康な人は就寝中に自然に寝返りをうち、体圧が筋や骨格の同一部位に加わるのを防いでいるが、利用者の中には自分で寝返りをうつことができず、不活発な身体の状態が長時間続く場合がある。そのため、全身に廃用症候群[*1]が引き起こされ、心身に苦痛が生じることがある。具体的には、主に筋力低下や関節可動域制限などの運動機能や日常生活動作（ADL）の低下であるが、そのほかにも精神活動の低下や認知症症状を引き起こす場合もある。

このことから、体位変換や移動の介護の意義は、寝返りや起き上がりなどの動作を支援することにより、いすに座って過ごすなど、離床によるQOLの維持・向上と、二次的障害の予防である。

以下に、体位変換や移動の介護の原則を3つあげる。

*1
長期間にわたり臥床が続いたり、活動が低下することにより生じる心身の機能低下のことをいう。

❶利用者の自立支援を心がける

人間は誰しも、「人の手を借りずに自分で自分のことをしたい」という思いがある。そのため、介護福祉職は利用者の身体機能の状態をよく理解して、利用者自身の意思と力で動くことのできる機会を多くするための支援を心がけることが大切である。

❷利用者に安心感をもってもらう

介護福祉職が利用者に声かけをせず、いきなり介護を始めると、利用者にとってそれは大変な恐怖となる。そのような行為を避け、利用者がこれから受ける介護の展開を予測できるように、ていねいに声をかけることが大切である。

また、認知症などの利用者の中には、介護福祉職の手が利用者の身体にふれていることで安心感が生まれることもあるため、声をかけながら利用者の手にふれるなどの行為を、介護を行う前後などに実行してみるのもよい。

❸適切な介護方法を選択する

介護福祉職は、利用者の日常生活動作（ADL）の自立度や、障害の

程度、身体の大きさなどを把握し、利用者に適した介護の方法を選択することが大切である。

　また状況によっては、複数の介護福祉職で対応したり、福祉用具を活用したりするなど、利用者の安全の確保とともに、介護福祉職に過度の身体的負担がかからないようにする。

2 体位変換・移動の介護のアセスメント

　介護福祉職が体位変換や移動の介護を行う対象となる人は、身体を自分の意思どおりに動かすことが困難な状態の人である。そのため、根拠のある標準化された技術を提供することにより、利用者と介護福祉職双方の身体的な負担を軽減することが大切である。

　体位変換や移動の介護をする際には、以下の視点をもって利用者をアセスメントし、安全かつ自立支援について最大限に留意した介護を提供することが重要である（**表8-1**・**表8-2**）。

〈表8-1〉**体位変換の介護のアセスメント例**

①コミュニケーションを図ることは可能か	⑥側臥位で身体を支えることができるか
②身体にまひしている部位があるか	⑦起き上がることができるか
③身体に拘縮している部位があるか	⑧座位の保持ができるか
④関節可動域の制限はあるか	⑨立位の保持ができるか　等
⑤褥瘡はあるか	

（筆者作成）

〈表8-2〉**移動の介護のアセスメント例**

①コミュニケーションを図ることは可能か	⑨立位の保持ができるか
②身体にまひしている部位があるか	⑩歩行の速度はどれくらいか
③身体に拘縮している部位があるか	⑪歩行できる距離はどれくらいか
④身体に振戦する部位はあるか	⑫歩行中に転倒する危険性はあるか
⑤上下肢に変形している部位はあるか	⑬移動する動線に障害物がないか
⑥筋萎縮をしている部位はあるか	⑭移動する動線が滑りやすくなっていないか
⑦関節可動域の制限はあるか	⑮靴は足のサイズに合ったものか　等
⑧筋力が低下している部位はあるか	

（筆者作成）

3 自立に向けた体位変換・移動の介護の基本と留意点

（1）体位の名称

　介護において用いる各体位の名称には、一般的にはあまり使われないものも存在する。しかし、介護福祉職は、利用者の支援を行う多職種と協働する上でも共通の言葉として使用する機会が多い。

　以下に、基本的な体位の名称・種類、特徴を示す（**図8-1**）。

❶ 仰臥位（背臥位）

①あおむけで、背面全体で身体を支持するため、基底面が広く姿勢が安定している。

②全身の筋肉の緊張が少ないので、エネルギーの消費も少ない。

③仙骨部、肩甲骨部、踵骨部等が圧迫されるため、褥瘡*2の発症に留意する。

＊2
本書第3章第3節＊25
参照。

❷ 側臥位

①左半身が下になった側臥位を左側臥位、右半身が下になった側臥位を右側臥位とよぶ。

②下側の肩関節、上肢、腸骨部が圧迫されやすいので留意する。

③片まひがある場合は、原則としてまひ側を下にしない。

❸端座位

①ベッドの端に腰かけるなど、背もたれのない環境での座位の姿勢であり、歩行や移動などの準備のための体位である。

②安定が図られるように足底を床につけ、大腿と下腿の屈曲が90度に支持されるように留意する。

〈図8-1〉 体位の種類

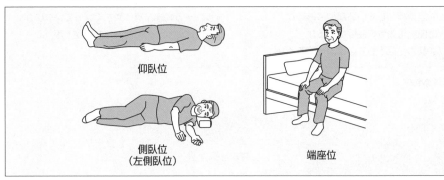

仰臥位

側臥位
（左側臥位）

端座位

❹座位（いす座位）

　①背もたれを使用して、いすや車いすなどに腰かけた姿勢である。

　②安楽な姿勢がとれ、心肺の負担が少ない。そのため比較的長時間過ごすことができる。食事や余暇活動時などに最適な姿勢である。

　③片まひなどの場合には、まひ側の身体が後方などにもたれかかることがあるため、クッション等を使用して姿勢を修正するなどの留意が必要である。

（2）ボディメカニクス

　介護福祉職が、利用者の体位変換や移動の介護を実施する際には、利用者の安全や自立支援に配慮することとともに、介護福祉職も腰痛などを予防することが重要である。そのためには、介護福祉職が筋力のみに依存した介護をするのではなく、人体に外部から重力や抵抗が加わった際に、骨、筋肉、関節などにどのような力が生じるのかを理解する必要がある。そのような運動学や力学によって生じる姿勢や動作のことを、ボディメカニクスという。ボディメカニクスを体現することにより、最小の力で最大の効果を発揮することが期待できる（**表8－3**）。

〈表8－3〉ボディメカニクスの原則

①支持基底面積を広く確保する	⑥重心移動は水平に行う
②重心を低くする	⑦「押す」よりも手前に「引く」
③利用者との重心位置を近づける	⑧大きな筋群を使う
④利用者の身体を小さくまとめる	⑨足先を移動する方向に向ける
⑤重心移動で利用者を動かす	⑩てこの原理を応用する

（筆者作成）

（3）車いすの操作と移動時の介護

　歩行が不可能であったり歩行能力が不十分である利用者にとって、生活空間の拡大のために車いすの存在は欠かせない。車いすがあれば、離床するきっかけとなるため、身体的なメリットが大きい。さらに生活エリアが拡大すれば、五感に刺激を与え精神的な効果も期待できる。

　そのように、車いすを使用することには多くのメリットがあるが、移乗には事故のリスクもあるため、自走および介助による車いすの移動には高い技術が必要となる。車いすには手動のものと電動のものがあるが、主に介助が必要となるのは手動のものである。そのため、ここでは手動の車いすの点検や操作に関するポイントを示す。

〈図8-2〉車いす（標準型）の各部の名称

1. ハンドグリップ：介助者（介護福祉職）用の握り
2. バックサポート（バックレスト：背もたれ）
3. 大車輪（後輪）
4. ハンドリム：利用者自身がここに手をかけて車輪を回す
5. ティッピングレバー：介助者がキャスター上げをするときに使う
6. ブレーキ：停止中に走り出さないためのもの
7. キャスター（前輪）：衝撃に弱いので注意。空気入りのものもある
8. フットサポート（フットレスト）：足をのせる部分の総称。高さの調節ができる（下に調節用のボルトがある）
9. レッグサポート（レッグレスト）：足が後ろへ落ちないように支える
10. シート：クッションをのせて使うことが多い
11. スカートガード（側当）：衣服などが外に落ちないようにする
12. アームサポート（アームレスト：肘掛け）：取りはずし式のものがあるので接続状態に注意

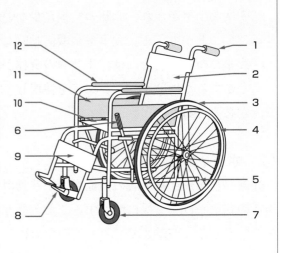

（筆者作成）

❶車いすの各部の名称

車いすの各部の名称を**図8-2**に示す。

*3
本書第7章第5節3
（2）参照。

❷車いすの種類^{*3}

①自走用標準型車いす

利用者自身が操作でき、支援（介護・介助）もできるようになっている。

②リクライニング式車いす

標準型車いすに比べて背もたれが高く、リクライニングができるようになっている。

③支援専用型（介助用標準型）車いす

自走用標準型に比べてタイヤが小さく、利用者自身では操作できない。コンパクトで車載もしやすい。

④ティルト・リクライニング車いす

ティルティング機能で座面と背もたれの角度を変えずに利用者の姿勢を変えることができる。背もたれを倒すと座面も傾くので、このタイプは利用者の着座位置がずれにくく、姿勢を保持しやすい。

❸車いすの点検

利用者が車いすへ移乗する前に、介護福祉職は車いすが安全であるか

を点検する（**表8-4**）。

〈表8-4〉車いすの点検箇所と点検のポイント

①大車輪とキャスターの回転は良好か
②大車輪の空気圧は適正か
③ブレーキは正常に作動するか
④シートとフットサポート（フットレスト）は十分に開くか
⑤操作時に、きしみや異常音はないか
⑥ハンドグリップははずれないか
⑦各接続部は確実に接続されているか

❹車いすの操作

　介護福祉職は、基本的な車いすの操作方法、坂道や段差など注意を要する場所、エレベーターや電車の乗り方・降り方など、車いすで移動する際の留意点を知っておく必要がある。それぞれのポイントを示す（**表8-5・表8-6・表8-7**）。

〈表8-5〉車いすの操作と移動時の介護

①整備の行き届いた車いすを使用する
②利用者が乗り降りする際には、必ずブレーキをかける
③フットサポート（フットレスト）は、利用者が乗り降りする際には必ず上げておく
④直進時は左右の握り（ハンドグリップ）に均等な力を入れる
⑤下り坂では利用者が前のめりになる感覚をもち恐怖心を抱くため、介護福祉職が車いすをひっぱるようにして、大きく蛇行しながら下る。また、傾斜がきついときや道幅が狭く蛇行がむずかしいとき、自動車が頻繁に通る道では、後ろ向きになり、車いすを支えながら下る
⑥段差を上がるときにはティッピングレバーを踏み、キャスターを浮かせて大車輪で進む。ティッピングレバーを強く踏み込んで必要以上に車いすを傾けたりせず、キャスターを下ろすときには、強い衝撃を与えないようにゆっくりと下ろす
⑦大きな段差を下りる際には後ろ向きで下りる。このときにも衝撃に注意する
⑧車いすに乗る利用者と車いすを押す介護福祉職では、視線の高さが異なる。利用者は、視線が低いことにより圧迫感を感じたり、移動の際に恐怖心を抱いたりすることがある。そのため、介護福祉職がこまめに声をかけたり、狭い道を避けたりするなど配慮する

〈表8-6〉エレベーターの乗り方・降り方

①エレベーターに乗るときは直進して乗り、中でドア側へ車いすの向きを変える。向きを変えるスペースがない場合は、後ろ向きで降りる
②エレベーターのドアに車いすや利用者が挟まれないように、ドアの「開延長」ボタンが装備されている場合は利用する
③正面に鏡が設置されているエレベーターの場合、鏡は、向きを変えることができずにエレベーターから降りる際の後方の安全確認をする役割を果たすが、認知症の利用者では自分が鏡に映ることで不穏になることもある。そういった場合には後ろ向きで乗ることもある

〈表8-7〉電車の乗り方・降り方

①電車に乗るときは、電車の床がホームより高いので、前向きでキャスターを上げたまま大車輪だけで乗り込む。乗り込んだらキャスターを下ろしてブレーキをかける
②電車から降りるときは、後ろ向きでキャスターを上げて大車輪だけで降りる
③乗り降りの際、車いすが電車に対して斜めになると、ホームと電車の間に大車輪が落ちてしまう可能性があるので、必ず真っすぐにするように注意する

（4）歩行の介護

　歩行の介護においては、介護福祉職は利用者の希望を聴きながら、利用者の体幹・立位バランス・歩行能力に対応して、適切な歩行パターンや介護の方法を選択しなければならない。歩行速度や歩幅は、安定して歩行することができる範囲に限定し、決して無理をしないことが大切である。

　また、歩行動作における利用者の緊張を和らげ、身体・精神両面の負担を軽減することにも心がけるとよい。

　歩行の介護を行うことによって、利用者の四肢体幹の動きを円滑にし、良好な立位バランスを保持しながら安定した歩行を確保して、利用者の行動・活動範囲の拡大や社会活動への参加を促すことも大切である。

〈図8-3〉3動作歩行

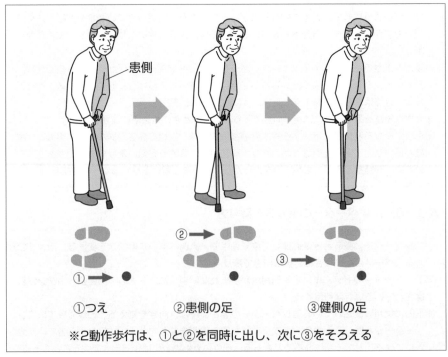

①つえ　　　　　②患側の足　　　　　③健側の足

※2動作歩行は、①と②を同時に出し、次に③をそろえる

（出典）『らくらく暗記マスター 介護福祉士国家試験2022』中央法規出版、2021年、98頁をもとに一部改変

ここでは、つえを使用する場合の歩行の介護についてポイントを示す。

❶つえ歩行の介護

つえを使用すると、支持基底面が拡大される。それにより、歩行が不安定な人が安定して歩行するための補助的な役割を果たす。つまり、つえを使用して歩行することは、利用者自身の意思と力で生活範囲を維持および拡大することにつながる。

したがって、「身体機能が低下したため、つえを使用している」というマイナス面に着目するのではなく、「つえを使用することによってそれまでの活動を継続することができる」ととらえることが大切である。

以下に、その要点を示す（**表8−8**）。また、片まひがある人の場合の3動作歩行について、**図8−3**に示す。

〈表8−8〉 **つえ歩行の介護**

①つえの長さは、健側の手でつえを持ち、足の横15cm・前方15cmのところにつえをついた際、腕がわずかに（30度程度）内側に屈曲する位置となる高さが望ましい
②介護福祉職は利用者の患側の斜め後ろに立ち、利用者の腰部に手を添える
③平地での歩行には、3動作歩行（①つえを前に出す→②患側の足を前に出す→③健側の足を前に出す〈図8−3〉）と、2動作歩行（①つえと患側の足を同時に前に出す→②健側の足を前に出す）があり、使用するつえはT字つえ、多点つえ、ロフストランドクラッチ、プラットホームクラッチ[*4]などがある

❷階段の上り下り

つえを使用する人の階段昇降は、自立した生活の実現につながる反面、大変危険を伴う。まひのある人の場合は、特に注意が必要となる。

以下に、その要点を示す（**表8−9**）。

〈表8−9〉 **階段の上り下りの介護**

①つえと健側の足を1段上に上げ、つえと健側の足に体重をかけながら1段上に上る
②患側の足を上げて、健側の足にそろえる
③階段を下りるときは、健側の足に体重を残して患側から下りる
④介護福祉職は、利用者がふらついた際に支えられるように1段下に立つようにする
⑤手すりがあるときは、つえより手すりを使用したほうが安定するため、手すりを活用する

＊4
本書第7章第5節3
（2）❷参照。

第8章

第2節　身じたくの介護

1　身じたくの介護の意義と目的

　身じたくとは、何かをするために環境や場面に適した身なりを整えることである。日常生活の場面に適した身なりを整えることには、3つの意義がある。1つめは、社会性を保ち活動意欲を高め、いきいきと生活することにつながる。2つめは、他者から見られる自分を意識して自分らしさを表現することにより、他者と積極的にかかわるための原動力になる。3つめは、認知機能も含めた心身機能を維持・向上させるリハビリ効果が期待される。

　身じたくの主な目的は、外部環境（紫外線、細菌、寒冷刺激、害虫など）や危険物から身を守る、体温を調整する、清潔を保持するなどである。また、身じたくを整えることは生活にメリハリやリズムをつくり、健康の維持や気分転換につながる。したがって、身じたくにより、心身の機能を維持・向上し、活動や参加の機会を増やし、QOLを高めることができる。

　身じたくの具体的な行為は、整容（洗顔、整髪、化粧、ひげそり、爪切り、耳の掃除、口腔ケアなど）、衣服の着脱である。感覚器が集中している頭部や顔の手入れをする整容や口腔ケアを行うことにより、視覚・聴覚・嗅覚・味覚・触覚が刺激され、心地よさや満足感が得られる。

　また、衣服の着脱は姿勢保持や全身の関節の動きを伴う行為であるので、全身の関節や筋肉を動かし残存機能を活用することにつながる。毎日の身じたくにより、心身機能の活性化や維持・向上を促すことができる。

2　身じたくの介護のためのアセスメント

　身じたくの介護が必要な人は、整容や衣服の着脱などにおいて、それまで生活習慣として当たり前にやってきたことに支障を来している。

　安全に身じたくの自立を支援するためには、まず、利用者の身じたくに関する情報を得ることが必要である。①健康状態（病気、外傷などの有無）、②心身機能・身体構造（まひ、拘縮[*5]、筋力、関節の可動域制限、姿勢保持の状態、認知機能、精神機能など）、③活動状況（整容、衣服の着脱行為の実行状況）、④参加（外出、他者との交流の機会、就労、

*5
靱帯、筋肉などの軟部組織が縮み、関節の動きが制限され動きにくくなること。

〈表8−10〉身じたくの介護に関するアセスメントの視点

ICF項目[6]	観察項目	観察内容
健康状態	病気、外傷	・病気による症状（しびれ、痛み、めまい等）、骨折、内服薬とその副作用の有無、体調の変調の有無
心身機能・身体構造	まひ、拘縮、筋力など	・関節の可動域や筋力低下の有無 ・姿勢保持の状態 ・感覚機能の状態（視覚、触覚、痛みなど） ・意識、見当識、知的機能などの状態 ・心機能、呼吸機能　　　　　　　　　　　　　　　　など
活動	整容、着脱の実行状況	・整容行為の実行状況（いつ、どこで、どのように行っているのか） ・着脱行為の実行状況（いつ、どこで、どのように行っているのか） ・身じたくにかかる意思決定ができるか ・身じたくに必要な用具などを理解し、どのように使用しているか ・身じたくに必要な移動方法・手段
参加	外出、交流、役割	・外出の機会、人との交流、地域交流などの機会の有無 ・地域や家庭における役割の有無 ・身じたくを整えたいと思える人間関係の有無
環境因子	場所、介護者、用具・制度	・洗面所などの環境（スペース、段差、設備や構造など） ・支援者の有無と支援状況 ・セルフケア及び介助で必要な用具の有無、福祉用具、サービスの利用の有無　　　　　　　　　　　　　　　など
個人因子	習慣、嗜好	・身だしなみの習慣、ライフスタイル、価値観　　　など

（出典）田中由紀子・川井太加子監修『生活支援技術』実教出版、2018年、65頁をもとに筆者作成

*6
本書第6章第2節1参照。

地域や家庭における役割など）、⑤個人因子（年齢、性別、身じたくの習慣、嗜好など）、⑥環境因子（介護者の有無と介護状況、福祉用具の有無など）がどのように関連しているかを把握する。相互の影響状況も含めて情報を分析・解釈し、情報を関連付けて統合し、身じたくに関する生活上の課題を抽出する。

　次に、身じたくのよりよい状態に向けて、どのような支援を必要としているのかを明確にしていく。物の配置の工夫、姿勢保持のための手すり等の設置、その人に適した福祉用具の活用によって、できること（活動）を増やしていく支援を行う。自力で行うことで満足感や達成感を得て自信を取り戻すことができるように支援する。

　身じたくの介護に関するアセスメントを行う際の観察のポイントは**表8−10**のとおりである。

第8章

3 自立に向けた身じたくの介護の基本と留意点

（1）整容

　利用者の意向にそって整容の支援を行うことは、利用者の気分転換を図り、活動意欲を引き出すことにつながる。

　整容の支援を行う場合は、個別性に配慮し利用者の意向を尊重することが大切である。まず、なりたい自分をイメージしてもらい、次にそれに合った環境や安定した姿勢を整え、利用者が福祉用具を活用して可能な限り自分でできるように支援する。

❶洗顔

　顔は感覚器が集中しているので、敏感で凹凸も多い部位である。洗顔は石けんをよく泡立て、ていねいに汚れや皮脂を落とすように支援する。

　洗面所での実施が困難な場合は、部屋で洗面器を使って行うか、または、蒸しタオルなどで清拭する。できるだけ自分で行ってもらうが、支援する場合は、感染予防のため最初に目のまわり（まぶた）を拭く。目頭から目尻に向けて、左右の目は同じ面で拭かないようにタオルの面を替えて拭く。次に、目以外を皮膚の走行に沿って拭く。

　洗顔が終了した後は、乾燥を防ぐために保湿クリームなどを塗るとよい。

❷整髪

　整髪は髪の乱れを整えるだけでなく、頭皮や頭髪の蒸れの解消や清潔保持の効果もある。使用する用具は、利用者の状態・状況に合わせて本人が使用しやすいもの（軽量、角度が大きい、柄が太いブラシ、柄が長いブラシなど）を準備し、できるだけ自分で行ってもらう。

❸ひげの手入れ

　ひげそりの支援は、安全で手軽な電気カミソリを使用するとよい。電気カミソリは、皮膚に対し直角（90度）に当て、ひげの流れに逆らうように下から上へとゆっくり、軽く滑らすように動かしてそる。顎の下など湾曲した部分は、皮膚を伸ばしてひげを立たせてからそる。ひげそりの後は、皮膚を保護し、肌荒れを予防するために保湿クリームを塗るとよい。

❹耳の手入れ

　耳かきや綿棒を入れる深さは、耳の穴から１センチ程度を目安とする。無理に汚れを取ろうとすると粘膜を傷付ける可能性があるので、取れる耳垢(あか)だけをやさしく除去する。

　耳垢が大きく固くこびりついている場合などは、無理をせず耳鼻科に行くようにすすめる。

❺爪の手入れ

　爪は一度に切ろうとせず、少しずつ切り、深爪にならないように注意する。足の爪は、スクエアオフ[*7]に切る。もろくなった爪は、爪切りで切らずにやすりをかける。切り終わったら保湿クリームなどをつけ、使用後の爪切りは消毒する。

　高齢者の爪は硬く割れやすいため、入浴後などに行うとよい。爪及び周囲をよく観察し、異常があれば速やかに医療スタッフに報告し、介護福祉職は対応しない。

*7
爪の形の一つで、爪全体を真上から見たとき、角が落ちた四角形になっている形状のこと。足の爪は、「スクエアオフ」にすることで足先に力が入りやすくなり、転倒を予防することができる。また、巻き爪などのトラブルも防げる。

❻口腔の清潔（口腔ケア）

　口腔ケアの目的は、歯磨きやうがいなどにより歯垢を除去し、虫歯や歯槽膿漏(しそうのうろう)、誤嚥性肺炎(ごえん)などの感染症を予防することである。さらに、正常な味覚を保ち食べる楽しみをもつことによりQOLを向上させること、口臭を予防し対人関係を円滑にすることである。

　口腔ケアの種類には、口腔清掃（器質的口腔ケア）と口腔リハビリテ

〈図８－４〉口腔内の汚れがつきやすい部位

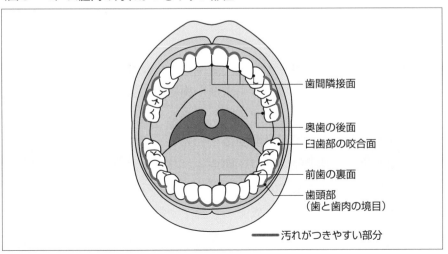

歯間隣接面
奥歯の後面
臼歯部の咬合面
前歯の裏面
歯頸部
（歯と歯肉の境目）
━━ 汚れがつきやすい部分

（出典）田中由紀子・川井太加子監修『生活支援技術』実教出版、2018年、68、69頁をもとに筆者作成

第8章

ーション（機能的口腔ケア）がある。口腔清掃は毎食後と就寝前や起床後に行う。適切な清掃用途器具を使用し、姿勢を整え、できる部分は自分で行ってもらう。

　介護福祉職が行う口腔ケアは、主に歯磨き、口腔清拭、義歯の手入れなどの口腔清掃である。支援する場合は、利用者が口腔清掃を行った後に口腔内の汚れが残っている部位を行う。口腔内の汚れが付きやすい部位は**図8－4**のとおりである。

＊8
本章第3節3（4）❶参照。

　座位で歯磨きを支援する場合は、食事同様、誤嚥を予防する姿勢（下顎を引く）[＊8]で行う。顔面にまひがある場合は、まひ側に食物残渣がたまりやすいので、汚れを確認しながらていねいに行う。

　義歯の手入れも重要である。義歯は長時間装着しないでいると合わなくなり、表情や発音などにも影響するため、就寝時以外は装着を促す。総入れ歯は、面が広い上顎から装着し下顎からはずす。毎食後はずして、義歯用歯ブラシを用いて流水下で洗う。洗浄剤を使用するとブラシだけでは落としきれない汚れや細菌を除去できる。義歯は乾燥するとひずみや割れが生じやすいので、はずしておく場合は必ず専用容器に水を入れて保管する。

❼化粧

　化粧は、利用者の好みややり方を尊重し、できない部分だけを支援する。自分でできるだけ手先を動かして化粧をすることは、リハビリテーションの機会となる。なりたい自分になることは、活動や参加への意欲を引き出す場面づくりとして期待できる。

（2）衣服の着脱

　目的や役割に適した衣服を自分で選択し、さらにその日の気分や好みを尊重して、なりたい自分を表現できるように支援する。

　筋力低下やまひがある場合は、まひや拘縮、関節可動域制限などを考慮し、軽量で着脱しやすいデザインや着心地のよい素材が適している。安全に着脱できるように環境や姿勢を工夫し、できるだけ自分で行ってもらうことで、心身機能の維持・向上につながる。

　また、肌の露出が生じる着替えの際には、プライバシーの保護に留意し、室温などにも配慮する。衣服の着脱を支援した場合は、最後に身体にフィットしているか着心地を確認する。

　以下に、対象に応じた衣服の着脱の介護の方法をあげる。

〈図8-5〉片まひがある場合の支援

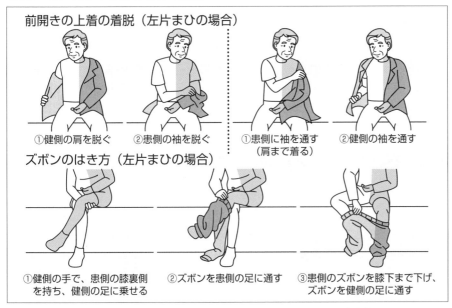

前開きの上着の着脱（左片まひの場合）

①健側の肩を脱ぐ　②患側の袖を脱ぐ　①患側に袖を通す（肩まで着る）　②健側の袖を通す

ズボンのはき方（左片まひの場合）

①健側の手で、患側の膝裏側を持ち、健側の足に乗せる　②ズボンを患側の足に通す　③患側のズボンを膝下まで下げ、ズボンを健側の足に通す

（出典）田中由紀子・川井太加子監修『生活支援技術』実教出版、2018年、68、69頁を一部改変

❶片まひがある場合の支援

　立ち上がりや立位でのふらつき防止のために、手すりやいすを活用し転倒などの事故を防ぐ。脱健着患で、できるだけ自分で行ってもらい、うまくできないところを支援する（**図8-5**）。

❷全介助を必要とする場合の支援

　寝たきりで片まひがある利用者を支援する場合は、ベッド上の利用者の健側に立ち脱健着患で片側ずつ行う。まず脱衣の支援では、上衣の前ボタンをはずし、患側上肢の肩口を少し広げる（健側の上肢の袖が脱ぎやすくなる）。健側の上肢の袖を脱がせ、脱いだ服（袖）は内側に丸めながら身体の下に入れる。次に、健側が下になるように側臥位になってもらい、利用者の身体の下に入れておいた服を引き出し、背面を脱がせると同時に新しい上衣をかける（できるだけ肌の露出を避ける）。かけた新しい上衣の下で患側の上肢の袖をゆっくり脱がせる。

　着衣の支援では、まず、側臥位の利用者の患側の上肢にかけていた新しい上衣の袖を通し、背中・肩・脇のラインに合わせ、健側の服（袖）を身体の下に入れ込む。仰臥位に戻ってもらい、衣服を身体の下から引き出し、健側の袖を通す。ボタンをとめて上衣を整え、着心地を確認する。

*9
衣服の着脱において、まひなどのない健側から脱ぎ、患側から着ること。

第8章

次にズボンは、仰臥位の利用者の健側の股関節まで脱がせ、健側を下にした側臥位になってもらい、患側も股関節まで脱がせる。仰臥位に戻ってもらい、股関節まで下ろしていたズボンを全部脱がせる。

仰臥位で患側下肢から新しいズボンをはかせ、両側を股関節まで上げたら健側を下にした側臥位になってもらい、ズボンを腰まで上げる。仰臥位に戻ってから、ズボンの両側を整え、着心地を確認する。

❸視覚機能が低下している人の支援の留意点

視覚障害がある場合は、物の配置や安全な環境づくりに配慮が必要である。視覚障害には、視野が狭くなる、うっすらとぼやけて見える、輪郭や中心部など部分的に見えないなど、個人差がある。

まず、本人の意向を確認し、自分で衣服を選んでもらう。本人に伝わるように説明し、必ず手で衣服にふれて確認してもらいながら着脱してもらう。立ち上がりなどの際にも、いすや物の位置の確認を忘れずに促す。

❹認知・知的機能が低下している人の支援の留意点

認知・知的機能の低下により、身体的に問題がなくても着衣失行がある場合は、見守りや声かけが必要である。衣服の前後左右や表裏の間違い、着る順番の間違いなどを指摘する、失敗を責めるなどの自尊心を傷付けるような不適切な対応は避ける。やさしい声かけで根気強く見守り、一つひとつの動作を促しながら支援し、着脱が終わったら自分でできた喜びを共有する。

また、衣服の収納してある場所を絵などでわかりやすく表示したり、着る順番を図や絵でわかりやすく表示したりする工夫が有効である。自分でできる、自分でできたという成功体験を増やし、自信や意欲をもつことができるように支援することが大切である。

*10
運動まひなどがないにもかかわらず、衣服を正しく着る動作ができなくなる症状をいう。衣服の前後や上下などがわからず袖に頭を入れようとしたり、ボタンのとめ方がわからずとめられなかったりする。

参考文献
- 介護福祉士養成講座編集委員会 編『新・介護福祉士養成講座7　生活支援技術Ⅱ　第3版』中央法規出版、2014年
- 川井太加子 編『最新介護福祉全書 第5巻 生活支援技術Ⅰ』メヂカルフレンド社、2014年
- 田中由紀子・川井太加子 監修『生活支援技術』実教出版、2018年
- 櫻井恵美『介護技術 ○と×』中央法規出版、2013年

第3節　食事の介護

1 食事の介護の意義と目的

　食事とは、食べること、またその食べ物のことをさす。食事の介護では、利用者が食事に関する自立が損なわれたときに、「その人に代わって食事のための行為を代替し、その人の食事の欲求を充足」することが求められている。食事には、一般的に以下のような生理的、心理的、社会的・文化的な側面がある。

①生理的には、食事をとることで栄養を身体に取り込み、生命維持や活動のためのエネルギーを得る。また、バランスの整った食事によって、健康維持や病気予防、回復を図る。そして食事づくりや食べることを通して五感を刺激して脳を活性化させ、身体の運動機能を維持する。

②心理的には、好きなものを食べたいときに食べたいだけ食べることで食欲を満たし、ストレス発散や満足感など精神的充足感を得る。また、何をどれだけ、どの順番で食べるか考えて行動することで、主体性の発揮につながる。さらには、食習慣や食文化に応じた食事は、食べ物にまつわる楽しい思い出を呼び起こし、幸福感をもたらす。

③社会的・文化的には、家族や友人と語らいながら食べることで、人と人との絆を深め、豊かな人間関係をつくる。また、地域や各家庭に伝わる郷土料理や季節料理は、その土地や家族の食文化を後世に伝える役割を担うとともに、心の安らぎや懐かしさを与えてくれる。

　このように食事は、生命維持のために必要な栄養を補給するだけでなく、生活に楽しみや喜びをもたらす行為でもある。ドイツ語では、「人が食べること」をエッセン（essen）、「動物が食べること」をフレッセン（fressen）といって区別しており、フレッセンは栄養をとって生きるために食べること、エッセンはほかの人と話しながらおいしく食べることを意味している。

　利用者の食事に対する欲求は、上述のようなさまざまな側面の上に成り立っている。食事の介護は、生命維持のために直接食事をとる行為への支援だけでなく、利用者が幸福感や心の潤いを得ながら、その人らしく生きていくための行為を支援することでもある。

2 食事の介護のためのアセスメント

　アセスメントでは、利用者の食生活に関して収集した情報に基づき、分析と解釈、関連付け・統合化を行い、その人にとって「必要な支援とその理由[3]」を明らかにする。介護福祉職は、他の専門職に比べて利用者の最も近くで、日々多くの時間をともに過ごし、日常における食生活の細かな部分にかかわっている。そのため、その人が自分でしていた食事に関する行為がむずかしくなってきたときに、行為の中でどの部分に変化があり、どのような困りごとが生じているか、また、どのような支援が必要なのかを毎日のかかわりからアセスメントし、介護計画を立てて実践することが求められる。

　食事に関する行為は、ADL[*11]と手段的日常生活動作[*12]（IADL：Instrumental Activities of Daily Living）によって構成されている。食事の介護では、直接食べる行為につながるADLはもとより、手段的日常生活動作も含め検討することで、利用者のQOLを高めることができる。

　具体的な食事の介護におけるアセスメントの観察のポイントは、**表8－11**のとおりである。

　利用者の食生活は、今どのような健康状態や心身機能・身体機能の状態か、どのような活動、参加の状況や環境因子、個人因子の中で生活しているかが、相互に強く影響し合っている。アセスメントを行う際には、認知機能の状態やまひの有無、残存機能の把握を行うだけでなく、その人の食生活の全体像をとらえた上で、どの部分をどの時機に支援する必要があるのかを検討することが重要である。

　アセスメントでは、食事についてのさまざまな行為の中で、今どの部分が自分だけで「できない（むずかしくなってきている）のか」を検討するだけでなく、「できること」「できるがやっていないこと」「興味や楽しみと感じること」「やりたいこと」は何か、などの観点からも検討する。介護福祉職は、利用者の食生活や食習慣を把握、理解した上で、その人の意欲やできる力を引き出しながら、よりよい健康な状態で生きることができるよう、生活全般を視野に入れて食事の介護を考えていく必要がある。

*11
例えば、食欲がわいて、誤嚥しないよう食事姿勢を整える、箸やスプーンなどを持つ、食べ物を口に運ぶ、咀嚼する（嚙む）、嚥下する（飲み込む）等がある。本書第3章第2節1参照。

*12
例えば、食べたいと思い、献立を決める、買い物に行く、調理する、テーブルを拭く、食器を準備する、盛り付ける、配膳する、下膳する、食器を洗う等がある。

〈表8−11〉　食事の介護に関するアセスメントの視点

ICF項目	観察項目	観察内容
健康状態	疾病など	・胃炎、便秘、下痢などの消化器系疾患があるか ・糖尿病、高血圧症、肥満などの生活習慣病があるか ・脳梗塞、認知症、高次脳機能障害などの脳・神経疾患があるか ・高齢かどうか ・ストレスはあるか　　　　　　　　　　　　　　　　　　など
心身機能・身体構造	心身の状況	・食事の認識など認知機能の状態はどうか ・食事への意欲・関心など精神機能の状態はどうか ・視覚、聴覚、嗅覚、触覚など感覚機能の状態はどうか ・咀嚼、唾液分泌、嚥下、消化機能、体温調節機能など消化器系等機能の状態はどうか ・まひや拘縮、筋力の状態、体幹などの神経筋骨格や運動機能などの状態はどうか ・排便や排尿に関する機能の状態はどうか　　　　　　　　など
活動	ADL・IADLの状況	・食べる、飲む行為ができるか ・手指や腕を使った食事動作ができるか ・食事や体調の管理など健康に気を付ける行為ができるか ・摂取したもののうち余分な栄養素等を排出する排泄行為ができるか ・立つ、座る、しゃがむなどの姿勢の変換や姿勢の保持ができるか ・買い物や調理、盛り付け、配膳、片付けなどの家事行為ができるか ・食事にかかるコミュニケーション（話し言葉、書き言葉など）を理解し、気持ちを表出できるか ・食事の目的や気候条件、食事場所に配慮した衣服選択と衣服着脱の行為ができるか ・徒歩や乗り物などを利用した食事場所までの移動ができるか　　など
参加	役割と参加の状況	・食材を和える、味付けをする、盛り付ける、献立づくりなど、食事に関して何らかの役割を担っているか ・食事を通して他の人（よく知らない人、友人、親戚、恋人、家族）と関係をつくっているか　　　　　　　　　　　　　　　　　　など
環境因子	物的環境	・食事の場所、いすや食卓などの設備、食器や自助具などの用具といった物的環境の状況はどうか　　　　　　　　　　　　　　　　　など
環境因子	人的環境	・食事をともにする人や食事の介護にかかわる人（介護福祉職、看護職、リハビリ職等）など人的環境との関係はどうか　　　　　など
環境因子	社会的環境	・配食サービスや福祉用具貸与等公的サービスなど社会的環境の利用状況はどうか　　　　　　　　　　　　　　　　　　　　　　　　など
個人因子	生活習慣	・食事に関して、どのような生活リズムやライフスタイルを身に付けているか ・食事に対して、どのような考え方や好みなどの価値観をもっているか
個人因子	個性や特性	・障害をどのように受容しているか ・自立心が強いか、依存的であるのか ・年齢や性別　　　　　　　　　　　　　　　　　　　　　　　　など

（筆者作成）

第8章

3 自立に向けた食事の介護の基本と留意点

（1）摂食・嚥下の過程

　人は食べるとき、食べ物を認識して口に入れてかみ、飲み込んで、食道から胃へと送り込む。この一連の流れを摂食・嚥下という。嚥下は飲み込むことをさし、**図8-6**では口腔期、咽頭期、食道期がこれにあたる。

❶先行期（認知期）

　食べ物を見たり匂いを嗅いだり、調理音を聞くことで、唾液を分泌し、胃が胃酸を出して消化の準備を始める。また、食べ物の形状を瞬時に判断してそれに合う口の開き方を選び、手に障害がなければ、自力で目と手を使って食べ物を口まで運ぶ。

❷口腔準備期（準備期）

　食べ物を唇でとらえて口の中（口腔）に入れ、歯、舌、頬、顎を総動員させてかみ切り、砕き、つぶして唾液と混ぜ合わせ（咀嚼）、湿り気のある、飲み込みやすい塊（食塊）にする。食べ物の冷たさや熱さなどを感じながら、味覚[*13]を通してその味を味わう時期である。

*13
ものを味わったときに舌に起こる感覚のこと。高齢者は、味覚を感じる味蕾（みらい）の数が新生児の2分の1〜3分の1に低下するため、濃い味付けのものを好みやすい。

❸口腔期

　舌を上歯の裏（歯茎）や口の天井（口蓋）に押し付けるように動かし、食塊をのど（咽頭）に送り込む。鼻に通じる門（軟口蓋）が鼻腔と口腔の境を閉じるのと同時に、舌の後ろ側が後上方に上がって食べ物を咽頭腔[*14]に送る。

*14
口腔と食道の間にある細長い管状の隙間のこと。

〈図8-6〉摂食・嚥下の5期モデル

先行期 （認知期）	口腔準備期 （準備期）	口腔期	咽頭期	食道期
食べ物を認識し、口まで運ぶ	食べ物を咀嚼し飲み込みやすい形状（食塊）にする	口腔内から咽頭に食塊を送り込む	咽頭から食道に食塊を送り込む	食道から胃に食塊を送り込む

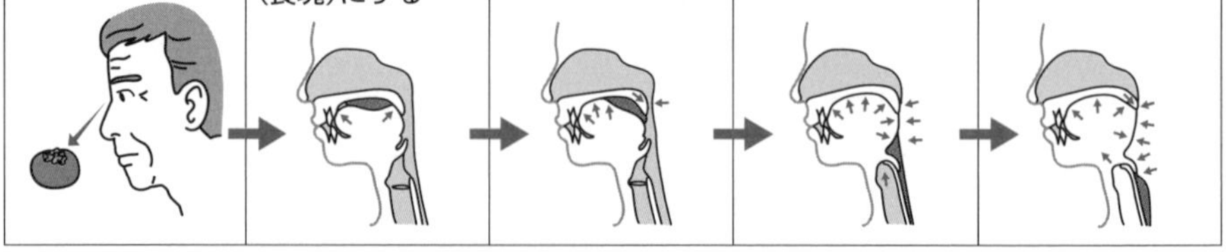

（出典）牧野日和「食べる支援に欠かせない基本的な心得②－食べるメカニズムを理解する」『おはよう21』第27巻第9号（2016年8月号）、中央法規出版、61頁を一部改変

❹咽頭期

　食塊が咽頭に入ると、咽頭が反射的に前上方へ上がって喉頭蓋が気管の開口部をふさぎ、気管に食塊が入らないようにする。食塊は咽頭壁周囲の筋の蠕動運動により食道へ送り込まれる。このとき呼吸は一時的に止まる。この一連の動きは嚥下反射といい、約0.5〜1秒以内に行われる。[*15]

❺食道期

　飲み込んだ食塊が食道の蠕動運動によって、胃に送り込まれる。胃に入った食べ物が逆流して、食道炎や胸やけ、誤嚥を引き起こさないよう、食後30分から1時間は横にならないようにする。

（2）食事に影響を与える要因

　ここでは、食べることとしての食事に影響を与える主な要因を、3つの視点からとらえていく。

❶身体的要因

　視覚などの感覚機能に衰えがあると、食欲がわかず、唾液や胃液が分泌されにくい。歯の欠損があると咀嚼がうまくできず、咀嚼・嚥下能力や唾液等の消化器系機能が低下しやすい。

　手や腕、口のまひなど運動機能に障害があると、こぼしたり、食事摂取量が低下する可能性がある。筋力低下等により食事に適した姿勢がとれないと、摂食・嚥下がうまく行えず誤嚥を起こしやすい。運動機能低下から生活動作が不活発になると、大腸の運動が脆弱になって便秘や未消化による下痢を起こしやすい。

　食べる行為は、姿勢を整え、目で見て、匂いなどから食欲を感じて、口に運び、かんで味わうといったさまざまな身体の機能を組み合わせて行われる。介護福祉職は、こうした身体の機能をていねいにアセスメントし、医師や歯科衛生士など多職種と連携しながら、必要な支援をしていくことが大切になる。

❷心理的要因

　食欲とは、食べたいという意欲的な感覚であり、そのときの気候や心身の状況、食べ物にまつわる過去の記憶などの影響を受けやすい。安心したり、好きな食べ物を見ると、食欲は高まり、逆に不安や心配ごとがあったり、嫌いな食べ物を見ると、食欲は起こりにくい。

*15
食塊が咽頭の粘膜に触れることによって起こるが、食塊が小さいと起こりにくい。また、約0.5〜1秒以内の短期間で食塊を食道に送るためには、強く飲み込む（嚥下圧を高める）ことが必要である。

第8章

食欲は空腹感とは異なり、空腹が満たされても、食欲は起こる。空腹感は、胃壁の飢餓状態などによって空腹状態になると、生命維持のための生体防衛反応の一つとして感じる感覚である。

三好春樹は、「老人が食べない理由」の90％以上は「おなかがすいていない」からであると述べている[4]。「おなかがすいていない」ために食事をしない場合、介護福祉職は、空腹状態になるよう「食べるまで待つ」ことや、空腹になるための「活動的な生活づくり」、食べる意欲を引き出せるように「好きなものを食べてもらう」などの支援を考えていく必要がある。

❸環境的要因

室内の温度や湿度は、暑過ぎたり寒過ぎたりすると食事が進みにくいため、適切な設定にする必要がある。照明は、昼光色や昼白色より、あたたかみのある白熱電球や温白色のほうが料理の色が映え、おいしそうに見える。

食器や箸などの食具や、食卓、いすなどは、身体の状態に合わせたものを準備することで、介護が必要になっても食事に対する残存能力を高め、主体性を引き出せる。後遺症により半側空間無視[*16]などがある場合は、その人の視空間をふまえて、食器類を見える位置に配置すると食べやすい。

家族やなじみの仲間と歓談しながら食べる食空間は、食事への意識付けや楽しい食事につながる。食事介助の方法によっても食事のおいしさは全く異なってくるため、介護福祉職も自らが環境的要因の一つであると自覚し、支援することが重要である。

（3）栄養バランスと必要エネルギー

人の身体は、ほとんどがこれまで食べたものによってできている。人が生命維持や成長、健康保持を図るには、バランスの整った食事の摂取と活動に必要なエネルギーの補給が欠かせない。

食事には、さまざまな栄養素が含まれている。「食事バランスガイド」（図8－7）は、栄養バランスの整った食事がとれるよう、1日に何をどれだけ食べればよいかを食事を用いて説明している。

また、推定エネルギー必要量[*17]は、性別や年齢、日常生活のさまざまな活動により、1日でどれだけのエネルギーが必要かを示し、表中の基礎代謝量は体温調節など生命維持のため、最低限必要な1日のエネルギー

*16
損傷した大脳半球と反対側の刺激に気付いたり、反応したり、その方向に向いたりすることが障害される病態のこと。脳のどちらの半球でも起こり得るが、右半球損傷によって左側の空間に意識が向かなくなる場合が多く、例えば、食事時に皿のおかずを左半分残してしまう、左から呼びかけられても、無視してしまう、または右側を探すなどがみられる。

*17
成人（18歳以上）の場合、推定エネルギー必要量（Kcal／日）＝基礎代謝量（Kcal／日）×身体活動レベルで計算する。

〈図8−7〉食事バランスガイド

（出典）農林水産省消費・安全局消費者情報官「シニア世代の健康な生活をサポート 食事バランスガイド」農林水産省、3～4頁

〈表8−12〉参照体位と推定エネルギー必要量（Kcal/日）（65歳以上）

年齢（歳）	男　性						女　性					
	参照体位		身体活動レベル[※1]			参照体重における基礎代謝量（Kcal/日）	参照体位		身体活動レベル[※1]			参照体重における基礎代謝量（Kcal/日）
	参照身長（cm）	参照体重（kg）	Ⅰ（低い）	Ⅱ（ふつう）	Ⅲ（高い）		参照身長（cm）	参照体重（kg）	Ⅰ（低い）	Ⅱ（ふつう）	Ⅲ（高い）	
65～74	165.2	65.0	2,050	2,400	2,750	1,400	152.0	52.1	1,550	1,850	2,100	1,080
75以上[※2]	160.8	59.6	1,800	2,100	−	1,280	148.0	48.8	1,400	1,650	−	1,010

※1　身体活動レベル　Ⅰ（1.5）　：生活の大部分が座位で、静的な活動が中心の場合
　　　　　　　　　　　Ⅱ（1.75）：座位中心の仕事だが、職場内での移動や立位での作業・接客等、通勤・買い物での歩行、家事、軽いスポーツのいずれかを含む場合
　　　　　　　　　　　Ⅲ（2.00）：移動や立位の多い仕事への従事者、あるいは、スポーツ等余暇における活発な運動習慣を持っている場合（代表値）
※2　レベルⅡは自立している者、レベルⅠは自宅にいてほとんど外出しない者に相当する。レベルⅠは高齢者施設で自立に近い状態で過ごしている者にも適用できる値である。
（注1）活用に当たっては、食事摂取状況のアセスメント、体重及びBMIの把握を行い、エネルギーの過不足は体重の変化又はBMIを用いて評価すること。
（注2）身体活動レベルⅠの場合、少ないエネルギー消費量に見合った少ないエネルギー摂取量を維持することになるため、健康の保持・増進の観点からは、身体活動量を増加させる必要がある。
（出典）伊藤貞嘉・佐々木敏監修『日本人の食事摂取基準（2020年版）』第一出版、2020年、11・74・76・84頁をもとに筆者作成

第8章

代謝量を示している（**表8−12**）。そのほか、栄養不足などによる低栄養状態を確認する項目としては、血清アルブミン値[18]、BMI[19]等がある。

介護福祉職には、管理栄養士など多職種と連携を取り、介護が必要な人の状況に応じた栄養素やエネルギー量を摂取できるよう支援することが求められている。

（4）誤嚥、脱水
❶誤嚥の予防

喉の奥では、気管と食道が並んでいて、食べ物などが食道に入るとき、気管が一時的に咽頭蓋でふさがれる仕組みになっている。しかし、加齢やまひ、認知機能の障害等によって、この嚥下反射がうまくいかず、水分や食べ物、唾液などが誤って気管に入ってしまうことを誤嚥という。誤嚥を防ぐには、食事の際に頭部をやや前傾にして安定した座位姿勢をとる、咀嚼・嚥下機能や唾液分泌力に応じた食事形態にするなどの方法がある。

また、嚥下したものが肺に入り込んで細菌が繁殖し、炎症を起こして肺炎になることを誤嚥性肺炎という。誤嚥性肺炎は、食事による誤嚥だけでなく、口腔内や肺の細菌量、免疫力などにより重症度や発症の頻度が異なってくる。そのため誤嚥性肺炎の予防には、日頃から口腔内の清潔を保つことや、栄養をしっかりとって免疫力を高めることが有効である。

❷脱水の予防

人の身体は、水にさまざまな物質が溶けた体液と、骨や筋肉、脂肪等の固形成分でできている。体液は、体温調節や老廃物の排泄、栄養素や酸素の運搬など、たくさんのはたらきをしている。

成人では体液が身体の約60％を占めるが、飲食や代謝等による体内への補給と、尿や便、汗等による体外への排出のバランスが崩れ、体液（水分）が減少した状態を脱水という[20]。高齢者は、身体の中で最も水分保有量が多い筋肉量が減少して体液が50％程度に低下するほか、さまざまな原因によって脱水になりやすい。

脱水になると、体内の熱放出ができずに発熱したり、便が固くなって排泄しにくくなる便秘や、幻覚が見える等の意識障害が起こるなど、心身に悪影響を及ぼすため注意が必要である。脱水の予防には、食事以外でこまめに水分をとれるよう、利用者の手の届く所に好みの水分を置い

[18] 栄養状態の指標となるもので、血清アルブミン値3.5g/dl以下を低栄養と評価する。

[19] Body Mass Indexの略で、体格指数のこと。計算式 BMI＝体重(kg)÷身長(m)÷身長(m)。BMIが、18.5以上25未満は標準的体重、18.5未満はやせ、25以上は肥満となっている。65歳以上の高齢者の当面目標とするBMIの範囲は、フレイル予防及び生活習慣病の発症予防の両方に配慮する必要性があることから、21.5〜24.9kg/㎡となっている。

[20] 成人における1日の水分出納は、一般的には体内に入る水分2,200〜2,800ml（食べ物の水分1,000ml、飲料水1,000〜1,500ml、代謝水200〜300ml）、体外に出る水分2,200〜2,800ml（尿1,000〜1,500ml、便200〜300ml、不感蒸泄1,000ml）のバランスを保っている。

たり、運動したら水をコップ1杯飲むなどといった、飲むタイミングを
つくるなどの方法等がある。

（5）食事の介護の留意点

　食事の介護では、生命維持に必要な身体の栄養をとるだけでなく、お
いしさや満足感など心の栄養もとれるように配慮する。
　ここでは、食べる行為に関する介護について述べる。

❶基本的な食事の介護の留意点

　食べるための介護を行う際には、利用者が安全に楽しく食事がとれる
ように環境を整え、その人に合った支援の方法を行う。その方法は広く、
見守りからその人が自分ですることがむずかしい部分への介護まである。
　利用者のそのときの体調や状況によって、自分でできる範囲が変化す
ることも多いため、臨機応変に方法を変更することが大切となる。
　基本的な食事の介護の方法や留意点には、以下のようなものがある。
　①食事前に覚醒を促して、食欲がわくようはたらきかける。
　②テーブルの高さは、座位姿勢でへそのあたりにくる高さにする。
　③しっかりかめるようにするために、足の裏は床に着けて膝と股関節
　　が直角になるよう座る。
　④誤嚥しないよう、顎を引いて頸部を前屈し前かがみ姿勢にする。[21]
　⑤最初のひと口は、喉を潤すために汁物から始める。
　⑥食事介助の際は、顎があがると誤嚥しやすくなるため下から食べ物
　　を口に運び、飲み込むのを確認してから、次のものを口に入れる。
　⑦食事介助する際のひと口量は、ティースプーンであれば一杯程度、
　　普通のスプーンであれば半量程度を目安にする。[22]
　⑧まひがある人への食事介助では、介護福祉職は利用者の健側に座っ
　　て目線の高さをあわせ、口の健側に食べ物を入れる。[23]
　⑨咀嚼、嚥下中は、むせや誤嚥を誘発するので話しかけない。
　⑩1回の食事時間は、疲れによる誤嚥を防ぐために30～45分くらいに
　　する。

❷自分で食べることへの支援

　人から食べさせてもらうことは、自分で食べるよりむずかしく、おい
しさを感じにくい。食べることは、食べたいものをこのくらい、この順
番で食べようといった主体性に基づいて行われる行為である。利用者が、

*21
顎と胸骨の間は、指4
本分が目安である。

*22
ひと口量が多すぎると
咀嚼や食塊形成ができ
ずに誤嚥や窒息の原因
になる可能性があり、
逆に少なすぎると嚥下
反射が起こりにくい場
合もあるため、適切な
ひと口量に調整するこ
とが重要となる。

*23
身体でまひなどの障害
を受けていない側。

第8章

主体性をもってできる限り自分でおいしく食べることができるよう、その人の状態に合わせた箸やスプーン、皿などの自助具の準備や食事形態にする必要がある。

また、現在、全介助状態だとしても、その人の状況に応じた食事動作のサポートや食事への意識付けを通して、少しでも自分で食べられるようにしていくことが求められる。具体的には、利用者のスプーン等を持つ手を介護福祉職の手で包み込みながら食べ物をすくったりして口に運ぶ動作をサポートする、食べ物をスプーン等ですくう動作を正面から見せ、視覚情報として提供して、食べる動作の意識付けを行うなどである。

自由に自分で食べる食事は、おいしさを感じることや主体性の尊重につながる。利用者が自分で食べられるよう支援していくことが大切である。

BOOK 学びの参考図書

●迫田綾子 編『図解　ナース必携　誤嚥を防ぐポジショニングと食事ケア−食事のはじめからおわりまで』三輪書店、2013年。
　食事の介護に携わる人が覚えておきたい介護の方法について、図や写真、イラストを掲載しながら具体的に解説している。

●石飛幸三『「平穏死」のすすめ−口から食べられなくなったらどうしますか』講談社、2010年。
　近年増えてきている施設等での看取りについて、食事の介護の視点から論じている。自分の口から食べなくなった人への実践報告に、最期にその人が穏やかに逝けるにはどのように支援するとよいのか、考えさせられる。

引用文献
1）小笠原裕次「食事介護の基本と理念」ケアワーク研究会 編『介護（ケアワーク）を現場から考える3 食事編』筒井書房、1994年、12頁
2）岡崎好秀「特集 Dr.岡崎から口腔ケア基本のキを学ぼう−すべては『口』から始まった！」『月刊ブリコラージュ』第19巻7号（2007年7・8月号）、七七舎、12頁
3）佐藤富士子「アセスメント」介護福祉士養成講座編集委員会編『新・介護福祉士養成講座9 介護過程　第2版』中央法規出版、2014年、18頁
4）三好春樹「生理学からみた食事ケア」三好春樹・中島知夏子・金谷節子・黒岩恭子『新しい介護学−生活づくりの食事ケア』雲母書房、2008年、63〜69頁

参考文献
● 森 繁樹編『事例で読み解く介護過程の展開−根拠に基づく「生活支援」を実践するために』中央法規出版、2015年
● 中村明美・岩井惠子・井上千津子 編『介護福祉士養成テキスト第3巻 コミュニケーション技術／生活支援技術Ⅰ・Ⅱ』法律文化社、2014年
● 日野原重明監修、西山悦子『新・介護を支える知識と技術』中央法規出版、2009年
● 南 涼子『介護力を高めるカラーコーディネート術−生活に彩りとうるおいを与えるために』中央法規出版、2007年

第4節　入浴・清潔保持の介護

1 入浴・清潔保持の介護の意義と目的

　「清潔」という状態は個人のとらえ方、感じ方によって違いはあるが、入浴・清潔保持の介護には、以下のような意義と目的がある。

　①身体的には、皮膚に付着した新陳代謝による垢や周囲からの埃を除去することによって、皮膚の生理機能を維持する。

　②特に入浴の場合は、温湯を用いることによる身体への温熱作用や、静水圧作用、浮力作用が得られ、身体機能を高める。また、その温熱作用や静水圧作用によるマッサージ効果、浮力作用による心身のリラックス効果が高まる。これらの作用による入浴の効果を表8－13に示した。

　③心理的には爽快感や満足感を得ることにつながる。また、美的感覚を充足し、生活習慣としてのリズムができる。さらに、宗教的意味合いで「みそぎ」「きよめ」などの役割も担っている。

　④爽快感、満足感を得ることで、社会的には自己肯定感が高まって活動意欲につながり、他者との交流を活発にする。

　このような入浴・清潔保持により、身体と心が解放され、心身ともに癒される状態をつくり出す。そのことが暮らしの中での前向きな気持ちへとつながり、明日への活力を生み出し、一人の人間として健康的な社会生活を営むために基盤となる基本的欲求を満たすことになる。

〈表8－13〉 入浴の作用と効果

作用	効果
温熱作用	全身の血管を拡張させる 全身の代謝改善と老廃物の排出により疲労回復や痛みの改善につながる 筋肉・関節が伸びやすくなりリハビリ効果を高める
浮力作用	体重負荷が大きく軽減され重さから解放される 心身がリラックスし筋肉痛緩和、腰痛・関節のこわばりが緩和される
静水圧作用	水圧を受け血液循環が促進される 身体のマッサージ、運動効果、感覚器・内臓諸器官の活動を刺激する

（出典）日本温泉気候物理医学会・日本温泉療法医会 編『新入浴・温泉療養マニュアル』日本温泉気候物理医学会、2007年、8～11頁・17～18頁をもとに筆者作成

2 入浴・清潔保持の介護のアセスメント

（1）入浴の介護における観察の重要性

　利用者の心身の状態に応じた入浴をめざすには、自立を拡大するための「心身機能を把握する」という観察から始まる。観察することによって、「できる動作を活用する」ための入浴方法の選択と、その際の「適切な福祉用具」の活用及び環境整備の方法が検討可能になる。また、もてる力を発揮しやすくするための「不安感を与えない」声かけやかかわり方を具体的に考えることができる。

　ここでのアセスメントの視点は、**表8−14**のとおりである。

（2）清潔保持の介護における観察の重要性

　入浴（シャワー浴含む）以外に清潔を保持する方法として、温タオルを用いて身体を拭く清拭（全身清拭・部分清拭）がある。陰部・肛門部は排泄物などにより汚れやすい部分であり、温湯を用いた陰部洗浄あるいは陰部清拭で清潔を保持する。また、手・足など温湯に直接つけることが可能な部分を、容器に入れた温湯に浸して清潔にする手浴・足浴の方法がある。頭髪の清潔は、ベッド上で温湯を用いた洗髪や、水がいらない泡タイプのドライシャンプーを使用する方法がある。

　これらの方法は、利用者の体力の消耗を最小にして身体を清潔にできるという点に特徴がある。また、身体を拭くことにより末梢血管を刺激し、血液循環を促進する。さらに温湯を用いるため、温熱効果により爽快感を得られるという効果がある。

　清潔保持の効果を高めるためには、第一に安全を確保し、利用者のもてる力を発揮しつつ、爽快感を高められるよう、支援することが重要である。そのための基盤となるのが、介護福祉職による実施前・実施中・実施後の観察である（**表8−14**）。

（3）入浴・清潔保持の介護におけるアセスメントの重要性

　入浴・清潔保持の介護は、心身ともに癒される状態をつくりだし、前向きな気持ちや明日への活力が生まれるなど多くの効果がある。その一方で、入浴・清潔保持の方法によっては、転倒や体調の変化に伴う介護事故につながる可能性もあり、リスク要因となり得る。

　入浴・清潔保持の介護においては、入浴によって生じる身体への影響を熟知し、利用者の心身機能に与える影響が適度であるかを考慮して、

〈表8−14〉　入浴・清潔保持の介護に関するアセスメントの視点

ICF項目	観察項目	観察内容
健康状態	疾病など	・有する病気の症状の変化、内服薬による入浴活動への影響はないか。
心身機能・身体構造	体調はいつもの状態と変わりはないか。	・バイタルサインの状態 ・顔色や表情、動作など
	生理機能（食事・排泄・睡眠等）の変調はないか。	・入浴活動の前に対応を必要とする状況はないか、食事の時間や摂取量及び排泄状況を把握する。
	入浴時のコミュニケーションは可能か。	・認知機能の低下はないか。 ・言語機能の障害はないか。 ・コミュニケーション障害はないか。
	入浴当日はどんな思い、気持ちの状態であるか。	・入浴に対する同意は得られているか。
活動	入浴活動に伴う一連の動作について、どのような方法で行っているか。	・着替えの選択の可否と着替えの準備ができるか。 ・居室から脱衣室まで移動できるか。 ・脱衣室にて脱衣できるか。 ・浴室に移動できるか。 ・湯をくむ・蛇口を開閉する・石けんをつける・からだを洗うことができるか。 ・浴槽をまたぐ・入る・つかることができるか。 ・浴槽から出ることができるか。 ・脱衣室へ移動できるか。 ・からだを拭くことができるか。 ・着衣ができるか。 ・脱衣室から居室へ移動できるか。
参加	もてる力を発揮しようとする参加・協力姿勢があるか。	・入浴活動に伴う自己の能力を発揮し役割を果たすことができるか。
環境因子	風呂場はどのような環境にあるか。	・居室からの距離 ・移動動作に伴う手すり等の有無 ・脱衣室・浴室の温度管理の方法 ・入浴介助者との人間関係 ・体調の変化に対応できるいす・ベッドの有無 ・プライバシーへの配慮はなされているか。 ・事故や感染防止対策がなされているか。
個人因子	入浴に関する好みを反映できるか。	・入浴剤・入浴用品は好みのものを使用できているか。
	入浴に対するどのような考え方をもっているか。	・プライバシーや自尊心の保持の仕方は意思にそっているか。
	生活習慣としてどのような入浴方法を身に付けているか。	・1日のどの時間帯に、どのくらいの時間を要して、どんな方法で入浴していたか。
	入浴に関する好みはどうか。	・湯の温度、入浴剤及び入浴用品の種類、個浴または集団入浴などの好みはどうか。

（筆者作成）

第8章

利用者の心身の状態に応じた方法を判断、決定することが求められる。

特に、病気を有する利用者、体調の変調がみられる利用者などの場合は、医師や看護職との連絡・相談が必要である。

3 自立に向けた入浴・清潔保持の介護の基本と留意点

（1）自立に向けた入浴・清潔保持の介護の基本

❶入浴

入浴による清潔の保持は、入浴に伴う一連の動作が自力で可能、または一部介助を要する利用者を対象に一般浴（全身浴）という形で行われる。ただし、特殊浴槽の設備が整備されている場所であれば、立位や座位保持ができなくなった利用者でも仰臥位状態での入浴が可能である。入浴が可能という状態は、体調が安定しているということが前提であり、その体調の変調を来さないために、次のことに留意する必要がある。

①入浴前・後のバイタルサイン測定を行い、利用者の平常値と比べ変化がないかを確認する。

②空腹時や食後1時間以内の入浴は避ける。

③居室と脱衣室（約26〜28℃）、脱衣室と浴室の温度差が小さくなるよう温度管理をする。

④入浴時の生理的変化に最も影響を与えるのが温熱作用である。38〜41℃の温浴では、新陳代謝が促進されるため心拍数が増加すると同時に皮膚温が上昇し、血液量や血流速度も増加する。42℃以上の高温浴では、温熱刺激によって入浴直後から血圧や心拍数が上昇し、数分後には血圧が低下し、エネルギー消費も増大することで、体調の変調が生じやすくなる。

上記をふまえ、浴槽の湯の温度は40℃で準備し、量は浴槽の7分目を目安とする。利用者の好みに応じて温度を調整することは可能だが、42℃以上の高温浴ではエネルギー消費が大きく体調の変調が生じやすいことを忘れてはならない。

⑤全身浴では、静水圧作用によって心拍出量が増大するため、バイタルサインの変化に気を付ける。また静水圧によって腹部が縮小し、横隔膜が押し上げられることで胸部も圧迫される状態となる。そのため、心臓から肺への血流が抑えられ心臓への負担が増大する。心臓への負担は、浴槽内の湯につかる身体の深さが深いほど大きくなる（**図8−8**）。利用者の持病や心肺機能に応じて、全身浴あるい

〈図8－8〉静水圧による循環器への影響

（出典）日本温泉気候物理医学会・日本温泉療法医会 編『入浴・温泉療法マニュアル』日本温泉療法医会、1999年、
　　　6頁をもとに筆者作成

は半身浴とする。

　また湯につかる時間は、長くても10分程度を目安とする。

⑥利用者の生活機能を把握し、そのもてる力が発揮でき、介護福祉職
　との協力姿勢を引き出すための声かけと状態観察を行う。

⑦入浴後は、体調の変化や疲労度の観察を行い、水分補給を促す。

❷部分浴

①手浴・足浴

　温湯を直接的に浴びる形での入浴やシャワー浴が何らかの理由で不
可能なときには、可能な身体の一部分だけに温湯を用いて行う部分浴
として、手浴や足浴が行われる。身体の一部分であっても、直接的に
温湯につけることで拭くだけよりもさっぱりし、入浴に近い効果を実
感することができる。

〈図8－9〉端座位での足浴の姿勢

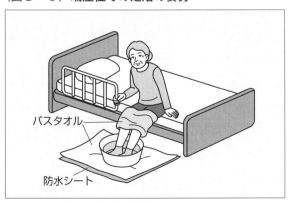

〈図8－10〉ベッド上での足浴の姿勢

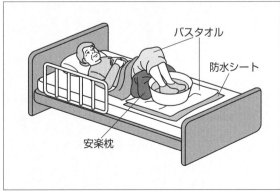

（出典）川井太加子 編『最新介護福祉全書 第6巻 生活支援技術Ⅱ』メヂカルフレンド社、2014年、40頁をもとに一部改変

特に足浴は、手浴よりも広い面積の皮膚表面が温湯に接する温熱効果により、身体が温まり循環状態も促進される。また、爽快感やリラックス効果も高まる。

手浴や足浴は、座位保持が可能な利用者の場合、ベッド上の端座位やいすを使用しての座位により実施する（**図8－9**）。また、座位保持が困難な利用者であっても仰臥位のままでの実施ができるという利点がある（**図8－10**）。

部分浴の対象となる利用者は、一日をベッド上で過ごす可能性の高い人々であり、手・足を動かす機会は少ないが、皮膚の排泄機能により皮膚に垢が付着していることに違いはない。動かす機会が少ないからこそ、指間の垢や湿潤などをていねいに洗い乾燥させることが大切である。

②陰部洗浄（清拭）

陰部は、排泄器官や性器からの排出物によって汚染されやすい部位である。その汚染状態を利用者は最も敏感に自覚し不快感を高めている場合がある。しかし、利用者から陰部の汚染状態を介護福祉職に伝えることは自尊心が傷付くことにもなりかねないため、利用者に尋ねることには繊細な配慮を必要とする。心理的な爽快感とともに感染予防の観点からも清潔を保持する必要がある。男性と女性では陰部の状態が異なるため、その特徴にそった洗浄方法が求められる。

❸全身清拭

身体に直接的に温湯をかける入浴やシャワー浴のできない利用者の場合は、湯を用いて身体を拭く、清拭という方法で清潔を保持する。清拭の対象となる利用者は、ベッド上で過ごす必要のある状態にあるため、排泄に伴う老廃物や陰部の分泌物などの付着物が多く、清潔ケアの必要性が高まりやすい。また、褥瘡の予防という観点からも、拭くことによるマッサージ効果や循環機能を促進する効果が期待できる。ただし、利用者の希望を聞くとともに医師や看護職に相談することが必要である。

実施にあたっては、必要な物品を利用者のベッドサイドに運び、作業手順に配慮した物品配置をし（**図8－11**）、利用者のプライベート空間の中で行うことになる。利用者と介護者とが1対1で向き合い、清拭部位を露出しながら進めていくため、利用者の緊張感や羞恥心を和らげるための声かけや視線に配慮する必要がある。

〈図8−11〉清拭時の物品配置

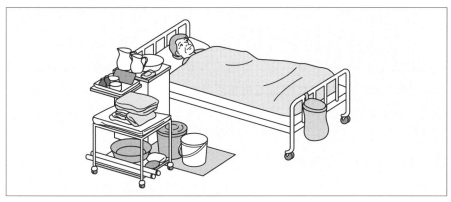

(出典) 川井太加子 編『最新介護福祉全書 第6巻 生活支援技術Ⅱ』メヂカルフレンド社、2014年、31頁をもとに一部改変

　また、気化熱によるエネルギー消耗[*24]を少なくするために、温湯で拭いた後は乾いたタオルで拭き取り、皮膚を乾燥させるようにする。着衣や寝具類をぬらさない工夫も求められる。

*24
液体が気化するのに要する熱量を気化熱といい、濡れている身体や髪が乾燥する際には、気化熱により身体の体温が奪われることになる。

（2）自立に向けた入浴・清潔保持の介護の留意点

　利用者の心身の状態によって入浴・清潔保持の方法が異なっても、その介護における留意点は、以下のように共通している。

❶実施前・実施中・実施後の体調を確認する

　実施前には、利用者自身の参加意欲を高め、入浴に対する心構えと身構えをつくることを意識しつつ説明を行い、同意を得る。

　温湯を用いる入浴では、循環機能の負担が大きくなるため、バイタルサインを中心とした状態観察を行い、適切な方法を判断する。実施中の声かけに対する利用者からの反応や動作、表情の変化などを観察して、疲労の程度を把握する。全身への影響が現れる実施後の体調や気分の観察も重要である。

❷疲れさせない

　実施中には、利用者に無駄のない協力動作を促し、利用者のペースを尊重して行う。疲労感がみられたら、いすなどを用いた座位姿勢の保持、温湯の調整や入浴時間の短縮等を考慮する。

　実施後には、気化熱によるエネルギー消耗を小さくするため、できるだけ早く身体や髪を拭き乾燥させる。また、脱水防止のため、水分補給を行う。

❸姿勢を安定させる

　入浴の一連の流れの中で、どの段階でどのような姿勢の保持が可能なのか、また福祉用具の要否を判断する必要がある。利用者の状態に応じた方法で姿勢を安定させ、特に浴槽に入るとき、出るときには不安定になりやすいため、能力に応じて福祉用具を活用し、安定した姿勢をつくることが大切である。

❹プライバシーを保護する

　他者の前で脱衣をすることへの利用者の抵抗感に配慮し、脱衣時の不必要な身体の露出を防ぎ、脱衣した衣類（特に下着）が人目にふれない工夫などをして、直接的に羞恥心を和らげ安心を感じてもらえるかかわりが必要である。

❺好みを取り入れる

　利用者には、これまでに確立してきた生活習慣としての入浴のあり方、生活文化としての入浴に対する考え方などが統合され、好みとして形づくられている。その好みで満たされたときに心地よい満足感が得られる。
　このような入浴・清潔保持の活動はアクティビティケア[*25]の一つとして位置付けることができる。生活の継続性やその人らしさの表現の一つという考え方で、柔軟な対応を検討する必要がある。

❻感染を防止する

　入浴における安全という観点から、事故防止と同様に、感染を防止することが大切である。入浴にあたっては、常に脱衣室、浴室、浴槽の清掃を行い清潔を保ち整理整頓を心がける。また、入浴後などの換気にも配慮し、乾燥状態を維持する。清潔保持の介護にあたっては、必要物品を使用後に洗浄し、乾燥させる。感染の疑いがある場合は、感染対策マニュアルにそって必要物品の消毒を行う。また、事前にディスポーザブル製品の使用なども検討する。
　他者に感染の可能性がある全身疾患や皮膚病などを有する利用者の場合は、個浴の使用や入浴の順番に配慮することが必要である。

[*25]
生活を活性化させるケアのあり方で、その目的は利用者が若いころに獲得してきた技術や趣味などを通じて、自尊心や自信を取り戻し、いきいきとした生活を送ることにある。日常の生活習慣に対する価値観やこれまで培ってきた自分なりの方法やこだわりなどに配慮して、それぞれの生活行為に対する満足感や充実感を高めるパーソナルケアに力を入れた取り組みをアクティビティケアという。

第5節　排泄の介護

1 排泄の介護の意義と目的

　人間は、食物や水などを体内でエネルギーに変えて生命活動を維持しており、その際生じた代謝産物や有害物質を体外に排出する。このように排泄は生理的に不可欠である。一般的に介護における排泄とは排尿と排便のことをいう。

　排泄は、人間の尊厳にかかわるプライベートな行為であると同時に、最後まで人の世話になりたくない行為であり、支援のいかんによっては人権を侵害してしまう可能性すらある。気兼ねをせずに気持ちよく自力で排泄できることは、自らの人生を日々送ることへの根源的な満足を生じさせ、あらゆる行為・行動の起点・基点ともなり、社会生活の円滑な遂行や満足感・達成感にまでつながっていく。

　介護福祉職はそれを深く理解した上で、支援が必要となったときのつらさや、情けないと思う気持ちを十分理解し、尊厳を侵害しないように最大の配慮をしつつ支援する必要がある。

2 排泄の介護のためのアセスメント

　排泄には、尿意・便意を感じ取ることから、トイレまでの移動動作やトイレットペーパーの処理をも含めた、さまざまな要素とそれに伴う動作がある。よって多岐にわたって情報収集を行い、どのような支援を実施するかアセスメントしていく。

　ここでアセスメントにおける観察のポイントを**表8－15**に示す。

3 自立に向けた排泄介護の基本と留意点

（1）排泄の介護の基本と留意点

　排泄の介護にあたっては、以下の点をふまえて排泄の場所や方法を配慮・検討するよう留意する。

　①利用者の心身の状況に合わせ、自立を支援する。

　　おむつの使用は、常時排泄が可能な状態が常態化することによって、尿意・便意が失われてしまう可能性がある。排泄に至る移動や動作

〈表8－15〉排泄の介護に関するアセスメントの視点

ICF項目	観察項目	観察内容
健康状態	疾病など	・既往歴、現病歴（失禁につながる疾病や、痔疾、骨折や褥瘡などの疾病も） ・まひ、言語障害、空間無視、視力障害、拘縮、関節可動域、振戦、しびれ ・内服薬とその副作用 ・排泄リズム
心身機能・身体構造	心身の状況	・感覚機能、認知機能（排泄の理解・認識、衣服の着脱行為、トイレの使用、トイレまでの移動）、精神機能と状態（意欲低下、不安、不満、不快感、羞恥心） ・コミュニケーション能力（発語・発声能力、言語・非言語） ・ストレスの有無 ・要介護度、障害支援区分、日常生活自立度 ・食事制限、水分摂取制限(1日の食事・水分摂取量)、栄養障害、脱水 ・排尿状態・状況（回数、量、性状、色や混濁、尿意の自覚、残尿感、排尿痛、尿失禁の有無など） ・排便状態・状況（回数、量、性状、色、便意の自覚、腹部膨満感、便失禁など） ・皮膚の状態 ・バイタルサイン
活動	ADL・IADLの状況	・コミュニケーション ・トイレまでの移動動作 ・便座に座り姿勢を保持する動作、排泄に伴う一連の動作（下着衣・パンツの上げ下げ、衣服を整える、腹圧をかける、排泄行為、清拭行為、水を流す、手を洗うなど） ・居室、ベッドまでの移動動作 ・おむつ使用時の体位変換、腰上げ
参加	役割と参加の状況	・日中の生活、生活への意欲 ・社会とのかかわり ・排泄行為をふまえた思考に基づく行動
環境因子	物的環境	・住宅・居室における排泄場所の位置や状態や広さ（改修内容含む） ・それぞれの室温と温度差 ・トイレの形態や状態、トイレまでの距離と廊下や床の状態、扉の構造 ・空調、照明 ・備品、福祉用具
	人的環境	・介護する者（介護職員・家族 など）の介護知識・技術・経験値（や経験知）・意識・積極性・負担感　など ・サービス利用(フォーマル・インフォーマル)環境の状況
	社会的環境	・排泄に関する医療、介護保険などの制度や給付 ・公共トイレのバリアフリー状況
個人因子	個性や特性 生活習慣	・年齢、性別、生活歴 ・排泄に対する価値観・習慣 ・1日の過ごし方、ライフスタイル ・趣味 ・食事内容や摂取量の好み

（筆者作成）

の機会や意欲も減少し、自尊心も傷付けるため、（失禁対応や安心のために使用する場合は別として）おむつ利用は最終手段ととらえて、十分にアセスメントし排泄の自立をめざす。
②利用者の排泄リズム等の習慣を尊重し、依頼があったらすぐに支援する。
③気分・体調を確認し、排泄の介助について説明し、同意を得る。
④利用者のプライバシーを確保・保護し、尊厳を保持する。

　⑤安全・清潔で、落ち着いて排泄できる環境に整備する。

　⑥自分でできる動作は行ってもらうよう支援する。

　⑦介護福祉職は、羞恥心を理解し言動に十分配慮する。

　⑧利用者・介護福祉職ともに、手指洗浄や汚染防止に努める。

　⑨排泄物、陰部・臀部の皮膚の状態などをさりげなく観察し、記録・
　報告する。

（2）排泄の仕組み

❶排尿と排便の仕組み

　尿は、腎臓の糸球体で血液中の不要な栄養素や老廃物を濾過して生成
される。尿は、尿管を通って膀胱でためられ（蓄尿）、膀胱容量が半分
ほどになると脊髄を経て大脳まで刺激が伝わり尿意を感じ、自律神経の
はたらきで尿道から排出される。1日の尿量は、個人差はあるものの、
成人でおおむね1〜1.5リットル、排尿回数は5〜6回であり、性状（性
質と状態）は淡黄色透明で弱酸性である。

　便は、食物が口から入り、胃、小腸、大腸を経由し消化・吸収が行わ
れ固形状になる。それが直腸にたまると、脊髄を経て大脳まで刺激が伝
わり、便意を感じ便として排泄される。成人の排便の回数は1日1〜3
回、量は100〜250グラム、性状は黄褐色、泥状固形物（水分が70〜80％）
で、食事内容などにより個人差がある。

❷排泄と姿勢の関係

　仰臥位で排泄をする場合は、腹圧をかけにくいため排尿しづらく、筋
力が弱ければ残尿が生じる。座位での排尿は、尿道が下を向くため尿は
重力に従って下に落ち、筋力が弱くても排尿することが可能となり、腹
圧もかけやすい。

　排便に関しても、自然な排便のための①直腸の収縮力、②腹圧、③重
力という要素を重視する。仰臥位では、直腸と肛門の角度が鋭角となり、
かつ腹圧をかけにくいので、直腸に便がたまっても簡単に便を出すこと
ができない。座位の場合、直腸と肛門の角度が広がるので、筋力が弱く
ても重力がはたらき排便もしやすい。まひなどがない場合は、前傾して
腹圧をかけ、かかとを上げると排便しやすい姿勢となる。ただし、まひ
などがある場合はアセスメントし、状態に合った適切な姿勢を支援する
必要がある。

❸健康状態や心身機能の変化による排泄への影響

　体液量（体内の水分量）は、成人で体重の約60%、乳幼児で約70〜80%だが、高齢者は約50%と低下している。その結果、高齢者は便秘傾向となり、心身に影響を及ぼし、活動性がさらに低下するなど悪循環を起こす。

　また、加齢により感覚機能や移動機能、衣服着脱機能の低下が生じてくると、「尿意・便意を感じにくい、タイミングよくトイレに行けない」ことから、失禁やそれによる衣服の汚染など排泄の失敗が多くなって「排泄行為をわずらわしく感じる」ことにつながる。それが、「トイレに行く回数を減らすために水分摂取を控える」ことにつながっていく。

　それらに加えて、加齢による免疫機能の低下が感染症への抵抗力を低下させ、排泄後の清潔保持能力（汚れを認識し、しっかり清拭する）の低下とあわせて、体調不良・発熱・尿路感染症に至ることがある。

　認知症の人では、内臓感覚（膨満感や尿意・便意など）の低下に中核症状が加わり、尿意・便意を内臓の不快感としか認識できないことがある。ゆえに、排泄行動につながらず、徘徊したり陰部をいじったり弄便をしたり、汚れた手の処理もわからず、服や壁やベッドで拭こうとする不潔行為にまで至る場合がある。生活リズムにおける排泄状況を把握し、環境を整え、日々のかかわりと観察の中から適切な排泄タイミングと方法を理解し、快適な介護を実施することで、それらの症状を生じさせない支援も排泄介護の一環となる。

（3）排泄方法の種類

❶トイレ

　尿意・便意があり、トイレへの移動・移乗が可能な場合に選択する。

❷ポータブルトイレ

　座位の保持が可能で、尿意・便意はあるものの、トイレへの移動移乗能力が低下している場合や、夜間帯の移動に困難が生じている場合に選択する。

❸尿器・差し込み便器

　尿意・便意はあるが、座位の保持が困難な場合に選択する。

❹おむつ

　失禁にはリハビリパンツと尿取りパッドを組み合わせたものを使用し、移動能力が低下し、座位保持不可で、尿意・便意を喪失している場合は、テープ式おむつを選択する。

＊26
感染症を引き起こす微生物が尿路に侵入し発症する。侵入した菌が繁殖する場所によって、症状は異なる（下部尿路感染症は、排尿痛、頻尿、血尿などで、上部尿路感染症は、食欲不振、高熱、腹痛、吐き気などである）。どちらも「尿の濁り」が発生することもあり、介助時における体調確認とともに排泄物の観察が重要となる。女性は尿道が短く、尿道口が肛門に近いため尿路感染症のリスクが高い。男女とも排泄介助における洗浄・清拭は、ともに「尿道から肛門方向に向かって」行う。

（4）トイレ、ポータブルトイレでの排泄の介護の留意点と支援方法

　「人間にとって当たり前の生活」に必須な要素が「トイレでの自然な排泄」である。それゆえに排泄動作の支援だけではなく、自然な排泄の回復や維持、改善につながるような生活全体への支援や環境面への支援も必要となる。排泄の介護に共通する留意点や支援法は、前述のとおりである。ここでは、トイレ・ポータブルトイレでの支援の留意点や方法について述べる。

❶トイレでの留意点と支援方法

【留意点】
・清潔、かつ座位安定姿勢がとれる環境の整備に努める。
・トイレットペーパーの切り取りの支援や、排泄終了を知らせる合図など、事前に利用者の意向を聴いた上で、決定・確認を行う。

【支援方法】
・手すりにつかまってもらい、安定した立位を保持し、脱衣を行う（必要に応じて支援する）。
・座位での排泄は、安定した前傾座位が保持できるように支援する。便座の高さが合わないことなどがあれば、足台や補高便座（ほこうべんざ）など補助具等で調整する。
・自力でトイレットペーパーを使用できない場合は支援する。
・介護福祉職は、事前に確認した待機方法で排泄終了まで待機する。
・トイレットペーパー・清拭タオル類での清拭、シャワーボトル等での洗浄により、陰部・臀部を清潔にする。

❷ポータブルトイレでの留意点と支援方法

【留意点】
・居室内で排泄するため、音やにおいに対する配慮をする。
・ポータブルトイレの周囲を清潔にし、ほかの家具・調度品との兼ね合いや、自尊心低下防止のため、必要や要望に応じてカバーなどで覆い、目立たせない配慮も行う。

【支援方法】
　ポータブルトイレでの排泄の支援方法については、次のとおりである。
・ポータブルトイレのフタを開け、下衣を下ろして転倒に注意しながら便座に座ってもらう。必要に応じて介護福祉職が支援する。このとき下腹部にタオルをかけるなどしてプライバシーへの配慮をする。

・床に足底がしっかりつき、座位が安定しているかどうかを確認する。自力でトイレットペーパーを使用できない場合は介助する。

・終了の合図を受け、介護福祉職は排泄物を確認し、陰部の清浄も確認して、必要ならば陰部清拭や洗浄を行い清潔にする。

・介護福祉職は、利用者におしぼりなどを渡し、手を清潔にしてもらう。

・利用者に立位をとってもらい、自力や介助にて下衣を上げ、整える。

・身体の向きを変えて、ベッドに深く座ってもらい、端坐位を安定させる。

（5）尿器・便器、おむつでの排泄の介護の留意点と支援方法

　尿器・便器、おむつの特性や使用方法を理解するだけでなく、衛生面の配慮・感染防止（手袋装着など）や、関連する適切な体位変換、衣服着脱や陰部清拭等の支援方法を熟知した上で実施する。

　ここでは、尿器・便器・おむつでの支援の留意点や方法について述べる。

❶尿器、差し込み便器使用の留意点と支援方法

【留意点】

・居室内での排泄となるため、音やにおいに対する配慮をする。

・尿器・便器がずれないような固定具を用意したり、寝具への汚染防止のための防水シーツなどを利用する。

【支援方法】

・上体を起こして腹圧をかけやすくする。

・排泄物を片付け、換気し消臭に配慮する。

　尿器や差し込み便器の使い方については、**図8−12・図8−13**に示す。

❷おむつ交換の留意点と支援方法

【留意点】

・居室内での排泄となるため、においに対する配慮をする。

・尿意・便意や蓄尿能力の維持のため、排泄感覚の確認（意識付け）をする。

・汚れていたら陰部洗浄・清拭を行う。

・皮膚の清潔を保ち、褥瘡を予防する。

・汚れたら、すぐに交換する。

・寝具への汚染防止のための環境整備を行う（防水シーツの利用など）。

・おむつの使用中であっても、可能ならばトイレ等に誘導し、腹圧を

〈図8－12〉尿器と使用例

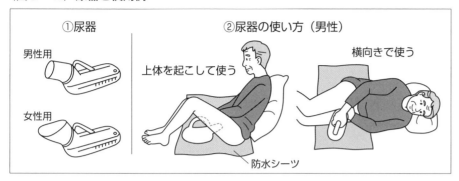

①尿器　　②尿器の使い方（男性）

男性用

上体を起こして使う　　横向きで使う

女性用

防水シーツ

〈図8－13〉差し込み便器と使用例

①差し込み便器　　②差し込み便器の使い方（女性）

かける感覚の維持を試みたり、自力での排泄を試みてもらったりする。

【支援方法】

おむつの交換の支援方法は**図8－14**のとおりである。

・利用者に、おむつ交換を行うこと、ベッドの高さを調整することを説明し、同意を得る。

・毛布や布団をはずし、バスタオルやタオルケットなどに交換する。

・利用者の膝を立てるなどし、下衣を脱がせる（図①）。

・介護福祉職は使い捨てのゴム手袋をつけ、着けているおむつを開き、排泄物や肌の状態を確認し、陰部を清拭する。その後、おむつの汚染部分を内側に丸め汚染拡大を避ける（図②）。

・介護福祉職は、利用者に対面側臥位（介護福祉職側に向けた側臥位）になってもらい、臀部を清拭し、古いおむつの下に新しいおむつを差し入れる（図③）。

・介護福祉職は、利用者に背面側臥位（介護福祉職に背を向けた側臥位）になってもらい、古いおむつをはずす。介護福祉職はゴム手袋をはずし、古いおむつとともに汚物バケツなどに入れる。仰臥位になってもらい、新しいおむつを広げる。

第8章

〈図8−14〉おむつの交換の支援方法

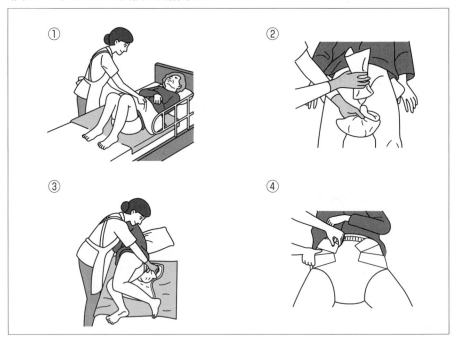

・おむつのギャザーを鼠径部（そけいぶ）に密着させ、テープを止め（図④）、フィットしているかを確認する。
・下衣を着せて衣類を整え、ベッドの高さや、毛布・布団を元に戻す。

参考文献
● 社会福祉学習双書編集委員会 編『社会福祉学習双書2021 第15巻 介護概論』全国社会福祉協議会、2021年
● 介護福祉士養成講座編集委員会 編『最新 介護福祉士養成講座 第7巻 生活支援技術Ⅱ』中央法規出版、2019年
● 太田貞司・上原千寿子・白井孝子 編『介護福祉士実務者研修テキスト 第2版 第2巻』中央法規出版、2020年
● 介護職員関係養成研修テキスト作成委員会 編『二訂介護福祉士養成実務者研修テキスト 第4巻 生活支援技術Ⅰ・Ⅱ』長寿社会開発センター、2019年
● 川井太加子 編『最新介護福祉全書 第6巻 生活支援技術Ⅱ』メヂカルフレンド社、2014年
● 介護職員初任者研修テキスト編集委員会 編『2014年度版 介護職員初任者研修テキスト 第4分冊 技術と実践』介護労働安定センター、2014年
● 千葉典子 編著『改訂 介護概論・基本介護技術』共栄出版、2009年
● 竹田幸司『こだわりのポイントはココ！ からだを正しく使った移動・移乗技術』中央法規出版、2021年

第6節　家事の介護

1 家事の介護の意義と目的

（1）家事の介護とは

　家事とは、「家庭生活を営むための大小いろいろの用事。掃除・洗濯・炊飯など[27]」をいう。掃除、洗濯、調理、買い物などの家事は、人が生活を営むのに必要不可欠な行為である。家事は、人によってさまざまな方法でなされており、個別性が強い傾向がある。その理由は、これまで過ごしてきた生活の中で、価値観、こだわり、生活文化などによって、家事の方法を利用者が選択して行ってきたことによる。

　家事の介護とは、老齢や障害などにより、家事行為の一部、もしくはすべてを行うことがむずかしく、日常生活を営むことが困難な人に対して、その人らしい日常生活の自立をめざし、家事に関する支援を行うことをいう。介護福祉職はその実現のために、利用者がこれまで行ってきた家事の方法を尊重し、個別性のある生活を維持できるよう支援する必要がある。

　在宅の高齢者に対する家事の介護は、介護保険制度における「訪問介護」において、二つの支援方法（サービス行為ごとの区分）で行われている。一つは、障害・疾病などのため、利用者や家族が家事を行うことが困難な場合に行われ、その人らしい日常生活を送れるように介護福祉職が利用者の代わりに家事を行う支援（生活援助）である。もう一つは、自立支援・重度化防止のために、介護福祉職が手助けや声かけ及び見守りをしながら、利用者と一緒に家事を行う支援（身体介護）[28]である。

　一方、老人福祉施設のユニットケアやグループホーム[29]での家事の介護には、生きる意欲の向上などを目的に、利用者が介護福祉職とともに、調理、洗濯などの家事を行う取り組みがある。

　また、障害者を対象とした家事の介護は、障害者総合支援法により、居宅では介護給付の「居宅介護」や「重度訪問介護」[30]で、障害者支援施設などでは介護給付の「生活介護」[30]で行われている。

（2）家事の介護の意義と目的

　家事の介護の意義と目的には、次の点があげられる。

　①家事という生活に必要不可欠な行為を支援することで、利用者の生

*27
『広辞苑 第7版』岩波書店。

*28
身体介護とは、①利用者の身体に直接接触して行う介助サービス、②利用者のADL・IADL・QOLや意欲の向上のために利用者とともに行う自立支援・重度化防止のためのサービス、③その他専門的知識・技術をもって行う利用者の日常生活上・社会生活上のためのサービス、をいう。例えば、利用者と一緒に手助けや声かけ及び見守りしながら行う掃除、整理整頓、衣類の整理・被服の補修、調理、配膳、後片付けなど（「訪問介護におけるサービス行為ごとの区分等について」〔平成12年3月17日老計第10号、厚生省老人保健福祉局老人福祉計画課長通知〕）。なお、介護保険制度創設前は、身体介護よりも家事援助（後の生活援助）を行うホームヘルパーが多かった。介護保険制度創設期に、今後の高齢社会を見据えホームヘルパーへの全国調査を行った結果、身体介護を担う人員の確保がむずかしいことが懸念された。そのため、身体介護の介護報酬が、家事援助に比べ高く設定されることとなった。

*29
本双書第3巻第5章第2節4参照。

*30
本双書第4巻第2部第2章第2節参照。

＊31
本書第3章第2節1参照。

＊32
本章第3節2参照。

＊33
本書第1章第2節1参照。

活を守り、その人らしい日常生活を維持する

②利用者のADL・IADL・QOLや生きる意欲を向上させる（例えば、利用者が家庭や施設で家事を担うという役割を果たすことで、生きがいや生きる意欲が向上するなど）

③ 利用者の自立を支援し、介護の重度化を防止する

　家事の介護は、日常生活での経験をもとに誰でも行うことができると思われがちである。しかし、家事の介護は他の介護と同様、利用者の自立、QOLや生きる意欲の向上、利用者の能力の活用と発揮をめざす視点が必要であり、その実践のための専門的な知識や技術が必要となる。介護福祉職が担う家事の介護と家政婦等が担う一般的な家事代行サービスの違いは、家事の介護に前述のような明確な意義と目的がある点である。なお、介護保険外の自費サービスとして、家事代行サービスを利用するケースもあり、家事代行サービスの担い手として、ボランティアの育成なども行われている。

〈表8－16〉 家事の介護に関するアセスメントの視点

ICF項目	観察項目	観察内容
健康状態	疾病など	現在の病気や既往歴
心身機能・身体構造	身体的機能や能力の影響	・家事動作（まひ、立位保持、関節の可動域）の状況 ・感覚機能（視覚、聴覚、臭覚など）の状況 ・認知機能（家事行為に関する理解、手順の理解、道具の使用方法の理解など）の状況 ・精神機能（意欲の低下、不安など）の状況　　　　など
活動	ADL・IADLの状況	・コミュニケーション ・調理の作業 ・掃除の作業 ・ごみ捨ての作業 ・洗濯の作業 ・繕い作業　　　　など
参加	役割と参加の状況	・考える ・行動する　　　　など
環境因子	物的環境	・家具の配置 ・広さ ・段差 ・道具　　　　など
	人的環境	・家族（介護力、家事力など） ・介護職（声掛け、表情など） ・地域住民、友人　　　　など
	社会的環境	・制度 ・地域のボランティアの活用状況　　　　など
個人因子	生活習慣 個性や特性	・生活歴、価値観 ・年齢、性別、経済力　　　　など

（出典）介護職員関係養成研修テキスト作成委員会 編『二訂 介護福祉士養成実務者研修テキスト 第4巻 生活支援技術Ⅰ・Ⅱ』長寿社会開発センター、2019年、151頁をもとに筆者作成

② 家事の介護のためのアセスメント

　介護福祉職は、利用者のできることや家事へのこだわりなどをよく観察して情報収集を行う。例えば、調理の介護では、ICFの視点に基づき[*34]、立位がとれる時間、調理をやりたいという意欲の有無、行うことができる調理動作、台所の配置や調理道具等の環境の整備により可能となる調理動作、調理経験の有無、食習慣などのこだわりなどについて、情報収集を行う。家事の介護に関する情報収集のポイントを**表8－16**に示す。

　介護福祉職は、これらの情報をもとに、利用者の尊厳の尊重、QOLの向上、自立支援、生活の継続、自己決定の視点をもって、家事の介護に関するアセスメントを行う。その際、利用者が行ってきた家事には、個別性、多様性があることに特に留意する必要がある。

＊34
本書第4章第1節1
（2）参照。

③ 自立に向けた家事の介護の基本と留意点

（1）買い物の支援

　買い物とは、商品やサービスを購入することをいう。その一連の流れは、①日常生活の不足品やほしい品物を認識する、②その商品が本当に必要か、何に使用するか考える、③価格や機能、サイズ、取り扱いなどについて調べる、④購入する店について検討を行う、⑤予算を確認する、⑥購入を決定する、⑦購入する、である。

　「⑦購入する」には、主に二つの支援方法がある。一つは、介護福祉職が、在宅で生活する利用者の代わりに店に行って商品を購入する方法で、もう一つは、利用者とともに店まで出かけて、利用者が店で購入することを支援する方法である。買い物は、利用者にとって外出できる機会であり、楽しみな行為となる。利用者が商品を自分の目で見て手に取って選ぶことで、安心で納得がいく買い物が可能となり、そのことが心の潤いにもつながる。

　前者の支援の留意点は、介護福祉職が、事前に利用者の希望をよく聞き、購入する店や購入する商品の情報や価格、希望の商品がなかった場合の対応についても、よく打ち合わせてから買い物に行くようにすることである。利用者が購入する商品や店を決定し、介護福祉職がそれを尊重することで、利用者の自立した生活を支援することが可能となる。

　後者の支援の留意点は、店までの経路、安全面で配慮が必要な場所の有無、トイレの場所や種類などについて、介護福祉職が事前に調べ、利

用者が安全かつ安心できるよう準備することである。店内では、利用者の安全に配慮し、利用者が自分の意思で商品を選んで購入を決めることができるよう支援を行う。

（2）調理の支援

　調理とは、食材を加工して食べやすくする過程をいう。その一連の流れは、①食事を作ろうと思う、②献立を考える、③食材や道具を準備する（在庫品のチェックなど）、④調理する（計量・洗う・切る・加熱・調味）、⑤盛り付けて配膳する、⑥片付ける、である。

　②の「献立を考える」の支援では、介護福祉職が利用者の嗜好を聞き、料理の本を一緒に見るなどして、栄養バランス、嗜好バランスがとれ、予算にあった献立をともに考えるよう留意する。主菜→副菜と汁→主食の順序で献立を作成すると、栄養バランスがとりやすい。[*35]

　なお、糖尿病、腎疾患などの疾病をもつ利用者の中には、医師から総エネルギーの適正化、たんぱく質・カリウム・食塩の摂取制限などの指導を受けている人がいる。このような利用者が献立を作成することを支援するとき、介護福祉職は、医療職、管理栄養士等と連携する必要がある。

　調理動作がむずかしかったり、調理経験が少ない利用者でも参加しやすい作業は、「④調理する」の「調味」（味見し味を整える作業）である。一般的においしいと感じる標準塩分濃度は、材料の重量の約0.8%[*36]であるが、標準塩分濃度より少し薄味とし、味見の段階で好みの味に調整ができるようにしておくとよい。

　調理の支援の際は、食中毒の発生を予防し、利用者の安全に配慮する必要がある。食中毒とは、飲食物などを通して、体内に有毒・有害な物質や細菌が入ることによって起こる健康障害をいう。例えば、黄色ブドウ球菌の毒素による食中毒は、傷口が化膿したりしている手で直接食材に触れ、その料理を食べることで腹痛などが起こる。黄色ブドウ球菌は加熱しても毒素は破壊できないため、調理用手袋を着用して調理するなど、毒素を食材に付けない工夫が必要である。

　また、高齢者の中には、咀嚼や嚥下能力の低下により食べることがむずかしいなどの理由から食事量が減り、エネルギー量とたんぱく質が十分にとれていない低栄養状態がみられる。そのような場合は、本人の希望を尊重しながら食事形態を咀嚼・嚥下しやすいものに見直すとよい。[*37]食事形態の例（ゼリー食・軟菜食）と調理方法等を**表8－17**に示す。適切な食事形態は、舌や頬の運動障害の違い、口腔内の不随運動の有無な

---

*35
1日に摂取が必要なエネルギー、栄養素、食品や量については、以下の基準やめやす、食事バランスガイドを参考にするとよい。
・日本人の食事摂取基準：健康な国民が、健康の保持・増進、生活習慣予防のために、1日にどのくらいのエネルギーと栄養素を摂取すればよいか、摂取量の基準を性別、年齢階層別などの区分ごとに、厚生労働省が示したもの。
・食品群別摂取量のめやす：摂取する栄養素の量を計算することなく、食事摂取基準を満たす食生活を送ることができるように考えられたもの。食品に含まれる主な栄養素をもとに、食品を群に分けて示している。
・食事バランスガイド：本章第3節3（3）参照。

*36
例：だし汁150ミリリットルに対して塩1グラムと醤油1ミリリットル、肉250グラムに対して醤油大さじ1杯弱。

*37
嚥下しやすい食事形態には、ゼリー食（ムース食）、ペースト食（ピューレ食）、やわらか食（ソフト食）、軟菜食（移行食）などがある。

〈表8-17〉食事形態の例と調理方法等

食事形態(例)	ゼリー食	軟菜食
調理方法	① 食材ごとに、柔らかくなるまで別々に火を通し、ミキサーにかけて、粒が残らない状態にし、味を付ける。 ② ①やだし汁を、食材ごとに、別々にくず粉やゲル化剤でゼリー状にする。 ③ ②を適当な大きさに切り、盛り付ける。	○肉は、薄切りにし、ひと口大(10～20mm)に切り、調味液で煮て、かたくり粉等でとろみをつける。 ○焼いた魚をほぐし、調味液でさっと煮て、かたくり粉等でとろみをつける。 ○青菜は、ゆでて10～20mmの長さに切り、調味液でさっと煮て、かたくり粉等でとろみをつける。
調理のポイント	・調理後の食事をミキサーにかけると、全く違う味と見た目になる。それを避けるため、食材ごとにゼリー食に仕上げてから盛り付ける。	・食材は歯茎でつぶせるくらいの固さになるまで加熱する。 ・刻んだままの食材は誤嚥しやすいため、必ずとろみのついた調味液と一緒にする。

(筆者作成)

ど利用者の状態によって異なるため、医師等に相談して決めるとよい。

(3) 掃除とごみ捨ての支援

　掃除とは、健康で快適に暮らすために、アレルギーやぜんそくなどの原因になるほこりや汚れを取り除くことと、滑って転ぶなどの危険をなくすために整理整頓することである。掃除の一連の流れは、①部屋が汚れたことを認識する、②清潔で安全な状態にしたいと思う、③整理整頓する、④掃除機やぞうきんなどで、ほこりや汚れを取り除く、⑥ごみをまとめ、ごみ収集に出す（ごみ捨て）、である。

　整理整頓の支援の留意点は、介護福祉職が勝手に片付けたりせず、利用者と、何をどこに片付けるか、一緒に確認しながら行うことである。場所を移動させた物があれば、混乱を招かないよう、利用者に説明するとともに、置き場所をメモするなどしてわかるようにしておくとよい。

　掃除の方法は、危険、あるいは命にかかわる方法でない限り、他の家事の介護と同様、利用者のやり方を尊重するよう支援する。

　しかし、危険な方法[*38]の場合は、介護福祉職は、利用者に危険であることを伝え、利用者と一緒に別のやり方を検討していくことが大切である。このようなときでも、介護福祉職は利用者への伝え方に配慮し、利用者を否定したり自尊心を傷付けたりしないよう心がける必要がある。

　「⑥ごみ捨て」の支援が必要なケースは、㋐利用者がごみの分別や出し方など、ごみをどのように処理したらよいかわからない、㋑重いなどの理由で、ごみを移動させることができない、㋒決まった曜日や時間に

*38
危険な方法とは、例えば、トイレ掃除のときに、次亜塩素酸ナトリウムが成分の漂白剤に酸性洗浄剤を混ぜ、塩素ガスを発生させるような方法である。

ごみを出すことができない、などである。ごみの分別やごみ出しの方法、収集の曜日や時間は、地域によって違うため、介護福祉職はごみ出しの情報を得て、必要な支援にあたる。

（4）洗濯の支援

　着用により低下した衣類の性能を回復させ、清潔にするための手入れ方法の一つは、洗濯である。洗濯前に、衣類の取扱表示を確認し、利用者の意向をふまえて洗濯方法（家庭洗濯または商業洗濯）を決定する。

　家庭洗濯の一連の流れは、①衣類が汚れたことを認識する、②清潔な状態にしたいと思う、③衣類の取扱表示を見て、洗濯の仕方を確認する、④洗剤を選択する、⑤洗濯物のほころび等の点検や仕分け、部分洗いを行う、⑥手洗い、または洗濯機洗い（洗い→脱水→すすぎ→脱水）を行う、⑦乾燥させる（自然乾燥、または乾燥機仕上げ）、⑧仕上げを行う（アイロンがけ等）、である。必要に応じて、漂白、しみぬき、糊付け、柔軟仕上げを行う。

　血液の付着の有無や洗濯物の量の変化などは、利用者の体調を知る大切な情報であるため、介護福祉職は注意深く洗濯物の確認を行う必要がある。

　「⑤洗濯物の点検」でほころびを確認した場合、ほころびが大きくならないように、洗濯する前に補修するとよい。そのとき、できる作業は利用者が行うよう、自立を促しながら支援を行う。

　洗濯後は、ハンガーなどに吊って保管すると、しわになりにくい。しかし、吊る保管方法はスペースが必要であるため、しわになりにくい衣類等は、しわがつかないよう配慮し、たたんで保管するとよい。

　次の着用の季節まで保管する場合は、衣類を容器に入れ、虫の食害やカビの発生防止を目的とした防虫剤や除湿剤とともに保管するとよい。

　また、車いす利用者の場合、ドラム式洗濯機が利用できる環境を整えることで、座ったまま洗濯機洗いを行うことが可能となる場合もある。このように、洗濯動作ができるよう環境を整備することは、洗濯の支援においても大切なことである。

参考文献
● 介護職員関係養成研修テキスト作成委員会 編『二訂 介護福祉士養成実務者研修テキスト 第4巻 生活支援技術Ⅰ・Ⅱ』長寿社会開発センター、2019年
● 日本介護福祉学会事典編纂委員会 編『介護福祉学事典』ミネルヴァ書房、2014年
● 田﨑裕美・中川英子 編著『生活支援のための調理実習』建帛社、2010年

第7節 睡眠の介護

1 睡眠の介護の意義と目的

　眠るという行為は、私たちの基本的な欲求の一つである。私たちは、覚醒しているとき、さまざまな情報を取り入れ、活動している。睡眠をとらずに活動を続けることにより、注意力が散漫になり誤った行動を引き起こしてしまう。そのため、睡眠をとることは、精神的・肉体的休養をとる上で欠かせない生活行動である。

　睡眠には、「脳を休ませ、記憶の整理をする」ノンレム睡眠と、「身体を休ませ、翌日の活動に備える」レム睡眠がある。この2つの役割によって、睡眠中に効果的に疲労を回復し、心身の健康を維持しているのである（**図8-15**）。

　レム睡眠は、ノンレム睡眠の後に出現し、10〜30分くらいでノンレム睡眠に移行する。ノンレム睡眠とレム睡眠は1周期90分程度で繰り返される。

〈図8-15〉 **レム睡眠とノンレム睡眠**

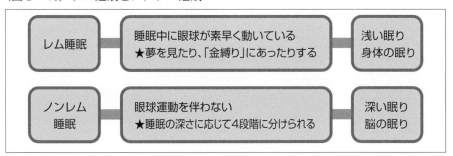

（出典）中川義基（学校法人中川学園 広島福祉専門学校）『介護福祉学5 こころとからだのしくみ（上）』主婦の友社、2016年、253頁をもとに一部改変

　不眠が続くことで、私たちの身体にはさまざまな変化が起きる。適切な睡眠への支援は、心身ともに健康で意欲的な生活を送るための基本となり、利用者の自立を支援し、QOLを高める基本である。

2 睡眠の介護のアセスメント

　睡眠が十分にとれているかどうかの判断は、日中の眠気の有無や活動状況の変化から判断する。アセスメントとして、ICFにそって利用者の

情報を整理する（**表8−18**）が、それぞれの項目を確認するとともに関連性を見極め、生活リズムや睡眠環境を整えることが大切である。

不眠の原因には、さまざまな状況が考えられる。生活習慣だけでなく、病気がひそんでいることがあるため、症状の観察も重要である。

不眠症は次の4つのタイプに分類され、それぞれに原因の違いが考えられる（**表8−19**）。また、睡眠を阻害する病気と症状についても理解しておくとよい（**表8−20**）。病気のほかに、薬の副作用で不眠になることがある。

〈表8−18〉 **睡眠の介護に関するアセスメントの視点**

ICF項目	観察項目	観察内容
健康状態	疾病など	・睡眠時無呼吸症候群（無呼吸・熟眠感の低下） ・レストレスレッグス症候群（むずむず脚病）（むずむずして脚を動かさずにはいられない感覚による熟眠感の程度、入眠状況） ・周期性四肢運動障害（睡眠中、上下肢の周期的な不随意運動による中途覚醒の有無） ・うつなどの精神疾患（精神的不安定による不眠感） ・パーキンソン病、認知症の治療薬などの影響の有無
心身機能・身体構造	心身の状況	・まひや拘縮、筋力低下（体位変換〔寝返り〕ができない） ・体圧分散ができない（〔褥瘡〕など） ・入眠時の状況確認（かゆみや痛みの有無、不安やストレスの有無）
活動	ADL・IADLの状況	・安楽な姿勢の保持状況 ・食事時間・内容 ・空腹の有無 ・夜間の排泄の回数 ・排泄後の入眠状況 ・入浴時間(いつ、どれくらいの時間)・湯温・入浴方法
参加	参加の状況	・昼寝の時間と長さ ・運動の内容と実施時間 ・趣味や外出 ・レクリエーションへの参加
環境因子	物的環境	・光、音、湿度、温度、におい ・布団の種類、硬さ、枕の高さ、硬さ、シーツの衛生状況、寝床内環境（寝床内温度の調整状況） ・トイレまでの距離
	人的環境	・同室者の有無と影響
個人因子	生活習慣 個性や特性	・睡眠前の過ごし方 ・就寝時間、睡眠時間、昼寝の有無 ・アルコールや嗜好品 ・年齢、性別、肥満、職歴

（筆者作成）

〈表8-19〉 **不眠の種類と原因**

不眠の分類	症　状	原　因
入眠障害	なかなか眠れない	・概日リズムの乱れ ・不安やストレス
中途覚醒	寝ている途中で目が覚める	・加齢による睡眠リズムの変化 ・頻尿 ・早い時間の就寝
早朝覚醒	朝早く目覚め、その後眠れない	
熟眠障害	熟眠が得られず、疲労感がある	・いびきや睡眠時無呼吸症候群 ・中途覚醒によるもの

(出典) 介護福祉士養成講座編集委員会 編『新・介護福祉士養成講座7 生活支援技術Ⅱ 第3版』中央法規出版、2014年、336頁をもとに筆者作成

〈表8-20〉 **睡眠を阻害する病気と症状**

病　気	症　状
睡眠時無呼吸症候群	・肥満、扁桃腺肥大などの理由で、睡眠中に呼吸停止を繰り返す。 ・睡眠が浅くなり、大きないびきをかく。 ・昼間に、強い眠気を感じる。
レストレスレッグス症候群 （むずむず脚症候群）	・虫が這うようなむずむず感を脚に感じる。 ・脚の不快感で落ち着かない。
レム睡眠行動障害	・叫び声を上げる。 ・夢の内容を、眠ったまま現実の行動に移す。
ナルコレプシー （過眠症）	・いくら眠っても、昼間に突然強い眠気に襲われる。 ・驚いたり、情動を強く感じると脱力する。
概日リズム障害	・概日リズムのズレが生じ、社会生活において要求される時間に寝起きできない。
周期性四肢運動障害	・睡眠中に足がピクピクするような動作が周期的に繰り返される。 ・睡眠が浅くなり、日中眠気に襲われる。
うつ病	・憂うつな気分や何事にも興味・関心がもてない状態が続く。 ・熟眠障害を訴えることが多い。

(出典) 介護福祉士養成講座編集委員会 編『新・介護福祉士養成講座14 こころとからだのしくみ 第3版』中央法規出版、2014年、254〜257頁をもとに筆者作成

3 自立に向けた睡眠の介護の基本と留意点

（1）睡眠に影響する要因

　睡眠は、概日リズム（サーカディアンリズム）、メラトニンなどのホルモン、レム睡眠・ノンレム睡眠の睡眠周期、睡眠前の過ごし方などの生活習慣や寝室や寝具などの環境要因が影響し合っている。

❶概日リズム（サーカディアンリズム）と恒常性維持機構（ホメオスタシス）

　睡眠は、概日リズム（サーカディアンリズム：体内時計とよばれる）と恒常性維持（ホメオスタシス）の2種類によって調整されている。体内時計は自律神経のはたらきと深い関係があり、朝、光を浴びてから16〜18時間後くらいに脳の松果体から「睡眠ホルモン」とよばれるメラト

*39
本双書第14巻第1部第4章第1節（1）参照。

213

ニンが分泌される。睡眠前にテレビや携帯電話などの強い光を浴びることは、メラトニンの分泌が遅れる原因になる。体内時計を整えることが安眠につながる。

また、ホメオスタシスは、疲れを解消しようとして眠くなるはたらきをする。

覚醒している時間と活動量が関係するため、睡眠の質は一日の過ごし方が影響する。

❷体温

安眠を得るためには、深部体温（体の内部の体温）の低下が大事である。深部体温は、午後7～8時ごろに最も高くなり、その後徐々に下降し、眠気を感じる。副交感神経の影響で手足の血管が広がり、皮膚から放熱されるため、深部体温がさらに低下する。さらに、睡眠中は汗をかき、気化熱で体の表面が冷やされ、深部体温は低下する。

❸生活習慣

就寝前の生活習慣は人によって異なる。一連の動作は、就寝する時間とともに条件反射を形成する上で大切である。しかし、就寝直前に熱いお風呂に入る、寝るまで携帯電話で動画を見ているなどの習慣は、安眠を妨げてしまう場合もある。

❹食事・嗜好品

規則的な食事は、概日リズムを整える上で大切である。就寝前の食事は、消化活動のため体温が低下しにくくなり、入眠の妨げとなる。また、脂肪分の多い食事は体内での分解に3～4時間かかり、夜遅く食べると夜中まで胃腸が消化活動を続けるため、夜中に覚醒してしまい睡眠の質が低下する。

睡眠を阻害する成分としてカフェインがある。カフェインを含む食品にはコーヒーや緑茶、栄養剤などがある。カフェインは、覚醒作用のほかに利尿作用もあり、睡眠を妨げる。

アルコールは、適量であれば寝付きがよくなるが、アルコールの代謝とともに体温や心拍数が上昇し、中途覚醒や早朝覚醒をもたらす。また、利尿作用により中途覚醒も起こり、睡眠の質を低下させる。

❺運動

　運動はタイミングと運動量が大事である。ウォーキングや水泳などで軽く汗をかく程度の運動が効果的であるが、高齢者では、ストレッチや体操、散歩などが効果的である。

　運動するタイミングとしては、就寝3時間前までがよい。

❻入浴

　就寝直前の長い時間の入浴や熱い湯での入浴は、交感神経を刺激するとともに、身体が過剰に温まり体温が低下しにくいため、睡眠が阻害される。就寝1〜2時間前にぬるめの湯（40℃くらい）に入るとよい。

　また、手足が冷たい状態は、熱の放散が起こりにくく、体温が低下しにくいため、なかなか寝付けない。手浴や足浴を実施することでスムーズな睡眠を促すことができる。

❼睡眠環境

　部屋の温度や湿度は寝床の高さで確認し、季節により調整が必要である。照明は、30ルクス（月明かりの明るさ）以下の赤色系の光が適している。音は、連続音より断続音のほうが睡眠を妨害する。

　枕は、頸椎のカーブに合わせた高さと硬さが大事である。寝具は、姿勢が保持できる硬さの敷布団やマットレス、圧迫感のない掛布団がよく、シーツは乾燥した清潔なものがよい。寝床内の温度（布団の中の温度）は33℃前後、湿度は50%前後がよい。

（2）安眠のための介護の基本と留意点

❶生活の工夫

　睡眠と日常生活行動は密接な関係にある。なにげない生活動作やリズムが概日リズム（サーカディアンリズム）を乱している場合があるため、就寝までの過ごし方や生活リズムを調整することが重要である。介護福祉職は、安眠のために、利用者が次のように過ごすことができるよう支援を行う（**図8−16**）。

・体内時計をリセットするために朝日を浴びる。

　ベッド上で生活している場合は、カーテンを開け部屋に十分な光を取り入れる工夫をする。

・食事・休息・活動など生活リズムを調整する。

　長時間の昼寝は、夜間眠れなくなる場合もあるため、昼寝をする場合

215

〈図8-16〉生活動作・生活リズム

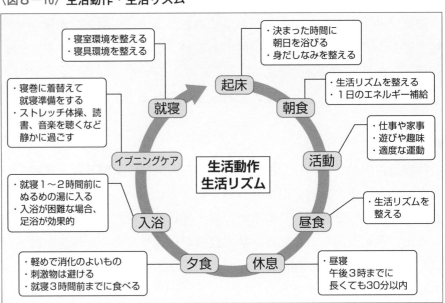

（筆者作成）

は、午後3時くらいまでに30分以内とする。

・就寝1～2時間前にぬるめの湯で入浴する。

　就寝直前や熱い湯の入浴は、体温の低下を妨げ、交感神経が優位になりやすく、寝付きにくくなるため、入浴するタイミングと湯温に留意する。

・就寝前はリラックスできる習慣（ストレッチ体操、静かな音楽をかける、読書、筋弛緩法[*40]や呼吸法[*41]を行う、など）を取り入れる工夫をする。就寝前のスマートフォンやテレビなどの光刺激により、メラトニンの分泌が抑制される場合があるため、強い光を浴びないように留意する。

・適度な運動を効果的に取り入れる。

　就寝前の激しい運動は、体温の上昇や交感神経を刺激し、入眠の妨げになる場合もあるため、就寝3時間前までに行う。運動するタイミングと運動量に留意する。

・夕食は軽めで消化のよい食事にする。

　就寝前の食事は、消化活動により体温が低下しにくく、安眠を阻害する場合もある。食事の内容、時間、食事量などにも留意する。

❷環境整備

　快適な睡眠のために、寝室・寝具環境を整えることが大切である。

・寝室は、室温（夏25～28℃、冬16～20℃）・湿度（50～60％）を整える。

*40
アメリカの神経生理学者ジェイコブソン（Jacobson, E.）博士が1930年代に考案したリラクゼーション法で、正式名称は「漸進的筋弛緩法」。全身を緊張させたり力を抜く行為を繰り返すことで、筋肉の緊張状態を解消し、筋肉の弛緩を誘導する方法。

*41
リラックスした姿勢で、ゆっくりした呼吸を意識して繰り返すことで、副交感神経を優位にし、全身の緊張をとる方法。

・明るい照明や大きな音、強いにおいなどは、交感神経を刺激し睡眠を
　阻害する可能性があるため、照度、音、においに留意する。
・寝具は、安楽な睡眠姿勢、快適な寝床内環境が保てるものを選択する。
　敷布団やマットレスが姿勢を保持しやすく寝返りがしやすい硬さであ
　るかや、掛布団の重さ、枕の高さや硬さなどが本人に合っているかに
　留意する。
・入眠中はコップ 1 杯程度の汗をかくので、定期的にシーツ等は洗濯し、
　布団は乾燥させ、清潔を保つ。

　不眠には、不安やストレスが原因のときもある。話すことにより少し
でも心理的に楽になることもあるため、悩みを打ち明けることができる
人間関係の構築が大事である。また、寝床で眠れない時間を長く過ごさ
ないことや、リラックスした状態をつくる工夫を促すことも一つの支援
である。

参考文献
● 介護福祉士養成講座編集委員会 編『新・介護福祉士養成講座 7　生活支援技術 II　第 3 版』中央法規出版、2014年
● 川村佐和子・後藤真澄・中川英子・山崎イチ子・山谷里希子 編『介護福祉士養成テキスト11 生活支援技術 IV』建帛社、2011年
● 介護福祉士養成講座編集委員会 編『新・介護福祉士養成講座14 こころとからだのしくみ 第 3 版』中央法規出版、2014年
● 内山　真『睡眠のはなし－快眠のためのヒント』中央公論新社、2014年
● 古賀良彦『睡眠と脳の科学』祥伝社、2014年
● 「チャートでわかる！ 症状別観察ポイントとケア」『プチナース 2015年 5 月臨時増刊号』照林社、2015年

第8節　療養が必要な人の介護

1　療養時の対応

❶療養が必要な人の介護の重要性

近年、高齢者の人口増加に伴い、疾病構造も変化してきた。慢性的な疾患を抱えながら生活をする高齢者も増加の一途をたどっている。

私たちの身体には外部の変化に対応できるよう内部環境を一定に保つシステムが備わっているが、このシステムを維持するためには、免疫力、回復力、予備力（体力・生理機能の余力）が必要になってくる。しかし、加齢に伴いこれらの力が低下することによって、結果的に高齢者は多くの病気を発症してしまうことになる。

介護福祉職は、療養の必要な人がいかにうまく病気と付き合いながら安定した日々を送ることができるかを考え、支えていかなければならない。ここでは、療養時の対応について課題と留意点をあげておく。

高齢者の疾患は非定型的に経過する。例えば、肺炎になっていても高熱が出ないことが多く、疾患独自の症状が現れにくい。心筋梗塞の状態になっていても胸痛を訴えないことが多いなど、疾患に気付きにくい。そのため、早期に対応することがむずかしくなることもある。

また、治療のために安静にすることで、廃用症候群[*42はいようしょうこうぐん]を起こしやすくなり、著しい全身機能の低下を招いてしまうことにもなる。たった1週間安静にすることで、身体の筋肉の約10〜15％程度が減少するといわれている。さらに、筋力の低下だけでなく、認知機能の低下や内臓の機能の低下を招くことにもなってしまう。

*42
過度な安静や活動性の低下（運動量の減少）により心身に生じるさまざまな機能低下のことで、筋萎縮、関節拘縮、骨萎縮、肺・心臓機能の低下、起立性低血圧、うつ状態などがある。

❷介護福祉職に求められること

介護福祉職には、日頃から利用者とコミュニケーションを図りながら、その人の状態を把握し、小さな変化に気付けるように観察力を身に付けることが求められる。また、必要な医療を適切に受けることができるよう、常日頃から医療職との情報共有及び連携を図ることも重要な支援である。

以下では、長期間療養が必要な人が、快適に安心して生活する上での褥瘡予防や、服薬、受診時など医療とのかかわりにおける介護について取り上げる。

② 褥瘡予防と介護

皮膚に一定の圧迫やずれ、摩擦が加わることで、組織の血液循環障害が起こり、皮膚が損傷した状態を褥瘡という。[*43]ベッド上での生活、安静期間が長くなると、身体の一部に負荷がかかり褥瘡を発生してしまうケースが多い。一般的に、「床ずれ」ともいわれる。

褥瘡は、発生させないように予防することが一番重要である。発生してしまうと、数日間で進行し利用者に苦痛を与えることとなってしまう。そのことがQOLの低下を招く原因にもなる。介護福祉職は、褥瘡を発生させないために何が必要かを考えて支援を行う必要がある。

*43
本書第3章第3節3（1）*25参照。

（1）褥瘡の原因及び誘因

❶皮膚組織に加わる力（圧迫とずれ）

圧迫やずれは褥瘡の直接的な原因となる。感覚・運動障害がある場合は、動作が少ない上に、圧迫による不快感を感じることがなかったり少ないため、身体を動かして不快感から逃れようとする動作をとれず、同じ姿勢を長時間とることになって圧迫が加わり続ける。

❷皮膚組織に加わる力（摩擦）

皮膚を摩擦することは、皮膚を傷付けることでもある。特に、加齢による皮膚の老化や全身の循環障害による浮腫がある場合は、例えば寝具の硬さなどによる少しの摩擦でも皮膚を傷付けてしまう。

❸栄養状態の低下

特にたんぱく質の摂取不足など栄養状態が低下しているときは、皮膚組織における外力からの耐久性が低下するため、皮膚に損傷を起こしやすい。

❹身体の不潔や、皮膚の湿潤（蒸れ）

不潔な状態では、皮膚表面に多くの病原微生物が付着しており、少しの傷からでも感染して皮膚を傷付けてしまう。また、湿潤は温度と湿度の関係で起こるものであり、こうした蒸れによっても皮膚状態を悪化させてしまいやすい。

第8章

〈図8－17〉褥瘡好発部位

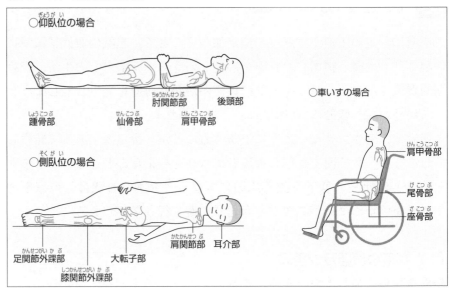

（出典）介護福祉士養成講座編集委員会　編『最新・介護福祉士養成講座6　生活支援技術Ⅰ』中央法規出版、2019年、121頁をもとに一部改変

（2）褥瘡の好発部位（なりやすい場所）

　褥瘡は、外力が集中しやすく皮下組織が薄い、骨が突出している部位に好発する。仰臥位や側臥位、座位などの姿勢をとったときに、それぞれ最も体重の負荷がかかる部位に褥瘡は好発するため、各姿勢における好発部位を理解することが大切である（**図8－17**）。

（3）褥瘡予防とケア

　褥瘡を発生させないためには、予防に取り組むことが重要である。褥瘡の原因及び誘因を除いたり減少させたりすることが予防となる。

❶皮膚の状態の観察

　まずは、全身の皮膚を毎日観察することである。特に衣服の着脱や入浴時、排泄の介助時には、全身の皮膚状態の観察を行いやすい。

　同一姿勢をとっていることの多い利用者には、圧迫がかかりやすい部位の皮膚状態の変化に素早く気付くことができるように、常に細かく観察を行うことが大切である。

❷褥瘡予防とケアの方法

　①圧迫・ずれを避けるために体位変換を行う

　　身体の下になった部分の皮膚や筋肉は体重がかかって圧迫されるた

〈図8−18〉マットレスの主な種類

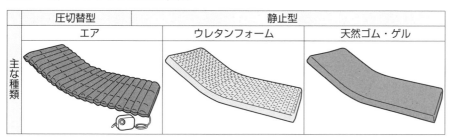

	圧切替型	静止型	
	エア	ウレタンフォーム	天然ゴム・ゲル
主な種類			

（出典）医療情報科学研究所 編『看護技術がみえるvol.1 基礎看護技術』 メディックメディア、2014年、282頁をもとに一部改変

め、状態に合わせた体位変換を基本的に2時間を超えない範囲で行う。

②身体を清潔にして温める

　入浴及び清拭による温熱効果によって、全身の血液循環を良好にすることで褥瘡の予防ができる。[44]

③皮膚を保湿する

　皮膚が乾燥するとかゆみが生じる。利用者がかくことによって皮膚を傷付けてしまう。また、乾燥した皮膚は、衣類との摩擦によっても炎症を起こしてしまうため、保湿クリーム等を塗布することによって乾燥を防ぐ。

④栄養状態を良好に保つ

　褥瘡の発生には、たんぱく質やビタミン群の不足がかかわっている。栄養状態の改善に向けて、少しでも食事を楽しめるように工夫を図ることが大切である。

⑤できるだけ離床を促す

　利用者の状態に合わせて、可能な範囲でベッドから離れて生活する時間がもてるようにする。褥瘡の予防に限らず、生活にメリハリをつけることができる。

⑥適した予防用具を活用する

　褥瘡予防用具の目的は圧迫の除去と体圧の分散である。[45]予防用具としては、エアマットレスやウレタンフォームマットレス、ゲル状のマットレスなどがある（**図8−18**）。

3 服薬の介護

　薬の不適切な服用は、利用者の生命に影響する。そのため、介護福祉職には正しい薬の知識と適切で安全な服薬の介護が求められる。

（1）薬の作用と副作用

　口から投与された内服薬は、消化管の粘膜から吸収されて、肝臓で代謝された後、その代謝物は尿とともに体外へ排出される。

　高齢になると、消化管の運動が低下して薬の吸収が遅れたり、肝臓の機能低下によって薬の代謝が不十分になったりする。腎臓機能も低下するため薬の代謝物の排出が遅れてしまい、副作用が出現しやすくなる。

　多くの疾患を抱え、複数種類の薬を服用している高齢者も多い。薬同士の相互作用（飲み合わせ）が影響することも副作用出現の要因の一つである。

（2）薬の形状

　薬がより安定した状態を保ち、十分な効果を発揮するという目的を果たすために、薬の形状には内服薬、口腔内薬、座薬、外用薬などさまざまなものがある。それぞれの特徴を理解し、適切な服薬を行う必要がある。

（3）服薬時の手順及び留意点

①利用者が服用する薬であるかどうかを確認する（本人確認、薬剤確認）。

②服薬時間、服薬量、服薬回数を確認する。

③利用者の体調に異変がないか、嚥下状態に異常がないかを確認し、本人にこれから薬を飲むことをわかりやすく説明する。

④座位の姿勢をとる。そして薬を飲む前に、水をひと口飲んでもらう（薬の通りをよくするため）。

⑤薬は十分な量（100〜200ミリリットル）の水または白湯で飲んでもらう（水や白湯以外は、薬剤の吸収を阻害したり、作用を増強させたりすることがあるため）。

⑥服薬後は、薬の副作用の出現がないか観察する。特に、アレルギー反応の副作用（顔面紅潮、発疹、気分不良、呼吸困難など）は服用後短時間で出現する。生命にかかわるような重篤な副作用であるため、服用後の観察を怠らないようにする。

4 受診時・訪問診療・往診時の介護

（1）受診時・受診後の介護

　高齢になると、複数の疾患を抱えることが多くなる。また加齢に伴う

心身機能の低下によって、体調が突然悪化することもある。疾患の状態は生活に大きく関与する。疾患が悪化すればADLが低下し、QOLも低下する。

　介護福祉職は、医療機関の利用状況を知り、受診時等に医療職と双方向のやり取りを行うことで、利用者の日々の暮らしの継続性を支援する。

❶症状の観察と報告

　介護福祉職は、いつもと違う身体状況や状態を、正確に医療職に伝えなければならない。例えば、利用者が認知機能の低下や感覚器の障害によって正確に自分の症状を伝えることがむずかしく、家族の付き添いもない場合は、利用者や家族から了解を得た上で、介護福祉職が利用者に代わって状況を説明しなければならない。利用者が発熱しているならば、いつから熱が出ているのか、熱の数値、頭痛や咳等の発熱に伴う症状の有無などと、利用者の主訴を正確に説明・代弁する必要がある。

　複数の医療機関を受診している場合は、「おくすり手帳」を持参し、利用者が服用している薬についても医師に伝える。

❷受診時や受診後の介護

　医師は診察の際に、必要ならば検査を行う場合もある。利用者は不安な気持ちで医師の診察や検査を受けるため、介護福祉職はその表情や言動を観察し、不安が和らぐような声かけを行う。また、待ち時間に状態が悪化することも考えられるため、利用者の状態が変化していないか、観察を行う。

　継続した定期受診の際は、前回の受診から今回の受診までの期間の病状の変化、生活状況の変化、服薬状況を正確に伝えることで受診がスムーズに運ぶよう支援する。

　受診後は、利用者の生活面において介護上注意することなどの情報を医療職側から得ることが重要であるが、利用者の個人情報及びプライバシーを守りながらかかわらなければならない。

（2）訪問診療・往診時の介護

　通院が困難な利用者の自宅に定期的に医師が出向いて診察を行うことを「訪問診療」、突然に身体の具合が悪くなったときに医師が利用者のところに出向いて診察を行う場合を「往診」という。どちらの場合においても、利用者や家族が直接医療職に状態を伝えることが困難なときは、

　介護福祉職が利用者等の同意を得た上で、利用者の状態を詳細に、正確に伝達しなければならない。

　また、利用者及び家族は、突然具合が悪くなってしまったことで、精神的に動揺してしまう場合もある。安心して診察を受けることができるよう環境整備し、不安を少しでも緩和できるような声かけやかかわりを行う必要がある。

参考文献
● 医療情報科学研究所 編『看護技術がみえるvol. 1 基礎看護技術』メディックメディア、2014年
● 介護福祉士養成講座編集委員会 編『最新・介護福祉士養成講座6 生活支援技術Ⅰ』中央法規出版、2019年
● 阿曽洋子・井上智子・氏家幸子『基礎看護技術 第7版』医学書院、2011年
●「(特集) ヒヤリハットから学ぶ　薬の知識と服薬介助」『おはよう21』2013年10月号、中央法規出版
● 社会福祉学習双書編集委員会 編『社会福祉学習双書2021 第15巻 介護概論』全国社会福祉協議会、2020年

第**9**章
生活支援技術の展開

学習のねらい

　本章生活支援技術の展開では、緊急・事故時や災害時における支援、終末期の介護、家族支援のあり方について学ぶ。

　日々の介護実践のなかで、不測の事態として緊急・事故時の対応や災害時の支援が求められる場合がある。また、終末期の介護として看取りに携わること、さらには家族に対する支援も介護福祉職の業として位置付けられる。

　そのために、本章では、第1節「緊急・事故時における支援」で、緊急・事故時における介護福祉職の役割とその支援、加えて事故防止・安全対策のためのリスクマネジメント、体制づくりのポイントを理解する。

　第2節「災害時における支援」では、災害時に配慮が必要な人々について理解するとともに、災害時における福祉施設の役割と機能、支援体制づくり、介護福祉職等の役割（介護福祉職による支援、多職種協働によるチームとしての支援やボランティアとの連携など）について理解する。

　第3節「終末期の介護」では、終末期の介護についての基本の知識、終末期の介護の考え方とポイントについて理解する。

　第4節「家族への支援」では、介護を必要とする人の家族への支援の必要性、加えてそのための社会資源の活用のポイントを理解する。

第1節 緊急・事故時における支援

1 緊急・事故時に求められる介護福祉職の対応

（1）介護福祉職に求められること

　さまざまな疾患を抱えている高齢者や障害者は、その症状はいつ悪化してもおかしくはなく、症状の急変や事故は、予測することがむずかしい。介護福祉職は、いざというときに利用者の生命や安全を守ることができるよう、日頃から備えておく必要がある。

　一人ひとりの利用者について、基礎疾患や日頃の状態を把握しておくとともに、異常時にいち早く気付くことができるよう、観察力を身に付けておくことが求められる。また、急変や事故時に、冷静かつ迅速に対応できるよう、研修会に参加するなどして、応急手当などの基本的な知識や技術を身に付けておくことも大事である。

（2）事故発生時の対応

❶的確な情報確認

　事故が発生した場合、上司やリーダー、看護師等に報告する。

　利用者の安全確認を行った上で、バイタルサイン（血圧、脈拍、呼吸、体温、意識）、出血、打撲、外傷の状態、痛みの有無などを確認する。けがなどで痛みを伴う場合は、患部からの出血、腫脹状態を観察し、看護師等と連携し協力を図り対応を行う。

　介護福祉職は、事故に至った経緯を正確に報告し、痛みや腫脹、出血が拡大しないよう、受診対応や救急車の要請を行う。

❷事故が発生した場合の家族への報告

　介護中の事故は、市町村と家族等への報告が義務付けられている。

　家族は、事故発生の連絡を突然受けると、動揺し、不安を感じる。利用者に何が起こり、そして現在はどのような状態なのかを一番に知りたいと思っている。そのため、報告が遅れたり、正確性に欠けていたりすると、家族との信頼関係に支障を来すことになる。介護福祉職は、できる限り正確に迅速に報告する必要がある。

（3）応急手当の目的

応急手当の目的は「救命」「悪化防止」「苦痛の軽減」である。

①救命

　応急手当の一番の目的は、生命を救うこと、つまり、救命にある。応急手当を行う際は、救命を目的とした手当を最優先に行う。

②悪化防止

　応急手当の二番目の目的は、けがや病気を治すことではなく、現状以上に悪化させないことである。この場合は、傷病者の症状や訴えを十分に観察し把握した上で、適切な応急手当を行うことが必要である。

③苦痛の軽減

　傷病者は突然のけがや病気に遭遇することで、身体的にも精神的にも苦痛と不安を感じている。できるだけ苦痛を与えない手当を心がけるとともに、傷病者が安心できるよう、「がんばりましょう」「救急車はすぐに来ます」などの言葉かけを行う。

2 主な緊急・事故時の支援

　介護福祉職は、いずれの場合においても速やかに医療職に事故の状況や利用者の状態を報告し、可能な範囲で応急手当を試みなければならない。

（1）外傷

　外傷は、転倒や転落といった事故や、ぶつけたり引っかいたりすることによって生じる。高齢になると、皮膚の脆弱性が高まることにより、皮膚のびらん（ただれ）がおき、出血を生じやすい。

①利用者の様子と、傷の状態、出血状態を観察する。意識がなく呼吸が停止している場合には、直ちに救急蘇生を行う。

②傷口についた汚れを流水で洗い流す。

③傷口に清潔なガーゼ等をあて、手で直接5分ほど圧迫して止血する。感染予防のため、直接傷口や血液にふれないようにする。ティッシュペーパーは細かい繊維が傷口に残ってしまうため、止血時には使用しない。

④傷口を心臓よりも高く上げる。血流の落差が生じることで、止血しやすくなる。

⑤直接傷口を圧迫できない場合は、出血部位に近い動脈血管を手で圧迫する。

（2）骨折

　高齢になると、下肢筋力の低下や、内服している薬の副作用等で動作のバランスの維持がむずかしくなり、転倒しやすくなる。また、骨密度の低下によって骨粗鬆症になり、寝返りや日常生活の動作、移動の介助時に骨折してしまうこともある。

　利用者が転倒した場合は、次のような点について、全身の観察、局部の観察をすることが重要である。

①どのように転倒したのか。

②激しい痛みを伴っているのか、腫れているのか、変形しているのか。

③顔色は変化していないか。

④意識は正常か、など。

　高齢者によくみられる骨折の原因と症状は、**表9-1**のとおりである。

　骨折すると、神経や血管の損傷を引き起こすこともあるため、骨折部は無理に動かさない。患部を固定するなどして（**図9-1**）安静にし、速やかに医療機関を受診する。

〈表9-1〉 **高齢者によくみられる骨折の原因と症状**

①大腿骨頸部骨折 [1]		
	原　因	歩行中やトイレなどで立ち上がったときの転倒によって起こることが多い。また、おむつ交換時に股関節を無理に広げたり、下肢をねじることで起こることもある。
	症　状	股関節部に、痛みと、関節の変形と腫れがみられる。 自分で下肢を動かすことができなくなり、立つことや歩くことができない。
②脊椎圧迫骨折 [2]		
	原　因	後ろに転倒して尻もちをついたり、無理な姿勢をとるといった動作でも起こる。骨粗鬆症の状態のときに起こりやすい。圧迫骨折は、胸椎と腰椎移行部に多い。
	症　状	背中や腰に強い痛みを感じ、動けなくなる。
③上腕骨近位端骨折 [3]		
	原　因	転倒して、肩を打ったり、肘や手をついたりしたときに起こる。
	症　状	肩から腕の周辺に、痛みと腫れがみられる。腕を上に上げることができなくなる。
④橈骨遠位端骨折 [4]		
	原　因	転倒して、手をついたときに起こる。
	症　状	手首の付け根に強い痛みが起こる。関節の腫れや変形を伴うこともある。

（筆者作成）

*1
足の付け根の骨。

*2
背中の骨。

*3
肩の付け根の骨。

*4
手首の骨。

〈図9－1〉骨折の固定

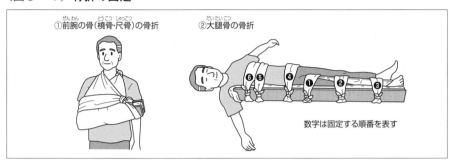

①前腕の骨（橈骨・尺骨）の骨折　②大腿骨の骨折

数字は固定する順番を表す

(出典) 介護福祉士養成講座編集委員会　編『最新・介護福祉士養成講座6　生活支援技術Ⅰ』中央法規出版、2019年、270頁をもとに一部改変

〈図9－2〉立位による背部叩打法

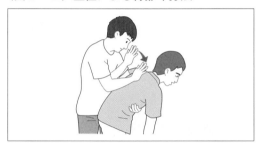

(出典) 介護福祉士養成講座編集委員会　編『最新・介護福祉士養成講座15 医療的ケア』中央法規出版、2019年、55頁をもとに一部改変

（3）誤嚥・窒息

　老化による嚥下機能の低下によって、本来ならば食道に入るはずの食べ物などが誤って気管に入ってしまうことを誤嚥という。誤嚥が引き金になり、異物で気道が閉塞されると、呼吸ができない状態（窒息）となる。

　利用者が突然激しく咳込んだり、喉に手を当てて苦しそうな動作（チョークサイン）がみられたり、ヒューヒューといった異音が混じった呼吸音が聞こえたりするときは、気道閉塞による窒息が疑われる。この場合は迅速に応急手当を行う。

　応急手当中に意識が消失し心肺停止となった場合は、気道確保を行い、救急隊が到着するまで心肺蘇生法を継続する。

　誤嚥の対処法としては、意識があり咳をすることが期待できる場合は、咳をさせることによって異物の除去を試みる。ただし、利用者の口の中に手を入れて異物を除去することは、逆に異物を喉の奥に押し込んでしまう危険性があるため注意が必要である。

　咳が出にくい場合や、異物が取り出せない場合には、背部叩打法などを行う（**図9－2**）。背部叩打法を行うときは、利用者は食べ物が出や

＊5
本書第3章第3節4（2）＊31参照。

＊6
本書第3章第3節4（2）参照。

すいように前傾姿勢をとる。このとき介護福祉職は、利用者の後ろから片手で胸を支え、もう一方の手は利用者の背中に置き、肩甲骨と肩甲骨の間を、手のひらの付け根で4〜5回強く叩く。

（4）熱傷（やけど）

熱傷（やけど）とは、熱湯や蒸気など熱いものに接触することによって皮膚に損傷を起こした状態である。

高齢になると、感覚機能や運動機能が低下することによって、素早く熱源を避けることができなくなる。また、認知機能の低下によって物体の認識がむずかしくなる。このような状態がやけどをひき起こす原因となる。

熱傷（やけど）の程度と症状は、**表9−2**のとおりである。

また、高齢者に多いやけどとして、「低温やけど」があげられる。「低温やけど」とは、長時間同じ部位を温めたことで、徐々に皮膚損傷を起こしてしまうもので、カイロや湯たんぽ、電気毛布などを使う場合に生じる。通常のやけどと比較すると、皮膚表面の損傷は軽度であるが、実は深い組織まで損傷が及んでいる場合も少なくない。

やけどの手当は、受傷後、できるだけ早く患部を冷やすことが重要である。広範囲のやけどの場合は、皮膚損傷を最小限にするため衣服を脱がさずにその上から冷やす。また、患部に水疱ができている場合は、細菌による感染を起こさないために水疱は破らないように留意する。万が一破れた場合には、患部を清潔なガーゼ等で保護し、病院を受診する。

〈表9−2〉熱傷（やけど）の程度

深度	傷害部位	外見	症状
Ⅰ度	表皮	皮膚の色が赤くなる	ひりひりと痛む
Ⅱ度	真皮	赤く腫れ、水ぶくれ（水疱）になる	強い痛みと灼熱感がある
Ⅲ度	皮下組織	乾いて、硬く、弾力性がなく、黒く壊死または蒼白になる	感覚がなくなり痛みを感じなくなる

（出典）介護福祉士養成講座編集委員会 編『最新・介護福祉士養成講座6 生活支援技術Ⅰ』中央法規出版、2019年、263頁をもとに一部改変

3 緊急・事故時に備える体制づくり

（1）リスクマネジメント体制

リスクとは、一般的に「ある行動にともなって（略）、危険に遭う可

能性、損をする可能性を意味する概念[1]」といわれている。さらに、危険とは、「潜在的に危険の原因となりうるものと、実際にそれが起こって現実の危険となる可能性を組み合わせたもの[1]」である。

リスクマネジメント[*7]とは、「リスク＝危機・危険」と「マネジメント＝管理」を組み合わせた危機管理のことで、リスクを回避すること、あるいは起こりうる結果を最小に抑えることである。起こり得る事故に対して、事故を起こさないように予防策を立てて、介護福祉職全員がその重要性を理解し、守り実行しなければならない。どんなベテランであっても事故を起こし得るものであるという意識をもち、予防策を講じることが大切となる。

介護保険制度上も、指定介護老人福祉施設等の設備及び運営基準の「事故発生の防止及び発生時の対応」に関する規定に、事故発生の防止のための①指針の整備や、②事故発生の防止のための委員会（事故防止検討委員会）の設置等の体制整備及び、③従業員に対する研修を定期的に行うことなどが定められている。

事故発生時には、①市町村等への連絡や、②事故の状況や行った処置についての記録の整備が義務付けられている。さらに、賠償すべき事故が発生した場合は、③損害賠償を速やかに行わなければならない、などとされている。

なお、万が一事故につながってしまった場合は、誠心誠意、迅速、確実に対処する必要がある。

（2）事故防止・安全対策のためのリスクマネジメント

介護を必要とする高齢者は、加齢に伴う身体機能の変化や認知症等により、危険回避能力及び危険認知能力が成人に比べて低下している場合が多い。そのため、前述のように転倒、転落による骨折や、誤嚥性肺炎を招く恐れもある。このような状況になると、自立した生活を行うことが困難になり、結果的にQOLの低下の原因にもなりかねない。

しかし、「リスクを防ぐ」という理由で、利用者の日常生活や社会的な活動を制限することは、原則として避けなければならない。したがって介護福祉職は、生活の場面で予測される危険をできるだけ排除し、安全で「その人らしい」暮らしを支援することが重要なポイントとなる。そのために、本節冒頭で述べたような、一人ひとりの利用者についての基礎疾患や日頃の状態の把握と、そうした情報の共有化が欠かせないのである。

*7
本双書第2巻第5章第1節3参照。

＊8
福祉サービスにおける
危機管理に関する検討
会、平成14（2002）年
3月。

　なお、厚生労働省が、「福祉サービスにおける危機管理（リスクマネ
ジメント）に関する取り組み指針」において、より質の高いサービスを
提供することによって多くの事故を未然に回避できるという基本的な考
え方を示している。[8]

（3）リスクマネジメントに必要な要素とリスクに強い環境づくり

　リスクを回避するため、事故を未然に防ぐために必要な要素として、
以下の3点があげられる。

❶記録類の整備

　記録は情報共有のツールとして非常に重要である。利用者の様子や変
化、観察すべき内容を誰が見ても把握できるように、記録の仕方・様式
などを工夫する。

　また、記録を通して、ケア場面でのリスクについての予測や適切な対
応が行えるようになる。実際に事故が起きたときの「事故報告書」や「ヒ
ヤリハット報告書」などを整備することで、行ったケアの内容や環境に
ついて検討することができる。

❷多職種によるチーム体制

　必要に応じて介護福祉職以外の専門職からアドバイスを受けたり、チ
ームで検討できる体制づくりを行ったりすることも重要である。介護福
祉職は、「あれ、おかしいな」と感じたときや疑問が生じたときなどに、
ケースに応じてさまざまな相談が行えるよう、常日頃から多職種とのコ
ミュニケーションを図るとともに、ケアカンファレンスなどを通して情
報共有を強化し、多職種とのネットワークを構築しておくことが必要と
なる。

❸事故を繰り返さないための対策と体制の整備等

　もし、事故が起こってしまった場合は、利用者への被害や影響が最小
限になるような対応を行う。また、同じ事故や問題を繰り返さないため
の対策を講じる。問題が起きてしまった背景や過程を分析し、改善可能
な課題として組織全体で検討し工夫する姿勢が何よりも重要である。

　緊急時の連絡体制や、「緊急時対応マニュアル」の整備も欠かせない。

（4）感染症対策におけるリスクマネジメント

　高齢になると、免疫機能の低下や栄養状態が整いにくい等の要因が重なり、感染症にかかりやすくなる傾向がみられる。介護福祉職は日頃から「感染症対策」の正しい知識をもった上で、利用者が突然に感染症を発症してしまった場合においても、医療職と協力し適切かつ迅速な対応ができるように心得ておかなければならない。

　なお、事業所・施設には、「感染対策マニュアル」の整備や、「感染症対策委員会」の設置、「標準予防策（スタンダード・プリコーション）[*9]」を基本にした、感染拡大や集団発生を防止する対策の実施が求められる。

❶感染症対策の３原則

　感染症対策の基本は、感染させないことである。感染症の原因となる細菌やウイルス等を体内に侵入させないこと、他者にうつさないこと、感染しても発症させないことが重要となる。具体的には、次のような感染症対策が必要である。

　①感染源をなくす。

　②感染経路を断つ。

　③感染しないよう、抵抗力をつける。

❷感染症発生時の対応

　施設内で感染症が発生したときは、次のような対応が必要である（図9－3）。

　①感染者の状況（症状）と対応したケア内容を記録し、報告する。

　②感染者の嘔吐物、排泄物の適切な処理を徹底する。

　　医師や看護師の指示を仰ぎ、必要に応じて施設内の消毒を行う。

　　必要に応じて感染者の隔離を行う。

　③医師や看護師は、感染拡大を防止するために施設長や介護の責任者と連携を図り情報共有しながら、感染者の重篤化を防ぐために医療機関と連携を図る。

　④行政への報告は、施設長が必要に応じて迅速に行う。

　⑤状況に応じて、関係医療機関と連携する。情報が錯綜しないように報告の担当者を決め、適切な報告によって指示されたことがスムーズに伝達できるようにすることが重要である。

*9
1996年にアメリカ疾病予防管理センターが発表した感染一般に関するガイドライン。考え方の基本は「すべての患者の血液、体液、分泌液、排泄物、創傷皮膚、粘膜などは、感染する危険性があるものとして取り扱わなければならない」である。

〈図９−３〉感染症発生時の対応フロー

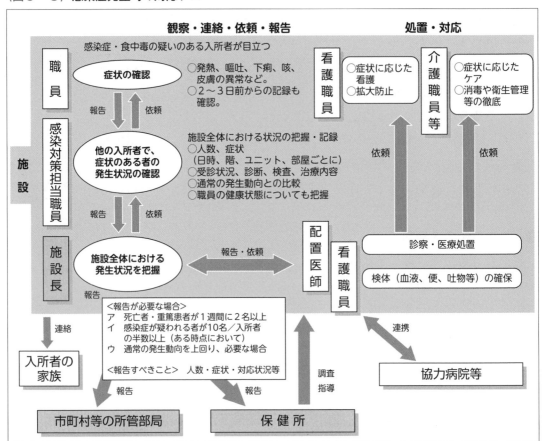

（出典）厚生労働省「高齢者介護施設における感染対策マニュアル 改訂版」2019年３月、44頁をもとに一部改変

❸多職種連携の必要性

　利用者の身体状況の変化に少しでも早く気付いて対応するために、介護福祉職だけでなく、ほかの専門職との情報共有が欠かせない。そして、情報について専門職同士が意見交換を行い、利用者の状況を十分に把握した上で、感染を広げないための対策を講じなければならない。

　適切な対応には、日常の多職種におけるコミュニケーションがどのようにとれているかということや、連携のあり方が大きく反映される。

引用文献
1）介護福祉士養成講座編集委員会 編『最新 介護福祉士養成講座15 医療的ケア』中央法規出版、2019年、38〜39頁

参考文献
●「（特集）イザというときにあわてない 介護現場の急変・事故対応ガイド」『おはよう21』2020年10月増刊、中央法規出版
● 大瀧厚子『介護で役立つ早引き急変対応マニュアル』エクスナレッジ、2013年

第2節　災害時における支援

　介護福祉職は、災害など、いかなる状況においてもその人の生活が継続できるよう支援することが求められる。できるだけ早く、被災者がその状態から脱却し、もとの生活に戻れるよう、介護福祉職は関係者と連携・協働して支援にあたる必要がある。その際の重要な視点は、介護の基本である「自立支援」「尊厳を尊重したケア」「生活の継続性」である。[*10]

*10
非常時や災害時に活用し得る法制度や具体的な支援のあり方、平時の取り組みについては、本双書第8巻第2部第3章及び第14巻第2部第7章第6節2参照。

1 災害時に配慮を要する人々

　災害時に、福祉専門職は、特に配慮しなければならない利用者に対して、適切な支援を行う必要がある。

（1）要配慮者

　災害対策基本法では、災害時に要介護者など特に配慮を要する人々を「高齢者、障害者、乳幼児その他の特に配慮を要する者」（要配慮者）と定めている。[*11]「その他」には、妊産婦、外国人、傷病者、内部障害者、難病患者、人工呼吸器使用者や人工透析患者など医療ニーズの高い人などが想定される。

*11
災害対策基本法第8条第2項第15号。

（2）避難行動要支援者

　「要配慮者」のうち、「災害が発生し、又は災害が発生するおそれがある場合に自ら避難することが困難な者であって、その円滑かつ迅速な避難の確保を図るため特に支援を要するもの」を「避難行動要支援者」と定めている。市町村長は、その「把握に努めるとともに、地域防災計画の定めるところにより、避難行動要支援者について避難の支援、安否の確認その他の避難行動要支援者の生命又は身体を災害から保護するために必要な措置（中略）を実施するための基礎とする名簿（中略）を作成しておかなければならない」としている（同法第49条の10）。

2 災害時の施設の役割と支援体制づくり

　特に介護施設においては、要配慮者（高齢者）が集まっているため、支援の手がいち早く届き、被災しても生活が守られているとイメージさ

れがちであるが、被災施設でも、ライフラインが復旧するまでは、さまざまな不便を感じる中で自力での生活が求められる。

（1）災害時の支援体制づくりとBCP

施設では、24時間体制での支援環境が整備されている。ただし、介護福祉職を含め職員はローテーション勤務のため、災害時には速やかに施設に駆けつけられるよう、緊急連絡網の策定や出勤規定などのマニュアルを整備するとともに、職員への周知徹底を図らなければならない。こうした対応マニュアルを作成しておくことで、職員の意識や行動の統一を図ることができ、実際に災害が発生した場合に、被害を最小限に食い止めることにつながる。

施設が事業継続計画（BCP）[*12]を策定することにより、介護福祉職が要配慮者の支援を継続できるような体制を築いておく必要がある。

（2）地域の避難所、福祉避難所としての体制づくり

また、社会福祉施設は、災害時に地域の避難所となるとともに、一般の避難所で過ごすことがむずかしく、支援が必要な要配慮者を受け入れる設備などを備えている「福祉避難所」として機能することがある。

そのため、備蓄の中身や量は、入居者や職員の人数のみを準備するのでは不十分であり、緊急時には地域住民や要配慮者が避難してくる可能性も加味し、地域の避難所となるに十分な準備が求められる。その際、備蓄量については、発災後3日以内に自衛隊や災害派遣福祉チームが被災現場に駆けつけてくるといわれているが、通常1週間程度の量は準備しておくことが望ましいとされている。

また「福祉避難所」に避難する避難者は、災害による生活環境の変化によって健康被害を受けやすく、災害直後は状態が安定していた避難者であっても、その後状態が悪化して支援が必要になることが考えられる。そのため、避難者の状態を継続的に観察する介護福祉職の視点が欠かせない。専門職を中心とした支援人材の確保が重要となるため、平時より災害時の受け入れ拠点・活動支援体制について、取り決めを行っておくべきである。

災害は、いつ起こるか予測できないことを自覚し、現実的な準備を常日頃から行っていることが大切である。

---

*12
BCPとは「Business Continuity Plan」の略で「事業継続計画」のこと。災害など不測の緊急事態が生じた場合に、事業を継続できるよう計画を立てるための対策をBCP対策という。つまり、自然災害などの緊急事態が生じた際に、福祉施設が被害を被っても事業を継続できるように、必要な計画・対策をあらかじめ立てておくことである。これにより、地震や水害などの災害、感染症の流行が生じた場合であっても、利用者に対して継続的に必要なサービスを提供することが可能となる。令和3（2021）年度の介護報酬改定では、感染症や自然災害の脅威が増していることを受けて、すべての介護事業者にBCPの策定とそれに基づいた研修・訓練の実施を義務付けることになった。

3 災害派遣福祉チームについて

（1）災害派遣福祉チームとは

　自然災害の頻発・激甚化の中、被災地における支援活動は、さまざまな専門職で構成された派遣支援チームによって行われている。医療専門職で構成されている災害派遣医療チーム（DMAT：Disaster Medical Assistance Team）がよく知られているが、近年では福祉専門職による災害派遣福祉チーム（DWAT：Disaster Welfare Assistance Team、DCAT：Disaster Care Assistance Team）などが支援活動を展開している。

　災害派遣福祉チームとは、災害発生直後に被災地に入り、一般（指定）避難所や、被災した社会福祉施設や福祉避難所に赴き、高齢者や障害者の支援を行う専門家チームのことで、都道府県単位や民間の社会福祉法人等で構成されている（**図9－4**）。こうした取り組みから、介護福祉職もチームの一員として被災地に入ることも多くなった。

〈図9－4〉 災害時の福祉支援体制の整備に向けたガイドライン

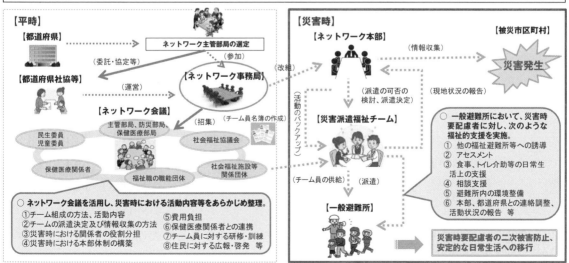

（出典）厚生労働省資料

（2）災害派遣福祉チームにおける介護福祉職の役割

　災害発生時には誰もが切迫した状態にあり、強いストレスが重なることから、支援する側であっても尊厳に対する意識が薄らいでしまうことがある。その結果として、高齢者や障害者などへの配慮が不足し、ときには心ない言動につながることも考えられる。また、「自立支援」「尊厳を尊重したケア」といいながらも、非日常状態が続くと、利用者をずっと被災者扱いのままの状態にしてしまい、当事者不在の介護をしてしまいがちである。

　介護福祉職は、関係者と連携・協働して「要配慮者」の思いを尊重して支援にあたることが期待される。

4 災害時における介護福祉職による支援

　災害によっていきなり「生活」が破綻しても、その人らしい生活の実現をめざして、安全に、そして自立へ向けての支援を行うのが福祉専門職である。特に介護福祉職は、要配慮者に対して、被災者の安心・安全を基盤として、生活環境整備に気を配り、QOLの担保・快適さを追究していく。災害時の混乱と絶望の中、生活の継続性がままならない状態であるが、「支援するもの」「支援されるもの」という関係性ではなく、「暮らし」にさりげなく入り込みながら、配慮の必要な被災者が主体的に自分で暮らしを取り戻そうとする意欲を支援し続けることが可能である。

　また災害とは、生活の連続性の分断であり、それは個人だけではなく、環境をも同時に分断する。その再生にあたり、被災者に対して伴走しながら日常を取り戻していくなかで、介護福祉職として、生活の何が再生でき、何が再生できないのか、生活の何を失ったのか、何が必要なのか、などの振り返りが重要である。このように、もともと不可知なものである「生活」というものの本質を問い続けることが、「生活支援」の専門職に求められる。

　災害時でも、環境を整えながら、刻々と変化する被災者のニーズに合わせた支援を行い、日常性を回復していく。それが全く「もとの生活」となるとは限らないかもしれない。しかし、支援者も被災者も一体になって、自立に向けて被災者の「生きたい」という意欲を高めながら、被災地の復興につながる支援をし続けることが大切である。

COLUMN

◉東日本大震災で被災した方々が暮らす避難所での支援

　避難所となった体育館では、大勢の避難者が床の上で寝食をともにしなければならない。介護を要する方には「床から車いす」への移乗が必要となる。また、避難所では、和式トイレへの移動と排泄介助が多い。洋式トイレでの一部介助とは方法が異なる。

　排泄は、自立していた人でも、避難所の環境では夜間のみおむつを希望する人が多かった。暗い中、トイレへ行くことが困難なためである。一人ひとりの状態に合わせて、パッドやフラットおむつの使用を工夫する。環境や物品が整った施設等での知識や技術が発揮できず、工夫を余儀なくされる。

〈写真9－1〉 体育館に避難している被災者

避難所で話を聴く筆者に、被災者がほんの少し笑顔を見せてくれた。

　夜間、各個人の「居住スペース」にはテレビがあるわけではなく、することがない。不安のため、必要以上に飲酒する人もいる。

　すべてを津波で失った高齢者が、亡くなった孫や家族の話を聞いてほしいという。話しながら泣き崩れ、話し終わった後に「明日からがんばろう」と、ほんの少し笑顔を見せてくれた。

参考文献
● 早坂聡久 編『チェックリストと事例でわかる！ 介護施設の災害・感染症対応』ぎょうせい、2021年

第3節　終末期の介護

1 終末期に関する知識

すべての生物は死に向かって生きている。しかし、近代医学は、ひたすら病気を治すことをめざし、死を遅らせるように努めてきた。患者や高齢者に対して「死」を話題にすることはタブーと考えられ、不治の病の告知すらなされなかった時代があった。

しかし現在、日本は高齢化率29.0%[*13]という高齢社会であり、多死社会を迎えているともいわれている。死亡率（人口千人当たりの年間の死亡数の割合）は、戦後は一桁で推移してきたが、平成24（2012）年に二桁に達し、令和4（2022）年では12.9となり、今後も上昇を続けていくことが見込まれている。[*14]

このようななか、介護の現場において死を看取ることは避けて通れないことであり、今後もその場面は増えるであろう。そこでは、本人と家族にとって、また介護福祉職にとっても、より満足度の高い看取りが望まれている。[*15]

（1）死への心理過程

アメリカの精神科医であるキューブラー・ロス（Kübler-Ross, E.）は、死にゆく人がたどる心理的段階を5つの段階に分けて示した（**表9-3**）。ロスによれば、これらの段階は隣り合い重なり合っており、第1段階は＜衝撃・否認＞であるが、＜怒り＞や＜取り引き＞の段階にあっても部分的な＜衝撃・否認＞は存在し、第5段階の＜受容＞の段階にあっても「準備的悲嘆」は存在している。さらに、最期の瞬間まで何らかの形で「希望」はもち続けられている。

現在では、必ずしもすべての人が、このすべてのプロセスを順序よく通って＜受容＞に至っているとは限らないことも明らかになっているが、基本的な原則として知っておくことは重要である。

死にゆく人の思いに寄り添うということは、その時々に表出される本人や家族の感情に応えることだけではなく、その思いを聴き、ともにいてその段階につき合うという基本的な姿勢をもつことである。

*13
内閣府『令和5年版高齢社会白書』。

*14
厚生労働省「令和4（2022）年人口動態統計（確定数）」。

*15
終末期ケアについては、本双書第14巻第2部第7章第5節参照。

〈表９－３〉キューブラー・ロスの死の受容プロセス

第１段階	衝撃・否認	自分の余命の短さを知り、それが事実であるとわかっているが、認めることができない。「何かの間違いである」「私がそうであるはずがない」など。否認は大きな不測のストレスに遭遇するときの人間の典型的な反応であり、より緩やかな自己防衛法を動員するための緩衝装置である。
第２段階	怒り	「なぜ、私が？」という怒り、憤り、羨望、恨みなどの諸感情が否認にとってかわる段階である。この怒りはあらゆる方向へ向けられ、周囲に投射される。しかし、怒りを感じるということは、現実に向かいそれに反応しているということである。
第３段階	取り引き	神もしくは人々に対し、何らかの交換条件を持ち出して奇蹟を願う段階である。避けられないことであっても、何とか先延ばししたいという願望である。
第４段階	抑うつ	気分の落ち込みが続いたり、何事にも意欲や喜びをもったりすることができなくなる。抑うつは２つのタイプに分けられる。失った物事への喪失感による「反応的な抑うつ」については、本人の安心できる状況を作り出すことで慰めることができる。一方、世界との決別を覚悟するための「準備的悲嘆」については、本人の感情表出を止めず、静かに寄り添うことが重要である。
第５段階	受容	ほとんどの感情がなくなり、「長い旅行の前の最後の休息」のためのときのようである。ただし、幸福の段階と誤認してはならない。本人の関心の環は縮まる。この時期のコミュニケーションは言葉ではなく、そばにいて手をにぎり、ともに時間を過ごすことである。

（出典）E.キューブラー・ロス、川口正吉 訳『死ぬ瞬間　死にゆく人々との対話』読売新聞社、1971年をもとに筆者作成

（２）老化と死

　老化とは、加齢、エイジングとも表現されるが、生物が成長・発達を続けて成熟期を迎えた後に衰退し、死を迎えるまでの自然な変化のことである。老化の速度は個体差が大きいが、細胞数の減少によって臓器が萎縮し、そのため生理的な機能が低下することが明らかになっている。

❶平均寿命と健康寿命

　日本における平均寿命[*16]は、男性81.05歳、女性87.09歳[*17]である。日本の高齢化率とともに、令和２（2020）年までは平均寿命も延伸を続けていた。

　一方、健康寿命[*18]とは日常的に介護を必要としない期間のことであり、日本における健康寿命と平均寿命の差（不健康期間）については、平成13（2001）年から令和元（2019）年の間、男性が９年弱、女性が12年強と横ばいで推移している[*19]。

*16
現在の0歳の人がその後何年生きられるかを予測した数値をいう。

*17
厚生労働省「令和４年簡易生命表」。令和３（2021）～令和４（2022）年にかけ年次推移を見ると、平均寿命は短縮している。新型コロナウイルス感染症、心疾患や老衰などの死亡率の変化によるものとみられている。

*18
WHOが提唱した新しい指標で、平均寿命から介護状態の期間を差し引いた期間をさす。これまでの平均寿命はいわゆる「寝たきり」や「認知症」といった介護を要する期間を含むため、生涯の健康な時期とは大きな開きがあることが指摘されていた。厚生労働省は「健康寿命の延伸」を目的に種々の施策を進めている。本書第７章第２節２参照。

*19
内閣府『令和５年版高齢社会白書』。

❷死亡数と死因

＊20
厚生労働省「令和4
(2022) 年人口動態統計
(確定数)」。

　令和4 (2022) 年の死亡数は156万9,050人で、前年の143万9,856人より12万9,194人増加している[20]。また、75歳以上の後期高齢者の死亡数は、昭和50年代後半から増加しており、平成24 (2012) 年からは全死亡数の7割を超えている。

　令和4 (2022) 年の死因を順位別にあげると、第1位は悪性新生物（腫瘍）、第2位は心疾患（高血圧性を除く）、第3位は老衰、第4位は脳血管疾患となっている。老衰による死亡率の推移では、昭和22 (1947) 年をピークに低下傾向が続いたが、平成13 (2001) 年以降上昇しており、平成30 (2018) 年に脳血管疾患にかわり第3位となり、令和4 (2022) 年は全死亡者に占める老衰の割合は11.4%となった[20]。

　今後のさらなる高齢化の進行の中で、医療・介護分野において「看取り」が極めて重要なテーマとなることは明白である。

❸死亡の場所－希望と実際

　次に、高齢者が最期をどこで迎えたいと考えているのか、実際はどうなのかということについて見てみる。

＊21
内閣府『令和元年版高
齢社会白書』。

　60歳以上の国民を対象とした調査によると[21]、「治る見込みのない病気になったときに最期を迎えたい場所」として、「自宅」を希望する人が51.0%で最も多く、次いで「病院・医療施設」が31.4%であった。また、67～81歳の男女を対象とした別の調査では[22]、「死期が迫っているとわかったときに、人生の最期を迎えたい場所」として、自宅58.8%、医療施設33.9%、介護施設4.1%であり、選択理由として自宅は「自分らしくいられる」「住み慣れている」、医療施設は「家族に迷惑をかけたくないから」というものであった。

＊22
日本財団「人生の最期
の迎え方に関する全国
調査」2021。

＊23
厚生労働省『厚生統計
要覧（令和4年度)』。

　一方で、全死亡者の67.4%の人が病院・診療所で亡くなっており、自宅は17.2%、老人ホームは10.0%、介護医療院・介護老人保健施設は3.5%であった[23]。直近の10年を見てみると（平成22〔2010〕年との比較）、病院・診療所は、80.3%から67.4%へ、自宅は12.6%から17.2%へ、老人ホームは3.5%から10.0%へ、介護医療院・介護老人保健施設は1.3%から3.5%へと[24]、わずかではあるが、着実に医療の場から生活の場へと看取りの場に変化が起こっていることがわかる。

＊24
人口動態統計において、
現在の分類「介護医療
院・介護老人保健施設」
は、平成29 (2017) 年
までは、介護老人保健
施設のみの数値である。

　しかし、最期を迎えたい場所と実際の死亡場所にはかなりの差がある。

❹死のとらえ方

①死の判定

「人の死をどうとらえるか」ということについては、古くから多くの人が考えてきた。ここでは、現代社会において終末期の介護にかかわる上で知っておきたい死のとらえ方を紹介する。

まず、死の判定には、生物学的な死がある。生物学的な死とは、身体のすべての生理機能が停止した状態であり、これらが不可逆的であるときに死と判定される。心停止、呼吸停止、脳機能の停止（瞳孔散大と対光反射の消失）は死の三徴候といわれ、広く一般的に用いられている。

一方で、法律的な死があり、平成9（1997）年施行の「臓器の移植に関する法律」で定義された脳死である。「脳幹を含む全脳の機能が不可逆的に停止するに至ったと判定された」状態であり、本人と家族の臓器提供の意思が認められた場合のみ、厚生労働省が示した脳死判定基準によって脳死判定が行われ、脳死を人の死と認めることとなった。[*25]

②尊厳死、平穏死と安楽死

そうした医療技術の進歩により、尊厳死、平穏死、安楽死といった概念も生まれた。「尊厳死」[*26]とは、回復の見込みのない末期状態で、患者の推定的意思（事前の文書・口頭、家族の証言から本人の意思を推定）の存在がある場合に、治療行為を行わず、人としての尊厳を保ちながら自然な状態で死を迎えることをいう。患者本人が自らの意思で延命治療を行わないことを書面にしたものをリビングウィル（Living Will：終末期医療における事前指示書）という。

「平穏死」[*27]とは、身体の生理的衰退の結果、自分の力で食べることや飲むことができなくなったとき、人工的に水分・栄養補給をすることなく、身体の自然な状態のままに平穏に死を迎えることを意味する。

「安楽死」[*26]とは、回復の見込みのない末期状態にある患者が、激しい苦痛に苦しむとき、その苦痛から解放するために人為的な方法で死を迎えさせることである。ただし、日本医師会の「終末期医療に関するガイドライン」は、「積極的安楽死や自殺幇助等の行為は行わない」と明記している。

*25
平成21（2009）年の改正で、本人の拒否がない限り家族の承諾があれば臓器提供ができることとなった。平成22（2010）年からは15歳未満の子どもからの臓器提供も可能となった。

*26
本双書第14巻第2部第5章第1節2（4）参照。

*27
特別養護老人ホームの医師である石飛幸三（いしとびこうぞう）は、終末期には点滴や経管栄養は不要であるとし、老衰による安らかな最期を「平穏死」と名付けた。

*28
平成20（2008）年策定。令和元（2019）年改訂。改訂においては、厚生労働省が平成30（2018）年に公表した「人生の最終段階における医療・ケアの決定プロセスに関するガイドライン」を受け、アドバンス・ケア・プランニング（後述）の考え方、在宅や介護施設への配慮、家族に対するグリーフケアが盛り込まれている。

2 終末期の介護の考え方

（1）終末期のとらえ方と意思決定

❶終末期について

　終末期はターミナル期とも表現され、医療や介護の現場においては日常的に使われているものの、終末期に共通の定義はない。「どのような状態が終末期かは、患者の状態を踏まえて、医療・ケアチームの適切かつ妥当な判断によるべき[1]」というのが、厚生労働省が平成19（2007）年にまとめた「終末期医療の決定プロセスに関するガイドライン」において示された考え方である。

　しかし近年、治療法の選択により終末期を迎えるか否かが左右されるといった状況も起こっている。例えば、経口摂取ができなくなった場合に経管栄養法[*29]をするかどうか、自分で呼吸ができなくなった場合に人工呼吸器をつけるかどうかといった[*30]、本人の選択によって人生の残り時間が大きく左右されるというような場合である。このように従来、医療職によって判断されてきた終末期であるが、本人の意思決定により「終末期」が選択されているのである。

❷アドバンス・ケア・プランニング

　アドバンス・ケア・プランニング[*31]（Advance Care Planning：ACP）とは、もしものときのために、人生の最終段階で自分が望む医療やケアについて、本人が家族等や医療・ケアチームと事前に繰り返し話し合い、共有する取り組みのことをいう。心身の状況に応じて本人の意思は変化しうるものであるため、繰り返しの話し合いと共有が必要とされている。

　ACPにおける話し合いのなかで、その人の価値観や人生観、生活への願いを聞くことができる。認知症等で意思決定能力が低下していくことが予測される場合でも、意思決定能力の低下に先立って行い、繰り返し話し合い共有することは、その人らしい終末期を支えるために有用である。

❸看取りについて

　いかなる状況にあっても、最期まで自分の意思に基づいた支援を受け、自分らしい尊厳のある生活を続けることは、誰しもが願うことであり、人生の最終段階における意思決定のあり方については、厚生労働省によってガイドラインが示されている[*32]。

*29
経鼻・経腸・胃ろうなどにおいて、チューブを用いて直接栄養剤を胃や腸に注入する栄養法。

*30
神経難病である筋萎縮性側索硬化症（ALS）では、病気の進行とともに呼吸に必要な筋力も失われていくため、人工呼吸器を装着するか否かの重大な選択を迫られる。

*31
わが国では、平成30（2018）年にACPの愛称を「人生会議」とすることが決定され、普及が進められている。本双書第3巻第5章第5節2及び第14巻第2部第5章第2節5参照。

*32
厚生労働省が平成19（2007）年にまとめたガイドラインは、平成30（2018）年に改訂され「人生の最終段階における医療・ケアの決定プロセスに関するガイドライン」となった。ACPの概念が盛り込まれるとともに、看取りの場の範囲を介護施設・在宅まで広げた。

〈表９−４〉 終末期の介護とその周辺にかかわるケア

ターミナルケア	予後不良の患者に対して行われる、延命治療ではない全人的なケアに主眼をおいた終末期のケア。病気で余命わずかの人をはじめ、認知症や老衰の人たちが、人生の残り時間を自分らしく過ごし、満足して最期を迎えられるようにすることが目的。つまり、治療による延命よりも、病気の症状などによる苦痛や不快感を緩和し、精神的な平穏や残された生活の充実を優先させるケアをいう。ただし、治療が進んでいる中の特定の時点で一気に切り替わるというものではなく、徐々にシフトしていくものである。治癒を目的とした治療の終了後に行われるケアをホスピスケアということもある。
緩和ケア	生命を脅かす疾患による問題に直面している患者とその家族に対して、痛みやその他の身体的問題、心理社会的問題、スピリチュアルな問題を早期に発見し、的確なアセスメントと対処（治療・処置）を行うことによって、苦しみを予防し、和らげることでQOLを改善するアプローチである（WHOによる定義）。 がん患者らの苦痛を緩和して、QOLの改善を図るもので、ターミナルケアが、治療よりも残された生活を心穏やかに過ごしてもらうように努める「終末期医療」「終末期看護」であるのに対し、緩和ケアはターミナルケアの要素に加えて治療も並行して進める点に違いがある。
エンドオブライフケア	診断名、健康状態、年齢にかかわらず、差し迫った死、あるいはいつか来る死について考える人が、生が終わるまで最善の生を生きることができるように支援すること（千葉大学大学院看護学研究科エンド・オブ・ライフケア看護学による定義）。ターミナルケアや緩和ケアに比べ、対象を老いや病いを抱えながら地域社会で生活し続ける人々に広げており、暮らし方、家族との関係性や生や死に関する価値観、社会規範や文化とも関連した新たな生き方の探求であるとする。

(出典) 文献を参考に筆者作成[33]

　介護の場での看取りに関しては、平成19（2007）年に示された「特別[34]養護老人ホームにおける看取り介護ガイドライン」がある。本人の尊厳の保持を最期まで実現することを目的に、看取り介護のあり方を示したものである。

　こうした基盤整備が進む中で、日々の生活を支え利用者の身近な存在である介護福祉職が、看取りの支援チームにおいて果たす役割と責任はいっそう大きくなっているといえよう。

（２）終末期の介護のあり方

　日本で先駆的にホスピスケアを始めた柏木哲夫は、「ターミナルケアを末期のケアと訳すこともある。しかし、これはterminalという語を正しく訳出していない。Terminalという語はラテン語のテルミヌスterminusからきている。テルミヌスとは境界という意味である。したがって、ターミナルケアを文字どおりに訳せば、境界のケアという意味である。ここでいう境界とは、この世と死後の世界との境界という意味で

*33
柏木哲夫『系統看護学講座別巻10 ターミナルケア第３版』医学書院、2000年。宮崎和加子・竹森志穂・伊藤智恵子・樋川　牧『在宅・施設での看取りのケア—自宅、看多機、ホームホスピス、特養で最期まで本人・家族を支えるために』日本看護協会出版会、2016年。宮下光令・林ゑり子『看取りケア プラクティス×エビデンス』南江堂、2018年。千葉大学大学院看護学研究科「エンド・オブ・ライフケア看護学」。

*34
平成18（2006）年に介護保険制度において介護老人福祉施設（特別養護老人ホーム）に対し、「看取り加算」が創設されたことを受け、翌年、特別養護老人ホームにおける看取りの質の確保を目的として作成された。

ある」と述べている。つまり、現世から死後の世界へと送り出すケアであるという、この説明は、本人の尊厳を支えるという側面から重要な指摘である。

また厚生労働省は、平成27（2015）年に、それまでの「終末期医療」という名称を「人生の最終段階における医療」へと変更したことについて、最期まで本人の生き方を尊重し、医療・ケアの提供について検討することが重要であるからだと説明している。

終末期とその周辺にかかわるケアには、ターミナルケア、緩和ケア、エンドオブライフケアといったものがある（**表9-4**）。

このように、穏やかに死を迎えることを支えるターミナルケア、緩和ケアといった従来の考え方から、将来の死を見据えて、"今"と"これから"をよりよく生きることを目的とするような広がりも見せている

終末期の介護にとって重要なことについて、「人生の最終段階における医療・ケアの決定プロセスに関するガイドライン　解説編」（平成30〔2018〕年3月）では、「医療・ケアチームで本人・家族等を支える体制を作ること」「できる限り早期から肉体的な苦痛等を緩和するためのケアが行われること」、そして、「可能な限り疼痛やその他の不快な症状を十分に緩和し、本人・家族等の精神的・社会的な援助も含めた総合的なケアであること」と示されている。また、「本人の意思を尊重するため、本人のこれまでの人生観や価値観、どのような生き方を望むかを含め、できる限り把握することが必要」であるとも示されている。

＊35
＊32を参照。

このようなことから、終末期の介護のあり方について、以下のように要点を整理できる。そして、利用者の身近にいる介護福祉職として、利用者や家族との日常会話を大切にしつつ、利用者の人生観や価値観、望みを知ることの重要性を自覚し、努力することが求められている。

❶尊厳を保ち、その人らしい生活を豊かに送ることができること

限られた時間であっても、できる限りその人らしい当たり前の生活を送ることが、人間として尊厳のある生き方である。生活にまつわるさまざまな場面や動作において、どのようなことならできるのか、何を介助する必要があるのかをアセスメントし支援することが必要である。

利用者に人生におけるやり残しや望みがある場合は、それが実現できるよう、利用者自身の挑戦を支える。また、最期をどのように迎えたいかを利用者と家族とともに考える。これらの過程では常に、「今この状況は利用者の尊厳が保持できているといえるか」と考えながら支援するこ

とが必要となる。

❷苦痛が緩和されること

　終末期にある人が、残された時間を自分らしく生活しようとしたとき、苦痛は最大の課題である。終末期の人が経験する苦痛は、その人の存在すべてにかかわるもの＝全人的苦痛（Total Pain）である[*36]。それには、身体的苦痛、社会的苦痛、精神的苦痛、霊的苦痛（Spiritual　Pain）の4つの要素があるとされている。

　終末期の人を支えるチームケアにおいては、医療職との連携のみならず、ソーシャルワーカーや、宗教家の参加も必要になるときがある。チームの中で、介護福祉職としてできることを明確にした上で他職種との連携を密にし、利用者の苦痛を最大限緩和するよう努めることが必要となる。

＊36
1966年にシシリー・ソンダース（Saunders,C）によって提唱された。4つの要素（身体的、精神的、社会的、霊的な要素）は、別々に取り扱うことはできない。それぞれが互いに影響し合って痛みを構成している。

❸利用者・家族がともに安心して、最期が迎えられること

　家族にとって終末期は、これまで人生をともに歩んできたかけがえのない人を失うという苦悩にみちた時期である。介護福祉職は、利用者と家族の時間を大切にするとともに、利用者と家族の関係性が千差万別であり、その家族固有のものであることを尊重する。利用者の思い、家族の思いを傾聴し、寄り添いながら、死別後に家族が後悔や罪悪感を抱くことがないよう支援することが必要となる。

❹十分連携のとれた医療・ケアチームであること

　治癒をめざす医療においては、チームでリーダーシップを発揮するのは医師である。しかし、終末期の介護においては、きわめて個性的な一人の人生の終焉を支えることであるため、チームのありようはニーズに応じて柔軟に変容することとなる。

　したがって、十分連携のとれたチームであることが求められ、介護福祉職は、看護職との連携の下で、環境整備や日常生活行為の支援をしつつ、その時々の課題に応じて、歯科衛生士や栄養士、言語聴覚士やソーシャルワーカーといったチームメンバーと密な連携をとる必要がある。

　また介護福祉職は、利用者や家族の代弁者としての役割を期待されることもある。専門職としての自覚と責任をもってチームに参加することが重要である。

3 終末期の介護の基本と留意点

（1）多様な看取りの場

これまで、病院か、在宅かといった二者択一で語られることが多かった看取りの場だが、前述のとおり、現在では、医療の場、生活の場、在宅支援の場、そして自宅と選択肢が増えている。それぞれの制度上の特性を知り、利用者と家族のニーズに沿って療養の場を選ぶことが可能になってきている。

地域における看取りの場として第一にあげられるのが、「自宅」である。利用者と家族にとっては、日常生活の延長としての終末期が迎えられる。しかし、医療や介護の専門職が常駐しているわけではないため、医療・ケアチームが適切に連携し、地域の社会資源とも結び付いたケアを提供できるか否かが介護の質を左右する。

次に、介護老人福祉施設（特別養護老人ホーム）や認知症対応型共同生活介護（グループホーム）があげられる。ここでもそれまで長く生活支援にあたっていた介護福祉職がそのまま看取りの支援を担当できるといった点で、本人がなじんだ生活を中断せずに継続できる利点がある。しかし、医療職の勤務体制が違ったり、看取りまでに必要な医療処置ができなかったりと、施設・事業所によって差異がある。

介護老人福祉施設や認知症対応型共同生活介護では、当該施設・事業所でどのような体制での看取りが可能なのか、医療処置についてはどこまでできるのかを、あらかじめ本人や家族に説明する必要がある。

また、介護老人福祉施設や認知症対応型共同生活介護は、利用者にとっては住み慣れた生活の場になっていることが多いが、利用者の家族にとってはそうでもない場合が多い。施設や事業所で利用者に付き添うことへの気兼ねや遠慮があったりもする。そうした家族への配慮も必要である。

地域での看取りという点では、平成24（2012）年に創設された看護小規模多機能型居宅介護[*37]があげられる。住み慣れた地域内にあることでより質の高い看取りができる可能性がある。

（2）死を迎える人の介護

❶状態の変化を見守り、安楽な生活をめざす

死期が近づいてくると、活動量が低下し次第に日中も傾眠傾向[*38]となる。活動量の低下とともに、トイレ移動が困難となったり失禁がみられたり

＊37
「訪問看護」「訪問介護」「通所」「宿泊」を「居宅介護支援」と一体的に提供する事業所である。医療的ニーズの高い人の地域生活を支えることができると期待されている。

＊38
軽い意識混濁の状態。うとうとしている状態で、刺激に対して覚醒するが、放置すると再びうとうとしはじめる。

することもある。食欲も低下し食事量・水分摂取量ともに減少する。

　同一の体位を長時間とることが増えるため、安楽でいられるような環境整備とともに、褥瘡を防ぐ工夫が必要である。また、過剰な水分は心臓に負担をかけたり、浮腫や痰の増加につながったりすることもあるため、利用者の食べたいもの、飲みたい量を無理のない範囲で安全に摂取してもらうよう支援する。

　利用者本人の思いを尊重し、排泄の支援方法を検討する。身体の清潔を保つ支援も必要である。疾病等からくる苦痛がある場合、医療職と連携をとりつつ介護福祉職として可能なケアを行う。

❷孤独感を感じさせないよう配慮する

　介護福祉職のかかわりとしては、本人が眠っているように見えるときもケア提供時には必ず声かけをし、そばにいることを伝える。利用者の訴えに耳を傾け、静かに寄り添い、「あなたのことに関心を寄せている」という姿勢は、死が近づいた人の孤独と不安をやわらげる。

　死が迫ってくると、口唇の乾燥、身体の末梢の冷感、通常でない呼吸、尿量の減少、脈拍の微弱化、血圧の低下といった変化が起こってくる。安楽な姿勢をとり室内環境を整え、口唇を湿らせたり身体を温めたりするとともに、利用者に孤独感を感じさせないような配慮をする。

❸家族による看取りを支援する

　臨終の場面では、家族と利用者が気兼ねなく過ごせるような配慮が必要である。聴覚と触覚は最後まで残るといわれていることを家族にも伝え、医療職・介護福祉職は一歩下がって家族による看取りを見守る。

　死亡診断は医師の役割である。医師の死亡確認の後、家族がお別れをする時間を確保する。死後硬直が始まるまでに「死後のケア（エンゼルケア）」[*39]を行う。死後のケアは、ご遺体を清潔にすること、外見上の変化を目立たなくすること、生前のよい表情に近づけることを目的に行う。

　死亡直後のまだ体温を感じられる状況で行う死後のケアは、家族にとって利用者との別れを実感できる時間となるが、ケアに参加するかどうかは、ていねいに説明することで家族が選択できるよう配慮する。また、あらかじめ本人や家族に意向を聞き、宗教上の慣習や希望、着たい衣服や髪やひげの整容・化粧などについて準備をしておく。

*39
死亡後に遺体の筋肉が固くなる現象。約1時間後から始まり、30時間後ごろに最大となる。

（3）看取りを行うチームとしての留意点

❶介護福祉職へのケアと振り返り

介護福祉職の中には、看取りの経験が少なく不安を抱えている職員も少なくない。看取りを行う医療・ケアチームとして、どういった状況が予測されるのか説明し、どのような状況で医療職に何を報告するのかといったことについてあらかじめ取り決めておくことが必要である。

また、看取りの経過中から死後までのかかわりを振り返り、経験を次にいかしていくことが重要となる。「デスカンファレンス」の実践である。事前に、よかったこと、不十分だったと思えること、かかわりの中で自分が体験した感情、次にいかしたいことなどについて整理した上で、看取りにかかわった医療・ケアチームで行う。

看取りをすることは、専門職であってもストレスの大きい経験である。今後のケアの向上を図ることだけでなく、一人の人間として自分自身の感情を認め受け入れ、乗り越えていく機会となる。デスカンファレンスは反省や責任追及の場ではなく、メンバーの感情共有と支え合いの場である。これらの積み重ねを経て、チームの成長が図られる。

❷多職種連携

終末期の介護においても、医師、看護師、薬剤師といった医療職と介護福祉職の連携・協働は不可欠である。特に在宅では、専門職同士のタイムリーで密な連携がなければ看取りそのものができないといえる。利用者、家族を中心とした情報共有と緊急連絡体制の構築が重要となる。

そのほかにも、人生の最期を豊かにその人らしく過ごすためには栄養士、リハビリ職、歯科衛生士、社会福祉士や介護支援専門員（ケアマネジャー）といった専門職のみならず、地域の社会資源、近所の人や利用者の友人というような人々とも連携をとってケアにあたる必要がある。その際も、介護福祉職として自覚と責任をもち、チームの一員として参加していくことが必要である。

（4）看取りにおける家族への支援

終末期にあっては家族も支援の対象となる。核家族化の進んだ現代にあって人が死ぬという過程を体験した人は少なく、死ぬことはわかっていても具体的にどのような変化が起こるのかは想像できないことが多い。終末期の介護にあたっては、家族に今後予測される変化を説明し、経過中はこまめに体調の変化などを伝えることで、一緒に看取りのプロセス

を歩んでいるという実感をもってもらうことができる。

　利用者と家族との関係はさまざまである。看取りの経過中においては家族の思いもしっかり傾聴し、家族の休息にも配慮しながら、利用者本人と家族が納得できるかかわりができるよう支援することが大切である。

　看取り後の遺族へのケアを「グリーフケア」という。近しい人を亡くした人が死別による深い悲しみや喪失感を乗り越え、その人がいないことを受け入れられるよう支援する。遺族との語らいや弔問の場を設けることなどによって、介護福祉職は遺族が表出する感情に寄り添い、その思いを傾聴することができる。遺族とのかかわりを続けることによって、必要なときにカウンセリングや精神科といったより専門的なケアにつなげることができる場合もある。

BOOK 学びの参考図書

● 石飛幸三『「平穏死」のすすめ―口から食べられなくなったらどうしますか』講談社、2010年。
　　著者は特別養護老人ホームの医師である。現場での経験を背景に、施設改革の経緯と看取りの事例をあげながら、高齢者にとっての自然な死、平穏な死とは何か、ターミナルケアのあり方を問いかけている。

引用文献
1）厚生労働省「終末期医療の決定プロセスに関するガイドライン解説編」2007年
2）柏木哲夫『系統看護学講座別巻10 ターミナルケア第3版』医学書院、2000年、30〜31頁

参考文献
● 内閣府「令和5年版高齢社会白書」2023年
● 厚生労働省「人生の最終段階における医療・ケアの決定プロセスに関するガイドライン」2018年
● 人生の最終段階における医療の普及・啓発の在り方に関する検討会「人生の最終段階における医療・ケアの決定プロセスに関するガイドライン解説編」2018年
● 厚生労働省「令和2年版厚生労働白書―令和時代の社会保障と働き方を考える―」2020年
● E.キューブラー・ロス、川口正吉 訳『死ぬ瞬間 死にゆく人々との対話』読売新聞社、1971年
● 宮崎和加子・竹森志穂・伊藤智恵子・樋川 牧『在宅・施設での看取りのケア－自宅、看多機、ホームホスピス、特養で最期まで本人・家族を支えるために』日本看護協会出版会、2016年
● 宮下光令・林ゑり子『看取りケア プラクティス×エビデンス』南江堂、2018年

第4節　家族への支援

1 家族機能の変化

（1）家族とは

＊40
本双書第12巻第2部第3章第1節・2節参照。

　家族[＊40]は、親族からなる集団であり、社会の基礎的な単位である。家族の代表的な定義の一つに、森岡清美の「夫婦・親子・きょうだいなど少数の近親者を主要な成員とし、成員相互の深い感情的かかわりあいで結ばれた、幸福（well－being）追求の集団」[1]がある。しかし、近年、家族の多様化により、従来の夫婦とその子どもを中心とした血縁関係による集団といった特定の形態として家族をとらえることができなくなりつつある。

　家族が生活をともにする場である家庭の役割は、「家族の団らんの場」63.3％、「休息・やすらぎの場」61.9％、「家族の絆を強める場」44.9％、「親子が共に成長する場」33.3％、「夫婦の愛情をはぐくむ場」22.6％、「子どもを生み、育てる場」19.3％、「親の世話をする場」8.1％となっている（複数回答）[＊41]。つまり、家族は、生殖と養育、経済、教育、世話や介護、愛情を育み、休息、やすらぎ、娯楽など多面的な機能を果たしているといえる。

＊41
内閣府「令和4（2022）年度国民生活に関する世論調査」。

（2）世帯の変容

＊42
厚生労働省「令和4（2022）年国民生活基礎調査」。

　世帯とは、消費生活を営む単位であり、住まいと生計をともにする人たちからなる集まりである。昭和61（1986）年の世帯総数は3,754.4万世帯で平均世帯人員が3.22人、平成13（2001）年は世帯総数4,566.4万世帯で平均世帯人員が2.75人であったが、令和4（2022）年には世帯総数は5,431.0万世帯で平均世帯人員が2.25人となっている[＊42]。経年変化をみると、世帯が増加し平均世帯人員が減少している。

＊43
「国民生活基礎調査」では、65歳以上の者のみで構成するか、またはこれに18歳未満の未婚の者が加わった世帯としている。

　次に、令和4（2022）年度の「65歳以上の者のいる世帯」をみると、2,747.4万世帯（全世帯の50.6％）である。そのうち、「高齢者世帯」[＊43]の総数は1,693.1万世帯（同31.2％）であり、高齢者世帯の世帯構造をみると、「単独世帯」が51.6％、「夫婦のみの世帯」が44.7％である。「単独世帯」の男女比は、男性が35.9％、女性が64.1％となっている[＊42]。

　今後は、単独世帯が増加し、世帯規模の縮小が進行すると考えられる。

第9章

（3）家族の介護機能の低下

　戦後の高度経済成長によってもたらされた産業構造・人口構造の変化、都市部への人口集中、大規模家族から核家族化への変容、女性の社会参加などの社会の変化や家族の多様化の進展などが家族機能に影響を与えてきた。その影響の一つが介護機能の低下である。さらに、長寿化によって介護を必要とする人が増大し、介護の長期化や重度化により、家族の介護疲れや介護拒否、高齢者虐待などの多様な課題が顕在化している。[44]

*44
本双書第3巻第5章第3節参照。

2 家族介護者の健康管理

（1）家族介護者の状況

　家族介護者が介護する要介護者等の年齢は、年齢の高い階級（男性：85～89歳、女性：90歳以上）が占める割合が高い。また、要介護度別に介護が必要になった主な原因を見ると[45]、要支援者（要支援1・2）は「関節疾患」が19.3%と最も多く、次いで「高齢による衰弱」が17.4%、「骨折・転倒」が16.1%となっている。要介護者（要介護1～5）では「認知症」が23.6%と最も多く、次いで「脳血管疾患（脳卒中）」19.0%、「骨折・転倒」が13.0%となっている。

　主な介護者の状況を見ると[45]、要介護者等と「同居」している介護者が45.9%で最も多く、次いで「事業者」が15.7%、「別居の家族等」が11.8%となっている。また、同居の主な介護者は、「配偶者」が22.9%と最も多く、次いで「子」が16.2%、「子の配偶者」が5.4%と続いている。性別は、男性が31.1%、女性が68.9%である。

　同居の主な介護者と要介護者等の組み合わせを年齢階級別に見ると[45]、「70～79歳」の要介護者等は、「70～79歳」の者が介護している割合が60.8%である。「80～89歳」の要介護者等では、「80歳以上」の者が介護している割合が30.4%で最も多くなっている。また、経年変化をみると、60歳以上同士、65歳以上同士、75歳以上同士のいずれの組み合わせもその割合が上昇傾向にある。

　同居の主な介護者の介護時間では、「必要なときに手をかす程度」が45.0%で最も多く、次いで「ほとんど終日」が19.0%、「半日程度」が11.1%、「2～3時間程度」が10.9%となっている。「要支援1」から「要介護2」までは「必要なときに手をかす程度」、「要介護3」以上では「ほとんど終日」が最も多くなっている[45]。

*45
厚生労働省「令和4（2022）年国民生活基礎調査」。

（2）家族介護者の悩みやストレスと健康管理の必要性

＊46
厚生労働省「平成28(2016)年国民生活基礎調査」。

　同居の主な介護者では、68.9%（男62.0%、女72.4%）が日常生活に悩みやストレスが「ある」と回答している。[46]また、「ある」と回答した介護者の悩みやストレスの原因は、「家族の病気や介護」（男性73.6%、女性76.8%）が最も多く、次いで「自分の病気や介護」（男性33.0%、女性27.1%）、「収入・家計・借金等」（男性23.9%、女性18.7%）と続いている（複数回答）。[46]この結果から、介護負担が家族の悩みやストレスに影響していることがわかる。

　家族介護者は、介護が必要な人の行動の理解や対応への困難を感じており、自らの生活と将来への介護不安など多くの悩みやストレスを抱えながら介護を担っていることも少なくない。特に認知症の人への介護は、本人の思いの理解や中核症状、行動・心理症状（BPSD）に対応することがむずかしく、目が離せないため、24時間気が休まらないこともある。

　また、高齢の家族介護者による介護は、腰痛や膝痛などの身体的症状を引き起こしたり、日中や夜間の介護で身体的疲労やストレスを蓄積し、体調を崩し共倒れになることもある。

　家族介護者が在宅で介護を担い続けるには、自身の心身の健康を保つことが大切であり、そのための健康づくりや健康管理が必要である。また、介護福祉職は家族介護者の介護に対する思いに共感したり、心身の不調や訴えに気付き、介護負担の軽減や健康を維持するために必要な支援につなぐことが求められる。

＊47
法律上の定義はないが、一般社団法人日本ケアラー連盟は、「家族にケアを要する人がいる場合に、大人が担うようなケア責任を引き受け、家事や家族の世話、介護、感情面のサポートなどを行っている、18歳未満の子ども」と定義している。

＊48
本書第2章第1節＊15参照。

＊49
本書第2章第1節＊16参照。

＊50
少子高齢化が進行するなか、晩婚化・晩産化等により、同時期に「育児」と「介護」の両方を引き受けることである。

③ 介護を必要とする人の家族への支援

（1）なぜ、家族への支援が必要なのか

　介護保険制度により介護の社会化が具現化されたとはいえ、在宅において家族の介護の負担は大きい。家族介護者を取り巻く環境は変化し、18歳未満のヤングケアラー[47]や若年世代による介護、老老介護[48]、認知症の人への介護や認認介護[49]、遠距離介護、男性介護者、ダブルケア[50]など、介護の形や課題が多様化している。また、介護に専念するために仕事を辞めてしまう介護離職の問題も深刻化している。

　家族介護者が抱える介護の課題は個別性が強く多岐にわたり、心身の健康の問題や経済的な問題を同時に抱えることがある。家族介護者の介護状況や生活環境に応じて、介護サービスや地域の社会資源などを活用し、介護負担を軽減する支援が必要である。

（2）介護サービスや社会資源の活用

　介護保険制度のサービスには、訪問介護や通所介護、短期入所生活介護などの居宅サービス、介護予防訪問看護、介護予防訪問リハビリテーションなどの介護予防サービス、介護老人福祉施設、介護老人保健施設、介護医療院などの施設サービス、定期巡回・随時対応型訪問看護や夜間対応型訪問介護、小規模多機能型居宅介護、認知症対応型共同生活介護などの地域密着型サービスがある。[*51]

　介護サービスを利用する場合は、一般的に地域包括支援センターや居宅介護支援事業所などに相談し、居宅介護支援事業所などの介護支援専門員がケアプランを作成する。ケアプランの作成では、利用者の思いや心身状況、家族の希望や状況、住環境、地域の社会資源などを考慮し、どのようなサービスをいつ、どれだけ利用するかを組み合わせて決める。

　また、地域支援事業には、介護予防・日常生活支援総合事業、包括的支援事業、各市町村の判断により行う任意事業がある。このうちの任意事業には、家族介護を支援するための家族介護支援事業がある。これは介護する家族などに対して、介護知識や技術を伝える介護教室、認知症に関する広報・啓発活動、徘徊する高齢者を早期発見できるネットワークやその仕組みを構築し運用する認知症高齢者見守り事業、介護による身体的・精神的・経済的負担を軽減するための家族介護継続支援事業などがある。

　障害者総合支援法の障害福祉サービスは、介護の支援を受ける場合の介護給付、訓練等の支援を受ける場合の訓練等給付がある。介護給付のサービスには、居宅介護、重度訪問介護、同行援護、行動援護、施設入所支援などがある。訓練等給付のサービスには、自立訓練、共同生活援助、就労移行支援、就労定着支援などがある。

　家族介護者を支援するには、このような介護サービスや地域にある社会資源[*52]、家族介護支援事業などを組み合わせて、介護を担いながらでも、介護を必要とする人とともに住み慣れた地域で、社会参加を継続しながら、孤立することなく、その人らしい生活や人生を送れるように直接的・間接的に支援することが必要である。また、家族介護者の介護負担の軽減を図るためには、一時的に介護から離れ休息や息抜きができるレスパイトケアの利用や、介護休業制度の活用も有効である。[*53]

（3）介護休業制度の活用

　平成7（1995）年に育児休業等に関する法律が改正され、「介護休業

*51
本双書第3巻第3章参照。

*52
地域にある社会資源とは、利用者や家族介護者が生活上のニーズを充足するために活用される制度、機関、施設、物資、人材、情報、利用できるサービスや活動などの総称。具体的には市役所、福祉施設、社会福祉協議会、非営利団体、市民団体とサービス、近隣の人や友人などがある。

*53
家族を介護する人の身体的負担やストレスを軽減し、休息できるように、一時的に介護を請け負うサービスのこと。ショートステイやデイサービスなどがある。

等育児又は家族介護を行う労働者の福祉に関する法律」となり、介護休業制度が新設された。その後、平成11（1999）年に現行の「育児休業、介護休業等育児又は家族介護を行う労働者の福祉に関する法律」（育児・介護休業法）に名称が変更となった。

　介護の終わりを予測することはむずかしく、長期化することもある。家族介護者は働きながら介護が必要な人にかかわり、介護などにかかわる各種手続きの代行や入院などの緊急対応に応じなければならないこともある。この法律には、働く人が介護に直面した場合、仕事と家庭の両立を推進するための介護休業、介護休暇などの規定がある。

　以下、これらの内容を中心に見ていきたい。なお、介護休業制度は、雇用保険法に基づいて休業給付が支給されている。

❶介護休業

　介護休業とは、[*54]要介護状態にある対象家族を介護するための休業である。対象家族とは、[*55]配偶者、父母、子、配偶者の父母、祖父母、兄弟姉妹、孫である。

　対象となる労働者は、対象家族を介護する男女の労働者である。介護休業の期間は、対象となる家族1人について、通算93日までの範囲内で3回まで分割して取得することができる。ただし、有期雇用労働者については、介護休業開始予定日から93日経過する日から6か月を経過する日までに、労働契約（更新される場合には、更新後の契約）の期間が満了することが明らかでない者が対象となる。日々雇用の者は、介護休業の対象から除外されている。

　介護休業中の経済的支援は、雇用保険の被保険者で一定の要件を満たす人に対して、介護休業期間中に介護開始時賃金の月額67%の介護休業給付金が支給される。

❷介護休暇

　介護休暇は、要介護状態にある家族の介護や世話のための休暇を取得しやすくして、介護をしながら働き続けることができるようにするための支援である。具体的には、要介護状態にある対象家族の介護や世話、病院の付き添い、介護サービスの手続きの代行、介護支援専門員との短時間の打ち合わせをする場合などに与えられる休暇である。この休暇制度は労働基準法にある年次有給休暇とは別に取得できる。

　取得日数は対象家族が1人の場合、1年度につき5日、[*56]2人以上の場

*54
育児・介護休業法においての要介護状態とは、負傷、疾病または身体上もしくは精神上の障害により、2週間以上の期間にわたり常時介護を必要する状態のことである。

*55
事実上婚姻関係と同様の事情にある者を含む。

*56
1年度とは、事業主が特に定めをしない場合には、毎年4月1日から翌年3月31日となる。

合は年10日を限度に取得できる。

　取得単位は、令和2（2020）年12月末まで1日単位または半日単位であったが、令和3（2021）年1月から1日単位または時間単位での取得が可能になった。これにより家族介護者は短時間での利用が可能となり、仕事の合間に病院への付き添いや各種必要な手続きなどができるようになっている。

❸介護のための所定労働時間の短縮等の措置

　事業主は、労働者が働きながら家族の介護を担うことができるように、短時間勤務制度（所定労働時間が8時間の場合は2時間以上、7時間の場合は1時間以上の短縮が望ましい）、フレックスタイム制度、時差出勤の制度、介護費用の助成措置のうち、いずれか1つ以上の措置を講じなければならない。また、事業主は、対象家族1人につき、利用開始の日から連続する3年間以上の期間で2回以上の利用を可能としなければならない。

❹時間外労働の制限・所定外労働の制限（残業免除）・深夜業の制限

　時間外労働の制限は、働きながら家族の介護を担う労働者に対して、時間外労働時間が長時間にならないように制限できるものである。事業主は、要介護状態にある対象家族を介護する労働者から介護するために請求があった場合、1か月24時間、1年150時間を超える労働時間の延長が禁止されている。また、所定外労働の制限として、所定の労働時間を超える一切の労働が禁止されている。深夜業の制限としては、午後10時から午前5時までの間において労働させてはならない。

BOOK 学びの参考図書

●澁谷智子『ヤングケアラー－介護を担う子ども・若者の現実』中央公論新社、2018年。

　近年、社会に衝撃を与えているのがヤングケアラーの実情である。本書は、日本におけるヤングケアラーを理解する原点といえる一冊である。新たな視点から家族介護を問い直し、家族介護者の支援に新しい知見をもたらしてくれる。

引用文献

1）森岡清美・望月　嵩『新しい家族社会学　四訂版』培風館、1997年、4頁

参考文献

● 岡田良則・桑原彰子『育児介護休業の実務と手続き（改訂2版）』自由国民社、2020年
● 小磯優子・高橋克郎『育児・介護休業法』労務行政、2022年
● 厚生労働省「市町村・地域包括支援センターによる家族介護者支援マニュアル－介護者本人の人生の支援」2018年
● 社会福祉学習双書編集委員会 編『社会福祉学習双書2021 第15巻 介護概論』全国社会福祉協議会、2020年
● 認知症介護研究・研修仙台センター 家族支援ガイドライン作成委員会「専門職のための認知症の本人と家族が共に生きることを支える手引き」2018年

さくいん

担当編集委員

川井太加子（桃山学院大学教授）
かわ い た か こ

秋山　昌江（聖カタリナ大学教授）
あきやま　まさ え

竹田　幸司（田園調布学園大学准教授）
たけ だ　こう じ

執筆者 (執筆順)

竹田　幸司（田園調布学園大学准教授）
たけ だ　こう じ
○第1章第1節
○第5章第2節

川井太加子（桃山学院大学教授）
かわ い た か こ
○第1章第2節・第3節

伊藤　健次（山梨県立大学准教授）
い とう　けん じ
○第2章

秋山　昌江（聖カタリナ大学教授）
あきやま　まさ え
○第3章

井上　善行（日本赤十字秋田短期大学教授）
いのうえ　よしゆき
○第4章

津田理恵子（神戸女子大学教授）
つ だ り え こ
○第5章第1節

横山　孝子（熊本学園大学教授）
よこやま　たか こ
○第6章第1節・第2節
○第8章第4節

澤　　宣夫（長崎純心大学教授）
さわ　のり お
○第6章第3節

奈良　　環（文京学院大学准教授）
な ら　たまき
○第7章第1節

飛松　好子（元 国立障害者リハビリテーション
と びまつ　よし こ
　　　　　　　センター総長）
○第7章第2節

檜垣　昌也（聖徳大学短期大学部准教授）
ひ がき　まさ や
○第7章第3節

青木　宏心（元 桜美林大学老年学総合研究所連
あお き　ひろむね
　　　　　　携研究員）
※2023年9月に逝去されました。

○第7章第4節　○第8章第1節

井口　知也（大阪保健医療大学教授）
い ぐち　とも や
○第7章第5節

鎌田　恵子（元 福島介護福祉専門学校副校長）
かま た　けい こ
○第8章第2節

堀口美奈子（高崎健康福祉大学講師）
ほりぐち み な こ
○第8章第3節

茂木　高利（田園調布学園大学非常勤講師）
も て ぎ　たかとし
○第8章第5節

秋島　恵子（全国社会福祉協議会 中央福祉学院）
あきしま　けい こ
○第8章第6節

竹内　美幸（北翔大学准教授）
たけうち　み ゆき
○第8章第7節

明智　千尋（介護医療院エバーグリーン看護師長）
あけ ち　ち ひろ
○第8章第8節
○第9章第1節

八木　裕子（東洋大学准教授）
や ぎ　ゆう こ
○第9章第2節

岡　　京子（元 新見公立大学教授）
おか　きょうこ
○第9章第3節

武田　卓也（大阪人間科学大学教授）
たけ だ　たく や
○第9章第4節

※執筆者の所属・肩書は、令和5年11月30日現在のものです。

社会福祉学習双書2024
第15巻
介護概論

発　行	2022年 2 月28日　初版第 1 刷
	2022年 9 月 9 日　初版第 2 刷
	2023年 2 月21日　改訂第 1 版第 1 刷
	2024年 1 月31日　改訂第 2 版第 1 刷
編　集	『社会福祉学習双書』編集委員会
発行者	笹尾　勝
発行所	社会福祉法人 全国社会福祉協議会
	〒100-8980 東京都千代田区霞が関3-3-2 新霞が関ビル
	電話 03-3581-9511　　振替 00160-5-38440
定　価	2,860円（本体2,600円＋税10%）
印刷所	株式会社広済堂ネクスト　　　　　　　　禁複製

ISBN978-4-7935-1456-2 C0336 ¥2600E